Die Grablegen des Hauses Württemberg

Harald Schukraft

Die Grablegen des Hauses Württemberg

Theiss

Meinem Vater

CIP-Titelaufnahme der Deutschen Bibliothek

Schukraft, Harald:
Die Grablegen des Hauses Württemberg / Harald
Schukraft. –
Stuttgart: Theiss, 1989
   ISBN 3-8062-0582-5

Umschlaggestaltung: Jürgen Reichert. Das Foto
von Joachim Feist zeigt die Grabkapelle auf dem
Württemberg

© Konrad Theiss Verlag GmbH & Co.,
Stuttgart 1989
Alle Rechte vorbehalten
Gesamtherstellung: Grafische Betriebe
Süddeutscher Zeitungsdienst, Aalen
Printed in Germany
ISBN 3-8062-0582-5

Zum Geleit

Bücher über die württembergische Geschichte behandeln regelmäßig Menschen und deren Wirken in ihrer Zeit und – so diese Menschen für die Geschichte bedeutend waren – deren Wirken über ihre jeweilige Zeit hinaus.

Ihr Leben, die darin vollbrachten Taten, ihre Unterlassungen und die durch all dieses Wirken ausgelösten Reaktionen wurden und werden oft sehr genau untersucht, dargestellt und weitervermittelt. Dies gibt uns Heutigen die Möglichkeit zum besseren Verständnis unserer Wurzeln und zum Ausblick auf die Zukunft.

Ein Abschnitt des Lebens wird jedoch allzuoft bei den Versuchen der Nachforschung, der Würdigung und der Erklärung gemieden: der Tod.

Sicherlich: Tod geht als Datum in die Geschichte mit ein; die näheren Umstände eines Todesfalls werden untersucht und festgehalten. Eines aber wird fast immer etwas vernachlässigt: Was geschieht mit dem Toten? Wie wird er beigesetzt? Wie geht die Nachwelt mit dem Toten und dessen Ruhestätte um? Die Auseinandersetzung mit diesem Tod – oder soll man sagen: mit diesem Teil des Lebens? – findet nur selten statt. Dabei kann davon ausgegangen werden, daß der Tote selbst, falls er »die Gelegenheit« dazu hatte, keinen Lebensabschnitt so bewußt vorher durchdacht und vorbereitet hatte, wie die Frage, was beim Tod mit seinem Körper zu geschehen habe. Auch die Mitmenschen, denen die traurige Pflicht oblag, den Toten zu bestatten, maßen dieser Frage eine große Bedeutung bei. Ort und Art der Beisetzung, die eigentliche Zeremonie selbst, dies sind alles Fragen, die ein Tod aufwirft. Leider wurde dieser Themenkreis in der Geschichtsforschung oft entweder behutsam *um*- oder unbewußt *über*gangen.

Wenngleich dieser Tod ein Randthema der Geschichte ist und auch bleiben wird, so muß diese Situation gerade im Sinne einer umfassenden Geschichtsschreibung um so bedauerlicher erscheinen. Denn selten kann man deutlicheren Einblick in Weltbild und Ethik, über den Stand von Kunst und Kultur der jeweiligen Zeit und nicht zuletzt auch über »harte« geschichtliche Fakten erhalten, als bei dieser Thematik.

Im vorliegenden Buch von Harald Schukraft sind alle uns bekannten Grablegen des Hauses Württemberg zusammengestellt und beschrieben. Die Hintergründe, welche die Betroffenen und ihre Angehörigen bewegten, wurden bislang wohl kaum in vergleichbarer Dichte aufgearbeitet. Daher erscheint mir dieses Werk als ein unverzichtbarer Beitrag zu unserer württembergischen Geschichtsschreibung. Harald Schukraft hat es mit diesem Buch verstanden, ein schwieriges Thema nicht mit spitzen Fingern anzufassen, sondern sich in angemessener und zugleich nüchtern-sachlicher Art diesem Teil der Geschichte Württembergs zu nähern.

Daß dabei das Werk seine Lesbarkeit auch für den geschichtlich interessierten, aber nicht wissenschaftlich orientierten Leser behielt, ist besonders erfreulich.

Möge dieses Buch die Einblicke in die Geschichte vertiefen und ihr Verständnis fördern. Unser heutiges Verhältnis zum Leben – und zum Tod als ein natürlicher Teil dessen – kann dadurch nur gewinnen.

Carl Herzog von Württemberg

Inhalt

Vorwort

Das Interesse an Grabdenkmälern, die in Kirchenräumen oder anderswo frei zugänglich sind, hat vergleichsweise häufig in Veröffentlichungen seinen Niederschlag gefunden. Das Wissen von in Gruftgewölben verborgenen Särgen ist hingegen in sehr viel bescheidenerem Maße in die Öffentlichkeit gedrungen, obwohl auch unter ihnen teilweise hervorragende Kunstwerke anzutreffen sind. Dies hat seinen Grund wohl zum einen in den Schwierigkeiten, die im allgemeinen mit dem Öffnen von Grabkammern verbunden sind, zum anderen hindert ein unbestimmter Schauer viele Menschen an der Beschäftigung mit dieser Thematik.

Nach über fünfzehnjährigen Studien zur mitteleuropäischen Bestattungskultur lege ich hiermit einen ersten, knappen Abriß der Sepulkralgeschichte des Hauses Württemberg vor. Der zeitliche Rahmen reicht dabei vom Mittelalter bis in die heutige Zeit. Von Anfang an war unzweifelhaft, daß der im vorliegenden Werk zur Verfügung stehende Raum eine breite Abhandlung nicht gestatten würde und nur das Wesentlichste zu den württembergischen Grablegen skizziert werden könnte. Manches mag der Fachmann daher verkürzt, ja lückenhaft empfinden. Ihm sei versichert, daß das übrige hier nicht berücksichtigte, aber inzwischen erarbeitete Material in absehbarer Zeit an anderer Stelle vorgelegt werden wird. Besonders sei in diesem Zusammenhang auf die in Arbeit befindliche Darstellung über die barocke Bestattungskultur hingewiesen, deren Veröffentlichung ich für die Jahre 1991/92 vorgesehen habe.

Statt eines nur wenige Benutzer interessierenden Anmerkungsapparates habe ich auf Anregung des Verlages den hierfür ursprünglich vorgesehenen Raum zum besseren Verständnis der vielfältigen genealogischen Zusammenhänge mit Stammtafeln belegt, die sich allerdings auf die im Text erwähnten Personen beschränken. Es konnte nicht Aufgabe der vorliegenden Arbeit sein, angesichts bereits vorliegender Veröffentlichungen ausführliche Stammbäume des Gesamthauses Württemberg zu liefern. In diesem Zusammenhang sei auf Gerhard Raffs grundlegendes genealogisches Sammelwerk »Hie gut Wirtemberg allewege« (erschienen in Stuttgart 1988) verwiesen, das in einem ersten Band zunächst nur die Zeit bis 1593 behandelt, dem jedoch noch weitere folgen sollen. Für die Generationen von Herzog Eberhard III. (1614–1674) bis heute sei dem Interessierten das hervorragende Werk »L'Allemagne dynastique« von Michel Huberty (u. a.) empfohlen, dessen zweiter Band (erschienen in Le Perreux 1979) das Haus Württemberg ausführlich behandelt.

Um das Buch dennoch für den wissenschaftlichen Leser verwertbar zu machen, habe ich je ein Exemplar meines Manuskriptes mit vollständigen Einzelnachweisen im Archiv des Hauses Württemberg in Altshausen, im Hausarchiv des Württembergischen Hauptstaatsarchivs in Stuttgart sowie bei den Archives Municipales in Montbéliard zur Einsichtnahme hinterlegt.

Der von so manchem Leser wohl schmerzlich vermißte Abdruck von Denkmal- beziehungsweise Sarginschriften mußte aus Platzgründen bis auf ganz wenige Ausnahmen unterbleiben. Er findet sie jedoch für die Personen bis Herzog Ludwig (†1593) in der bereits erwähnten Arbeit von Gerhard Raff, die Inschriften der Barockzeit werde ich in der oben angekündigten Abhandlung vorlegen. Da sich die Grabschriften seit etwa 1750 in der Regel auf die Namen und Lebensdaten der Verstorbenen beschränken, sind sie für eine Edition weniger geeignet.

Leider ist es mir nicht möglich, an dieser Stelle all jenen namentlich zu danken, die auf vielfältige Weise am Zustandekommen des Buches beteiligt waren. Insbesondere denke ich dabei an die vielen Damen und Herren in Archiven, Bibliotheken, Behörden und vor allem in den Kirchen, die mir zumeist auf unbürokratische Weise mit Rat und Tat weitergeholfen haben. Es ist mir gleichfalls ein Bedürfnis, mich dankbar der vielen und stets fruchtbaren Gespräche zu erinnern, die ich mit Freunden und Bekannten über mein Thema führen konnte. An dieser Stelle sei mir gestattet, drei von ihnen meinen persönlichen Dank zu sagen: Wolfgang Kress für zahlreiche Hinweise auf verstreute Aktenbüschel und Literaturstellen, Fritz Graefe für treue Begleitung bei vielen Grabstättenbesuchen sowie Ulrich von Sanden für die kritische Lektüre meines Manuskriptes.

Mein besonderer Dank gilt jedoch Carl Herzog von Württemberg, der zu jeder Zeit mit Interesse und Geduld meine Arbeiten verfolgt hat und ohne dessen großzügigen Druckkostenzuschuß das Buch in der vorliegenden Form nicht hätte erscheinen können.

Gewidmet sei dieses Buch meinem Vater, der meiner Begeisterung für das ungewöhnliche Thema stets großes Verständnis entgegengebracht und mit nicht nachlassender Opferbereitschaft meine Arbeiten gefördert, ja in diesem Umfang erst möglich gemacht hat. Dafür danke ich ihm an dieser Stelle von ganzem Herzen.

Stuttgart, im Herbst 1989   Harald Schukraft

Einführung

Wie bei allen Schöpfungen menschlichen Denkens und Handelns lassen sich auch die über mehr als sieben Jahrhunderte dokumentierten Grablegen des Hauses Württemberg in verschiedene Zeitabschnitte einteilen. Als Zeitmarken können die Reformation 1534 sowie die Jahrhundertwenden um 1600 und 1800 genannt werden.

Der erste Abschnitt reicht von den frühesten Nachrichten einer württembergischen Bestattungskultur im 13. Jahrhundert bis zur Reformation. Zwei zeittypische, völlig unterschiedliche Grabmale stehen am Anfang. Während die aus der Zeit um 1285 stammende Doppeltumba Graf Ulrichs mit dem Daumen und seiner Gemahlin Agnes in der Stuttgarter Stiftskirche nur in der um 1450 für die Gütersteiner Kartause entstandenen Tumba Ludwigs I. und Mechtilds einen Nachfolger gefunden hat, bestimmte das andere Beispiel bis ins 16. Jahrhundert hinein das Bild der Stammgrablege in Stuttgart. Es handelt sich dabei um die noch heute in der Markgröninger Stadtkirche erhaltene, nur mit Wappen und Inschrift versehene Grabplatte des Grafen Hartmann von Württemberg-Grüningen aus der Zeit um 1280. Sie steht stilistisch am Beginn der ausnahmslos von flachen Steinplatten bedeckten Stuttgarter Grafengräber. Ihr Aussehen wurde freilich im Laufe der folgenden 200 Jahre durch interessante Detailvariierung dem jeweiligen Zeitgeschmack angepaßt, die Grundform blieb jedoch unverändert. Möglicherweise liegt der Grund für den Verzicht auf jegliche die Bewegung in der Kirche einschränkende Grabmalskulptur in der Tatsache, daß der Stuttgarter Chor damals als Gottesdienstraum durch die Stiftsherren genutzt wurde.

Die mit der Einführung der Reformation 1534 beginnende zweite Periode dauerte nicht einmal ganz 100 Jahre. Die in jener Zeit entstandenen Renaissancegrabmäler in Tübingen und Stuttgart beeindrucken noch heute und gelten landläufig als Inbegriff württembergischer Grabmalkunst. Da der Stuttgarter Stiftschor zu jener Zeit im wesentlichen mit Gräbern erfüllt war und in ihm nur Angehörige des alten Grafenhauses ruhten, ist durchaus zu verstehen, daß Herzog Ulrich – wie vielfach in protestantisch gewordenen Häusern – den nun nicht mehr als Kirchenraum benötigten Chor der Tübinger Stiftskirche zur Grablege bestimmte. Die Überführung des Leichnams Eberhards im Bart im Jahre 1537 vom Einsiedel nach Tübingen war mehr als nur ein Ausdruck von Traditionsbewußtsein, denn Ulrich knüpfte nach seiner eigenen unsicheren Herrschaft ganz bewußt bei einem Mann an, der zu seinen Lebzeiten nicht nur als sehr erfahren galt und im Reich hoch angesehen war, sondern der dem Hause Württemberg zudem die Erhebung in den Herzogsrang eingebracht hatte.

Als in Stuttgart die alten in den Fußboden eingelassenen Grabplatten immer unkenntlicher geworden waren, ließ Herzog Ludwig zur Erinnerung an die hier bestatteten mittelalterlichen Landesherren 1578–1584 die Reihe der elf Grafenstandbilder aufrichten. Die Wiederherstellung beziehungsweise Neuschaffung von Grabmälern für mehr oder weniger vergessene Vorfahren ist eine Gedächtnispflege, für die es nur wenige Vergleichsbeispiele gibt. Gegen Ende des 16. Jahrhunderts war der Chor der Stiftskirche in Tübingen nun seinerseits mit Gräbern belegt. Statt ein neues Familienbegräbnis zu schaffen, griff Herzog Ludwig wieder auf die Stuttgarter Stiftskirche zurück, wo durch die Beseitigung des Hochaltars neue Grabfläche geschaffen worden war. Doch auch dies konnte nur vorübergehend befriedigen.

Da das Haus Württemberg bisher in keiner Generation mehr als drei männliche Angehörige gezählt hatte, waren – außer kurzfristig in Urach – keine Nebenlinien mit eigenen Erbbegräbnissen entstanden. Der 1593 als Nachfolger des kinderlosen Ludwigs zur Regierung gelangte Herzog Friedrich I. hatte neun Söhne, von denen allerdings nur fünf den Vater überlebten. Wiederum drei von ihnen setzten die Familie fort und wurden dadurch zu Stammvätern verschiedener Zweige des Hauses Württemberg. Da seit dem Beginn des 17. Jahrhunderts die Geburtenzahl allgemein stark zunahm, waren neu geschaffene Grablegen innerhalb relativ kurzer Zeit belegt, so daß sich ihre Zahl im 17. und 18. Jahrhundert beträchtlich vermehrte. Gleichzeitig wurde der bisher durch die Länder Württemberg und Mömpelgard markierte geographische Rahmen um das in der Nähe von Dinkelsbühl liegende Weiltingen sowie um die schlesischen Territorien erweitert. Dadurch gewann auch die Bestattungskultur der Familie eine bemerkenswerte Vielfalt, die sich letztendlich bis ins 20. Jahrhundert erhalten hat.

Mit dem Tode Herzog Friedrichs I. im Januar 1608 wurde die bisherige Bestattung unter eindrucksvollen Grabmonumenten durch eine Epoche denkmalsloser Gruftbestattung abgelöst. An dieser neuen Begräbnisweise hielt das Haus Württemberg während der Barockzeit nahezu ausnahmslos fest. Statt der bisherigen Einzelgrabbestattung im Kirchenfußboden wurden nun die in verschiedenen Särgen eingeschlossenen Leichname in unterirdischen Gewölben nebeneinander zur Ruhe gebettet. Der völlige Verzicht auf im Kirchenraum aufgestellte Grabdenkmäler bedeutete jedoch keine Anonymisierung der Verstorbenen. Denn man begann nun, die Särge selbst als Kunstwerke zu betrachten und individuell zu gestalten. Vor allem die seit 1628 gebräuchlichen Zinnsärge boten sich zur Bearbeitung an. Zur Anbringung von Inschriften, Wappen, allegorischen Darstellungen, Porträts und Städteansichten reichten die Gestaltungsmöglichkeiten von Bemalen über Gravieren bis zu plastischer Bearbeitung des Metalls. Im Verlaufe der ersten Hälfte des 18. Jahrhunderts verzichtete man nach immer aufwendiger gewordenen Formen schließlich ganz auf Zinn. Fortan senkte man nur noch die mit farbigem Samt bespannten bisherigen Innensärge in die Gewölbe – für die Barockzeit angesichts ihrer sonstigen prunkvollen Ausdrucksformen auf den ersten Blick befremdlich. Auch Herzog Carl Eugen ruht in einem bloß mit seinen Initialen und dem Sterbejahr bezeichneten Samtsarg.

Erst kurz vor 1800 hat die Gruftbestattung durch das Aufkommen neuer Begräbnisformen ihre Ausschließlichkeit verloren. Sie büßte jedoch seither kaum an Bedeutung ein, wie die gegenwärtige Grablege des Hauses Württemberg in Altshausen zeigt. Waren Bestattungen des Hochadels jahrhundertelang ohne Ausnahme an Kirchen gebunden, so traten im Zuge der Aufklärung religiöse Beweggründe zugunsten einer freieren Wahl des Ruheplatzes mehr und mehr in den Hintergrund. Neben der traditionell denkmalslosen Gruftbestattung wurden nun wieder Grabmäler in Epitaphienform sowie Tumben mit vollplastischen Liegefiguren gebräuchlich, ja es gab fortan auch Begräbnisstätten in eigenständigen Grabtempeln und unter freiem Himmel. Zeitlich fällt dies mit dem in anderen Kunstgattungen eingeführten Epochenbegriff »Historismus" zusammen. Das erste auf dem europäischen Kontinent errichtete kirchenunabhängige Mausoleum ließ der spätere oldenburgische Herzog Peter Friedrich Ludwig für seine 1785 im Alter von nur 20 Jahren verstorbene Gemahlin Friederike von Württemberg errichten. In Württemberg sei in diesem Zusammenhang das von Herzog Friedrich II. gebaute Zeppelin-Mausoleum auf dem alten Ludwigsburger Friedhof, die Grabkapelle auf dem Württemberg sowie in Bayreuth die Gruftkapelle des Herzogs Alexander genannt.

Erstmals wurden nun auch Gräber mitten unter den Untertanen auf gewöhnlichen Kirchhöfen üblich – die Standesunterschiede verwischten zumindest in dieser Hinsicht zunehmend. Die ersten derartigen selbstgewählten Begräbnisse des Hauses Württemberg fanden 1822 in Meiningen und 1834 in Carlsruhe/Oberschlesien statt, bevor schließlich 1921 mit König Wilhelm II. der ranghöchste Angehörige ein Grab auf einem allgemeinen Friedhof fand. Diese sogenannte »Mischzeit«, die Epoche also, bei der sich jeder ganz nach seinen persönlichen Wünschen eine Grabstätte wählen konnte, dauert bis heute. Außer der um die Mitte des 19. Jahrhunderts wiederentdeckten Feuerbestattung sind alle sonst gebräuchlichen Begräbnisformen im Hause Württemberg nachweisbar.

Der in anderen Fürstenhäusern ritualisierte Kult der getrennten Bestattung von Körper, Herz und Eingeweiden war im Hause Württemberg zu keiner Zeit üblich. Freilich wurden auch hier die Leichen – sofern der Verstorbene dies nicht ausdrücklich untersagt hatte – »balsamiert«, das heißt ausgeweidet, und dadurch vor sofortiger Verwesung bewahrt.

Die entnommenen Körperteile wurden jedoch zumeist in besonderen Behältnissen unmittelbar neben dem Sarg im Gruftboden versenkt oder dem Toten in den Sarg gelegt. War eine längere Überführung des Leichnams nötig, konnte in der Regel auf eine Ausweidung nicht verzichtet werden. Im Falle der 1589 in Nürtingen verstorbenen und nach Tübingen gebrachten Herzogin Anna Maria ist überliefert, daß ihre Eingeweide »gegen Abend, damit niemands deßelbigen achtung nemen künde« in der Nürtinger Stadtkirche begraben wurden. In der Barockzeit barg man die »Viscera«, wie die Eingeweide genannt wurden, meist in kupfernen Behältern, seit 1800 in kleinen Holzfäßchen. Auch bezüglich der Herzen gab es keine festgelegte Ordnung, jeder Fall wurde individuell behandelt. So wurde das Herz der 1679 in Liebenzell verstorbenen Herzogin Antonia in der Teinacher Kirche bei dem berühmten, von ihr gestifteten Tafelwerk »Turris Antonia« begraben. Im Gegensatz dazu legte man beispielsweise die Herzen von Herzog Carl Eugen und Herzogin Franziska in einer Silberkapsel unter das Kopfkissen in den Sarg. Die Bestattung des Herzens von Königin Katharina von Westfalen, der Tochter König Friedrichs I. von Württemberg und Gattin von Napoleons I. Bruder Jérôme beim Sarg ihres Gemahls im Altar einer Seitenkapelle des Pariser Invalidendoms, beruht wiederum auf einem ganz persönlichen Wunsch der Hinterbliebenen. Die letzte Herzbestattung im Fußboden einer Gruft fand anläßlich der Beisetzung Herzog Pauls im Jahre 1860 in der Stuttgarter Stiftskirche statt.

Erste Berichte von Beisetzungsfeierlichkeiten liegen aus dem frühen 15. Jahrhundert vor, bildliche Darstellungen sind dagegen erst seit 1628 überliefert. Unter dem »Begräbnis« verstand man zumeist jedoch nicht so sehr die rein mechanische Begräbnishandlung, sondern vielmehr die damit verbundene religiöse Zeremonie. Im 18. Jahrhundert wurden beide Akte häufig zeitlich voneinander getrennt und die Begräbnisfeier Wochen bzw. Monate später über einem leeren Sarg abgehalten oder der Leichnam aus der Gruft geholt.

Etwa zu Beginn des 17. Jahrhunderts begann man auch die aufgebahrten Verstorbenen im Bild festzuhalten. In Kupfer gestochene und auf diese Weise vervielfältigte Zeichnungen wurden besonders in der Barockzeit den Leichenpredigten beigegeben und dadurch in ganz Europa verbreitet. Die Erfindung der Fotografie im 19. Jahrhundert erleichterte die Totendarstellung erheblich, dennoch haben vereinzelt Angehörige die Abbildung ihres Leichnams ausdrücklich untersagt.

Die hier skizzierte Gliederung in vier Zeitabschnitte konnte in dem vorliegenden Buch jedoch nicht in allen Fällen in der notwendigen Konsequenz durchgeführt werden, da manche Grablegen – besonders Stuttgart, Ludwigsburg und Carlsruhe/OS – über sehr lange Zeiträume epochenübergreifend als Begräbnisorte dienten. Auch hätten genealogische Zusammenhänge eine Trennung wenig sinnvoll erscheinen lassen.

Durch ihre Vielfalt vermögen die Ruhestätten der insgesamt mehr als 500 Personen des Hauses Württemberg einen interessanten Einblick in 700 Jahre mitteleuropäischer Bestattungskultur zu geben. Die folgenden Seiten sind ein erster Versuch ihrer Beschreibung.

Mittelalter

1. Grabplatte Graf Hartmanns († 1280) in Markgröningen

Das Haus Württemberg ist in der glücklichen Lage, vom Hochmittelalter bis in die Gegenwart eine beinahe vollständige Dokumentation der Grabstätten seiner Angehörigen zu besitzen. Wenn auch manche von ihnen im Laufe der Zeit zerstört wurden oder auf andere Weise abgegangen sind, so können diese Verluste doch in vielen Fällen über Aufzeichnungen anschaulich gemacht werden. Einzig die beiden ersten Jahrhunderte der Familiengeschichte, etwa zwischen 1080 und 1280, liegen völlig im dunkeln. Obwohl in jener Zeit die Existenz einer ganzen Anzahl von Mitgliedern dieser Familie belegt ist, wissen wir über deren Begräbnisstätten nichts. Spekulationen und Vermutungen, die unter anderem St. Blasien, Kloster Irsee und Eichstätt als Grablegen nennen, ließen sich bisher nicht zweifelsfrei belegen.

Aus dem 16. und 17. Jahrhundert gibt es Hinweise auf einen Grabstein in der Kathedrale von St. Denis bei Paris, der noch »bis in die jüngste Zeit« vorhanden gewesen sein soll. Auf ihm seien unter anderem das württembergische Wappen und die Jahreszahl 811 sichtbar gewesen. Bei dieser Jahresangabe muß es sich jedoch um einen Lesefehler handeln, da das Haus Württemberg erst am Ende des 11. Jahrhunderts ins Licht der Geschichte trat. In römischen Ziffern geschrieben, kann durch eine Beschädigung am Stein leicht statt 1311 die Zahl 811 gelesen werden, was die historische Einordnung erleichtern

würde. Dennoch konnte bis jetzt noch kein Württemberger gefunden werden, dem dieser heute verschollene Grabstein zuzuschreiben wäre.

Die vielzitierte und in Privatbesitz befindliche Abschrift des aus dem 16. Jahrhundert stammenden, aber verlorenen »Hauff'schen Epitaphienbüchleins« erwähnt mehrere Grabmäler mit dem Hirschstangenwappen, die bisher jedoch familiengeschichtlich nicht eingeordnet werden konnten.

Markgröningen

Das älteste erhaltene Grabdenkmal des Hauses Württemberg befindet sich in der Stadtkirche in Markgröningen und dürfte bald nach dem Tode Graf Hartmanns von Württemberg-Grüningen am 4. Oktober 1280 geschaffen worden sein. Dieser hatte wohl beim frühen Tode des Grafen Ulrich mit dem Daumen im Jahre 1265 die Vormundschaft über dessen beide minderjährigen Söhne Ulrich II. und Eberhard den Erlauchten übernommen, war er doch damals höchstwahrscheinlich der einzige männliche Erwachsene im Hause Württemberg. Obwohl seit einer militärischen Niederlage im April 1280 von Graf Albrecht von Hohenberg auf dem Asperg gefangengehalten, wurde Graf Hartmann in der von ihm tatkräftig geförderten Markgröninger Stadtkirche beigesetzt. Daß er sein Grab im damaligen Chor erhalten hat, muß eher bezweifelt werden. Vielleicht steht das sogenannte »Fürstenkapitell« mit der Grablege Hartmanns in Zusammenhang, da der herausragende männliche Kopf nicht ins Mittelschiff, sondern ins erste Joch des nördlichen Seitenschiffes orientiert ist; und eben dort ist sein Grab spätestens seit dem frühen 16. Jahrhundert bezeugt. Die nur mit Wappen, Helmzier und Umschrift versehene Platte steht formal am Anfang der in den folgenden 200 Jahren in Stuttgart entstandenen Grabsteine (s. S. 18 ff.). Seit 1985 liegt die Grabplatte in Form einer Tumba optisch eindrucksvoll inmitten einer an das südliche Seitenschiff angebauten spätgotischen Kapelle.

Die von Graf Hartmann abstammende Grüninger Linie des Hauses Württemberg, die sich schon bald nur noch »von Landau« nannte, hatte bis ins 16. Jahrhundert hinein im Kloster Heiligkreuztal ihre Stammgrablege. Im dortigen Kreuzgang befindet sich neben anderen Grabsteinen noch die außerordentlich gut erhaltene Grabplatte des Grafen Ludwig (Lutz) II., der 1398 starb. Leider sind seit der Mitte des 19. Jahrhunderts die in Metall gegossenen Umschriftleisten verschollen. Der Stein vermittelt dennoch einen Eindruck, wie im 14. Jahrhundert auch in Stuttgart die Grabplatten ausgesehen haben.

Mit dem Tode des letzten männlichen Abkömmlings von Graf Hartmann, Johann Adam von Landau, ist diese Linie 1690 erloschen.

Beutelsbach

Über die Gestalt der alten Beutelsbacher Stiftskirche ist nichts bekannt, stammt der gegenwärtige Bau doch erst aus spätgotischer Zeit, als das Stift bereits längst nach Stuttgart übertragen war. Als einziger »Überrest« befindet sich an der nördlichen Chorwand ein Stein mit dem württembergischen

2. Stiftskirche in Beutelsbach (Gde. Weinstadt)

Wappen, dem Hifthorn als Helmzier und einem nicht eindeutig geklärtem Symbol. Daß die Steinplatte stark abgetreten ist, deutet darauf hin, daß sie einst an bevorzugter und häufig begangener Stelle im Fußboden der Kirche lag. Die jüngst geäußerte Zuschreibung an die erste Gemahlin des Grafen Eberhard des Erlauchten, Margarethe von Lothringen, muß wohl doch wieder in Frage gestellt werden. Denn das schon früher angeführte Argument,

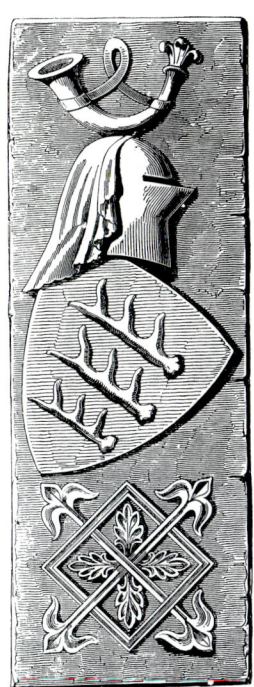

3. Gedenkstein in der Beutelsbacher Stiftskirche (Zeichnung von 1851)

die Helmform lasse eher vermuten, daß der Stein nicht ins letzte Jahrzehnt des 13. Jahrhundert, sondern erst um 1400 zu datieren sei, ist nicht von der Hand zu weisen. Vielleicht bringt eine noch ausstehende kritisch-vergleichende Untersuchung des Beutelsbacher Steins eine stichhaltige Datierung. Da das bisher ungedeutete Symbol im unteren Plattendrittel auch auf anderen Grabsteinen, z. B. in Sickingen und in Rottenburg anzutreffen ist, scheint ihm ein allgemeingültiger Inhalt zuzukommen. Aufgrund der Verbindungen zu Rottenburg wurde von Gerhard Raff jüngst die Vermutung geäußert, es handle sich um den Grabstein für die Gemahlin des Grafen Ulrich († 1315), Mechtild von Hohenberg. Denkbar wäre allerdings auch, daß der Stein über einem Sammelgrab mit Gebeinen lag, die bei einem möglichen Umbau der Kirche zu Beginn des 15. Jahrhunderts gefunden und dem Hause Württemberg zugeschrieben wurden. Diese Hypothese ließ sich bisher nicht erhärten, da auch die Baugeschichte der spätgotischen Beutelsbacher Kirche noch weitgehend im dunkeln liegt. Ebenfalls steht die in der Oberamtsbeschreibung von 1851 angeführte Behauptung im Raum, hinter dem Altar befinde sich der Eingang zu einer geräumigen Gruft. Einzig eine gründliche archäologische Grabung im Chorbereich wäre geeignet, dies zu klären. Sicher bezeugt sind die Beisetzungen von Graf Ulrich I. mit dem Daumen und seiner zweiten Gemahlin Agnes von Schlesien (beide †1265) in der Beutelsbacher Stiftskirche. Ihr Doppelgrabdenkmal, das sich heute im Erdgeschoß des Kleinen Turmes der Stuttgarter Stiftskirche befindet, kann nach stilistischen Untersuchungen in die Zeit um 1285/90 datiert werden und wäre demnach im Auftrag von Eberhard dem Erlauchten entstanden. Da kaum an eine vom Grab unabhängige Aufstellung in Stuttgart gedacht werden kann, dürften die beiden Liegefiguren zusammen mit den Gebeinen 1321 in die Stuttgarter Stiftskirche übertragen worden sein. Dort fand das Denkmal im Chor einen neuen Platz. Beim Einsturz des Gewölbes während der Regierungszeit Graf Eberhards des Jüngeren 1417/1419 wurde neben anderen Grabsteinen auch die Doppeltumba von Ulrich und Agnes beschädigt. Vor allem die Hände und die Nasen sowie einer der beiden Hunde zu Füßen von Agnes waren zerstört. In diesem Zustand blieb das Kunstwerk bis ins späte 19. Jahrhundert, als es restauriert und farbig bemalt wurde. Den vorherigen Zustand zeigte ein Gipsabguß, den König Karl 1884 dem Germanischen Nationalmuseum in Nürnberg geschenkt hat. Vor einigen Jahren ist dort die Kopie von Ulrichs Figur aus ihrer Wandverankerung gefallen und zerbrochen. Ihre geplante Wiederherstellung ist zu begrüßen, da allein die Nürnberger Abgüsse den historischen Zustand zu dokumentieren vermögen.

Die Grablege in Beutelsbach wurde im Reichskrieg 1312 wahrscheinlich nicht in der Weise zerstört, wie in der jüngeren Vergangenheit manche Schilderungen glauben machen wollten. Zumindest die Schändung der gräflichen Gräber scheint der Phantasie späterer Geschichtsschreiber entsprungen zu sein. Es dürfte jedoch außer Frage stehen, daß das Stift zu jener Zeit während der Auseinandersetzungen zwischen Graf Eberhard dem Erlauchten von Württemberg und der Reichsstadt Esslingen in irgendeiner Weise geschädigt oder in Mitleidenschaft gezogen wurde, da sonst die Stiftsherren wohl kaum schon in der Mitte des zweiten Jahrzehnts Grund gehabt hätten, Beutelsbach zu verlassen und das Stift de facto zu verlegen.

Bezugnehmend auf die 1321 unter Graf Eberhard I. von Beutelsbach nach Stuttgart übertragenen Überreste von Angehörigen des Hauses Württemberg berichten verschiedene Chronisten des 16. Jahrhunderts, man habe die Gebeine und die Grabsteine zunächst außerhalb der Kirche »gegen Aufgang der Sonnen« niedergelegt und erst durch

Herzog Ulrich seien sie 1535 ins Innere des Chores verlegt worden. Diese Bemerkung ist sicher falsch, da das Grabdenkmal des Grafen Ulrich mit dem Daumen und seiner Gemahlin Agnes bereits beim Chorgewölbeeinsturz während der Jahre 1417/19 innerhalb der Stiftskirche nachweisbar ist. Viel mehr ist an einen Lese- oder Schreibfehler in einer Ur-Aufzeichnung zu denken. In einigen Chroniken sind gar die völlig absurden Jahreszahlen 1521 und 1535 zu finden; liest man stattdessen 1321 und 1335, so erscheint die Distanz von 14 Jahren realistischer. Im Jahre 1321 waren wohl schon die ersten Überlegungen zum Bau eines neuen Stiftschores im Gange, weshalb die Gebeine und das Grabmal zunächst im Freien niedergelegt worden sein könnten. Bis 1335 war der Chor vielleicht so weit – wenigstens provisorisch – fertiggestellt, daß die Übertragung der Toten und des Denkmals ins Innere möglich war. Diese Hypothese wird gestützt durch die Tatsache, daß 1335 zwar nicht Herzog (!) Ulrich, aber ein Graf gleichen Namens Regent war. Hier wäre also – setzt man den Lesefehler voraus – ein Irrtum der späteren Chronisten gleichfalls leicht möglich.

Stuttgart, Stiftskirche

Der erste württembergische Graf, der in der Stuttgarter Stiftskirche sein Grab wählte, war Eberhard der Erlauchte († 1325). Über ein Jahrhundert lang war nun der Chor dieser Kirche alleinige Grablege des Hauses Württemberg sowie darüber hinaus bis 1524 – die späteren Bestattungen kommen hier nicht in Betracht – des Stuttgarter Familienzweiges. Von dieser vorreformatorischen Grablege ist neben der Doppeltumba aus Beutelsbach nur das Bronzewappenschild der zweiten Gemahlin Graf Eberhards des Milden, Elisabeth von Nürnberg († 1429) erhalten. Es ist im Erdgeschoß des Kleinen Turmes in die Südwestwand eingemauert.

4. Doppeltumba von Graf Ulrich (I.) mit dem Daumen und seiner Gemahlin Agnes von Schlesien-Liegnitz († beide 1265) in der Stuttgarter Stiftskirche

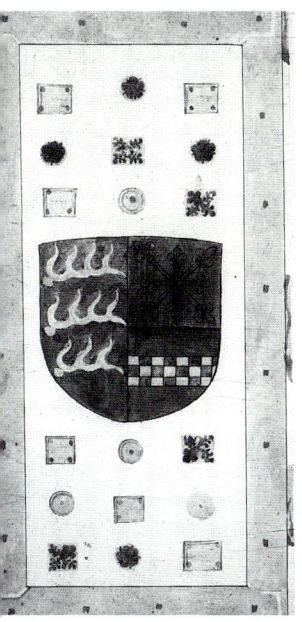

Trotzdem können wir uns von den einstmals vorhandenen Grabplatten, die beim Bau der Gruft unter dem Chor im Frühjahr 1608 entfernt und in die Sakristei gebracht wurden, eine genaue Vorstellung machen. Denn als im dritten Viertel des 16. Jahrhunderts Herzog Christoph daranging, die zu jener Zeit schon vielfach unleserlich gewordenen Denkmäler wiederherstellen zu lassen, wurden zur Bestandsaufnahme mehrere voneinander unabhängige Inschriftensammlungen sowie zwei Abbildungsreihen vom damaligen Zustand der Grabsteine hergestellt. Vor allem die erste Zeichnungsfolge, die traditionell auf 1566 datiert wird, besitzt hohen dokumentarischen Wert, da selbst kleinste Einzelheiten mit außergewöhnlicher Genauigkeit wiedergegeben wurden. Dennoch fand sie bis heute kaum Beachtung. Sie stammt vielleicht noch von Andreas Rüttel dem Älteren, der sie kurz vor seinem Tod 1565 oder früher angefertigt haben könnte. Die Beschriftung ist wohl erst durch dessen Sohn 1566 erfolgt. Da schriftliche Quellen fehlen, bleibt die Autorschaft unsicher.

Im Vordergrund der Forschung stand vielmehr die in Zusammenhang mit einem Gutachten des jüngeren Rüttel 1574 entstandene Handschrift, die 1583 mit Deckblättern versehen und neu eingebunden wurde. Sie zeichnet sich weniger durch historische Genauigkeit als vielmehr durch künstlerische Großzügigkeit und phantasievolle Vorschläge zur

5. Grabplatte Margarethes von Cleve († 1444), der ersten Gemahlin Ulrichs (V.) des Vielgeliebten, um 1566

6. Rekonstruktionsvorschlag für die Grabplatte der Gräfin Margarethe († 1444) von 1574

Wiederherstellung der desolaten Grabplatten aus. Sie ist ein Werk des Stuttgarter Hofmalers Johann Steiner. Die erst später entstandenen Deckblätter mit dem württembergischen Wappen und einer Todesallegorie sind dagegen frühe Arbeiten des Tübinger Malers Jakob Züberlin. Abgesehen von völlig falschen Abmessungen der Grabplatten sind bei Steiner auch inhaltlich manche Irrtümer festzustellen. So zeigt der Grabstein von Gräfin Margarethe, der ersten Gemahlin Ulrichs des Vielgeliebten, in der Zustandszeichnung kein Wappenschild mehr. Im Rekonstruktionsvorschlag wurde das Doppelwappen Württemberg-Cleve in einer Weise gezeichnet, wie es die 1444 verstorbene Gräfin nicht führen durfte. Es zeigt in der württembergischen Schildhälfte neben den Hirschstangen auch die Barben von Mömpelgard, obwohl die Familie Graf Ulrichs des Vielgeliebten erst im Uracher Vertrag von 1473 das Recht zu diesem Doppelwappen erhielt. Im Gegensatz zu Steiner bringt die Aquarellzeichnung von 1566 das zu jener Zeit noch vorhandene originale Wappenschild ohne die Mömpelgarder Barben!

Von allen Grabplatten im Chor der Stiftskirche waren 1566 nur zwei völlig unversehrt erhalten, nämlich diejenige von Ulrichs des Vielgeliebten zweiter Gemahlin, Elisabeth von Bayern-Landshut († 1451), sowie von Elisabeth von Brandenburg († 1524), der Gattin Herzog Eberhards II. von Württemberg. Alle anderen waren mehr oder weniger beschädigt und ihrer Einlagen beraubt, die vor 1417 entstandenen hatten gar alle Metallschilder verloren. Nach dem Herausreißen hatte man die in die Grabsteine eingehauenen Vertiefungen, in die die metallenen Wappenschilde eingelassen waren, mit Holzbrettern »ußgefuetert«. Offensichtlich waren die Einkerbungen so tief, daß sie für die Kirchenbesucher eine Gefährdung dargestellt hatten.

An Hand mehrerer Beschreibungen ist der bereits

7. Grabplatte Elisabeths von Bayern-Landshut († 1451), der zweiten Gemahlin Ulrichs (V.) des Vielgeliebten, um 1565

bis ins 16. Jahrhundert hinein erfolgte und dann immer weiter fortschreitende Substanzverlust an den Grabplatten zu verfolgen. Höchstwahrscheinlich geschahen die Verstümmelungen in der Hauptsache erst in nachreformatorischer Zeit, als der Lettner seine Trennfunktion zwischen weltlichem und geistlichem Bereich verloren hatte und nun der Chor für jedermann zugänglich war. Offensichtlich war auch in Stuttgart der Diebstahl von Bronze- und anderen Metallteilen auf den Grabsteinen recht häufig. Aus diesem Grunde läßt sich die zu jener Zeit in ganz Europa angewandte Technik nur noch in Resten feststellen.

War beispielsweise 1557 an der Platte Graf Ulrichs des Vielgeliebten außer einem Teil der Inschrift auch noch das Wappen vorhanden, so war beides bei der Bestandsaufnahme von 1566 bereits seit »etlich Jahren . . . hinweg gerißen« und der Stein unkenntlich.

Von besonderer Bedeutung sind die Hinweise Rüttels auf das Material der Grabsteinauflagen, die er in den Zeichnungen durch farbliche Unterschiede zum Ausdruck brachte. Im landläufigen Sinne mögen die Grabplatten einfach erscheinen, unsere Aufmerksamkeit verdienen jedoch die Materialien, mit denen sie geschmückt waren. Nachweisbar sind verschiedene Metalle, gebrannter Ton und farbige Steinarten. Erhaltene Vergleichsbeispiele sind heute äußerst selten zu finden, in unserer Gegend fehlen sie fast ganz.

Dank der geradezu verblüffend detailgetreuen Zeichnungen Rüttels von 1566 kann man auch über die nur rudimentär erhaltenen Steine auf ihren ursprünglichen Zustand schließen und ihre Entwicklung nachzeichnen.

Von den 20 in der Handschrift abgebildeten Grabsteinen deckten 18 die Gräber von Angehörigen des Hauses Württemberg.

Der älteste Stein war offensichtlich damals bereits so stark abgetreten, daß er nicht mehr zweifelsfrei identifiziert werden konnte. Denn das in Stein gehauene Wappen war nur noch schemenhaft zu erkennen und von der Umschrift nichts mehr zu lesen. Mit größter Wahrscheinlichkeit lag die Steinplatte jedoch über den Gebeinen Eberhards des Erlauchten († 1325), des ersten hier bestatteten Grafen von Württemberg.

Dieser sowie der Grabstein für Graf Ulrich III. († 1344) zeigen in der unteren Partie Fehlstellen. Wahrscheinlich lagen sie einst unmittelbar vor dem Altar. Als man diesen später durch einen größeren ersetzte, wurden beide Platten von seinem Sockel teilweise überdeckt.

Bei Graf Ulrich III. lassen sich erstmals in den Stein eingelegte Metallteile – Wappen, Helm und Helmzier – nachweisen, die 1566 jedoch fehlten. Die dadurch offenliegenden Vertiefungen im Stein waren mit Holz ausgefüttert. Ebenso scheinen die eingehauenen Buchstaben mit Blei ausgegossen gewesen zu sein. Seit Ulrich III. gab es in der Stuttgarter Stifskirche keine württembergischen Grabsteine mehr ohne Metallwappen. Ulrichs nur wenige Wochen vor ihm am 25. März 1344 verstorbene Gemahlin Sophie von Pfirt hatte dagegen noch einen Stein erhalten, der außer den Buchstaben keine Metallteile besaß. Wie bei Eberhard dem Erlauchten war auch ihr Wappenschild nur in Stein gehauen. 25 Jahre später taucht auf der Platte von Graf Eberhards des Greiners Tochter Sophie († 1369) ein neues und ungewöhnliches Gestaltungselement auf. 1566 waren alle Teile des Allianzwappens Württemberg-Lothringen – Sophie hatte 1361 Herzog Johann I. von Lothringen geheiratet – außer dem roten Schrägbalken mit den lothringischen Adlern verschwunden. Sein Material beschrieb Andreas Rüttel als »rothem bachen stein«, d. h. gebrannten Ton. Dies deutet darauf hin, daß hier offensichtlich modellierter Kunststein zwischen die Metallteile eingefügt worden war, um die Farben des Wappens heraldisch korrekt wiederzugeben.

Auch in diesem Fall wurden die Flächen der verschwundenen Metallteile mit Holz ausgefüttert. Die Grabsteine für Graf Eberhard den Greiner († 1392) und Elisabeth von Henneberg († 1384), zeigten eine ähnliche Gestalt wie die Platte ihrer Tochter Sophie. Es scheint auch, daß das Hifthorn über den Wappenhelmen von Graf Eberhard und dessen in der Schlacht bei Döffingen 1388 gefallenen Sohn Ulrich ebenfalls aus gebranntem Ton hergestellt war, diese Technik also zumindest über ein Vierteljahrhundert in Stuttgart Anwendung gefunden hat. Ulrichs Stein hatte unter dem Hauptwappen früher noch ein kleines waagerecht stehendes Schild. Da es 1566 fehlte, kann nur gemutmaßt werden, daß es sich dabei um das Wappen seiner Ehegattin Elisabeth von Bayern († 1402), der Tochter Kaiser Ludwigs, gehandelt hatte. Daß von ihr, der ranghöchsten Gemahlin aller württembergischen Grafen, kein selbständiges Grabmal überliefert ist, erstaunt. Vielleicht fand sie tatsächlich im Grab Ulrichs ihre Ruhestätte, oder ihr Stein war 1566 bereits so stark abgetreten und zerstört, daß er von Rüttel nicht mehr erkannt wurde.

Es ist bemerkenswert, wie exakt Rüttel bei Elisabeth von Henneberg und bei Antonia Visconti († 1405), der Gemahlin Graf Eberhards des Milden, die nach dem Verlust der Wappenschilde sichtbare Verankerung im Stein darstellte.

Die Grabsteine Eberhards des Milden († 1417) sowie seines Sohnes und Nachfolgers Eberhards des Jüngeren († 1419) zeigen das erste und einzige Mal im Hause Württemberg einen gotischen Bogen als architektonisches Gestaltungselement, freilich mit ziemlicher Verspätung, denn in Frankreich war diese Form bereits um die Mitte des 13. Jahrhunderts und im Rheinland im 14. Jahrhundert aufgekommen. Im Falle der beiden Eberharde scheinen nicht nur der Helm, das Hifthorn und die Buchstaben der Inschrift aus Messing gewesen zu sein, sondern auch die Bogenarchitektur und die Zierleisten

8a. In der Stuttgarter Stifskirche erhaltenes Bronze-Wappenschild von der Grabplatte Elisabeths († 1429)

8b. Grabplatte Elisabeths von Nürnberg († 1429), der zweiten Gemahlin Eberhards (III.) des Milden, um 1566

9. Grabplatte Henriettes von Mömpelgard († 1444), der Gemahlin Eberhards (IV.) des Jüngeren, um 1566

am Rand. Beispiele dieser Art findet man heute in größerer Zahl noch in England.

Von allen vorreformatorischen Grabsteinen ist bis heute nur das bronzene Wappenschild von Elisabeth von Nürnberg († 1429), der zweiten Gemahlin Eberhards des Milden, erhalten geblieben. Es liefert den Nachweis auf verschiedene Stein- und Toneinlagen und ist daher für die Interpretation der Rüttelschen Handschrift von besonderer Bedeutung.

Der rätselhafteste Stein in der Stuttgarter Stiftskirche hätte einst an Gräfin Henriette, die Erbin von Mömpelgard, erinnern sollen. Sie fand ihr Grab jedoch außerhalb Württembergs in ihrer Heimat.

Durch ihre Ehe mit Graf Eberhard dem Jüngeren gelangte Württemberg in den Besitz eines wichtigen Territoriums an der Burgundischen Pforte, das erst während der Französischen Revolution 1793 für das Haus verlorenging. Die Helmzier auf Henriettes Platte ist außergewöhnlich, fehlt sie doch auf allen anderen Grabsteinen für Gräfinnen. Möglicherweise legte Henriette persönlich großen Wert auf dieses sonst ausschließlich auf Männergrabmälern vorkommende Symbol. Seltsamerweise zeigt das Schild nur die Barben von Mömpelgard und nicht, wie bei Frauen üblich, das Allianzwappen mit den Insignien des Mannes. Die Be-

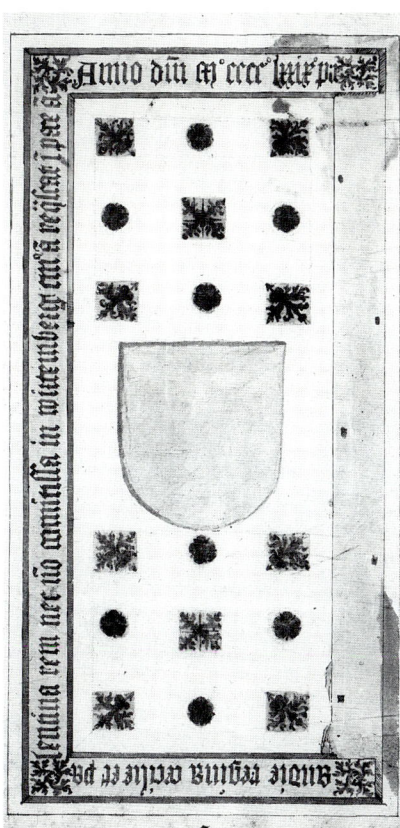

10. Grabplatte Margarethes von Savoycn († 1479), der dritten Gemahlin Ulrichs (V.) des Vielgeliebten, um 1566

merkung Rüttels, das Wappen sei »in Kupffer vnd Meß« gemacht, beweist die aufwendige Verarbeitung.

Henriettes Vormundschaft über ihre beiden Söhne Ludwig und Ulrich endete 1426, so daß die eigenwillige Grabtafel wohl kaum nach diesem Zeitpunkt entstanden sein kann. Sie starb 1444 in Mömpelgard und fand bei ihren Vorfahren in der dortigen Stiftskirche St. Maimboeuf ihre Ruhestätte. Wahrscheinlich war die Platte über ihrem leer gebliebenen Stuttgarter Grab nie mit einer Inschrift versehen. Die Grabsteine der drei Gemahlinnen Graf Ulrichs des Vielgeliebten zeigen erstmals über die gesamte Steinfläche verteilte Metalleinlagen. Da die Platten der ersten und der dritten Frau, Margarethe von Cleve († 1444) und Margarethe von Savoyen († 1479), nahezu dieselbe Erscheinungsform hatten, darf vermutet werden, daß sie in der gleichen Werkstatt hergestellt wurden. Die Eckornamente des Steins von 1479 tauchen ebenso an der Tübinger Platte Eberhards im Bart wieder auf (s. S. 31). Höchstwahrscheinlich waren die aufgelegten Ornamente aus Blei. Das Material der über die ganze Platte der Elisabeth von Bayern († 1451) verteilten Nägel läßt sich einerseits aus der Farbe in Rüttels Aquarell, andererseits jedoch an einem Grabsteinfragment im Städtischen Lapidarium in Stuttgart ablesen. Das dort aufbewahrte Bruchstück stammt von der Grabplatte für die Gemahlin des Minnesängers Hermann von Sachsenheim, Anna von Straubenhardt († 1459), und hat in den Stein eingelassene Schmucknägel aus Blei. Diese Form scheint zumindest in den fünfziger Jahren des 15. Jahrhunderts in Stuttgart gebräuchlich gewesen zu sein.

Von Ulrichs des Vielgeliebten († 1480) Grabplatte ist keine Zeichnung vorhanden, da sie bereits 1566 völlig geplündert war und keinerlei Auflagen mehr besaß. Neun Jahre zuvor hatte Rüttel wenigstens noch einen Rest der Inschrift sowie das Wappenschild mit der Helmzier Württembergs und Mömpelgards aus Kupfer und Messing vorgefunden. Besonders dieses Beispiel zeigt den raschen Verfall der Grablege, der letztendlich die Sammlung der Inschriften und die Zeichnungen erst angeregt hat. Vielleicht in Zusammenhang mit der Grabplatte für Ulrich den Vielgeliebten, sicher aber noch in den achtziger Jahren ließ die Gemahlin des späteren zweiten württembergischen Herzogs Eberhard II., Elisabeth von Brandenburg, ihre eigene Grabplatte anfertigen. Auf der Zeichnung Rüttels ist am Ende der oberen Inschriftleiste deutlich eine Bosse, d. h. eine für eine Ziffernfolge vorbereitete, aber noch nicht ausgearbeitete Fläche, zu erkennen. Als Todesjahr liest man MCCCCLXXX (1480), das durch Bearbeiten der Bosse zum tatsächlichen Todesjahr hätte ergänzt werden sollen. Elisabeth ist in der Inschrift zudem noch als »Comitissa« (Gräfin) tituliert, obwohl sie seit 1496 Herzogin (»ducissa«) von Württemberg geworden war. Sie starb 1524 und wurde, wie sie es im Testament sechs Jahre zuvor festgelegt hatte, »nach ordnung vnd Eeren ayner hertzogin zu wurtemberg vnd Teck . . . begraben, an meynes hertzen liebes schwehers seytten, do auch yetzo mein hertzen liebes bäßlin fraw elisabeth margrefin zu baden vnd geborne margrefin zu brandenburg begraben leytt«. Mit »Schweher« ist ihr Schwiegervater Graf Ulrich der Vielgeliebte gemeint und das liebe »bäßlin« war bereits 1518 in der Stiftskirche beigesetzt worden. Ihre prächtige Bronzegrabplatte ist als einzige noch

heute erhalten und im Erdgeschoß des Kleinen Turmes in die Wand eingemauert.

Nach der Bestattung der Herzogin Elisabeth wurde die Bosse wohl aus zwei Gründen nicht mehr ausgearbeitet: zum einen war Württemberg zu jener Zeit in habsburgischer Hand und Herzog Ulrich im Exil, zum anderen wäre es ohne größeren Aufwand kaum möglich gewesen, die Zahl »MCCCCLXXX« in 1524 (»MCCCCCXXIIII« oder »MDXXIV«) umzuändern. Wahrscheinlich hätte die erste Zeile der Umschrift völlig neu hergestellt werden müssen.

Die spätere Handschrift von 1574 zeigt bereits einen Substanzverlust an der 1566 noch vollständig

erhaltenen Platte, denn man vermißt die obere und die untere Schriftzeile sowie einen Teil des Ornaments. Herzogin Elisabeths vier Jahrzehnte vor ihrem Tode angefertigte Grabplatte war die letzte, die in vorreformatorischer Zeit für ein Mitglied des Hauses Württemberg in der Stuttgarter Stiftskirche angebracht wurde.

Elisabeths Gemahl, Herzog Eberhard II. (als Graf E. VI.), regierte als Nachfolger Eberhards im Bart nur zwei Jahre. 1498 wurde er wegen Mißwirtschaft und Willkür durch die Landstände abgesetzt. Fortan lebte er bis zu seinem Tod 1504 auf Schloß Lindenfels im Odenwald. Seine Ruhestätte hat er in der Heiliggeistkirche in Heidelberg, der Haupt-

11a. Grabplatte Elisabeths von Brandenburg († 1524), Gemahlin Herzog Eberhards II., um 1566

11b. Grabplatte Elisabeths († 1524), Zustand 1574

11c. Rekonstruktionsvorschlag für die Grabplatte Elisabeths († 1524) von 1574 mit veränderter Inschrift

12. Bronze-Grabplatte der Markgräfin Elisabeth von Baden († 1518) in der Stuttgarter Stiftskirche

grablege der Pfälzer Kurfürsten, gefunden. Ein Grabmal ist jedoch nicht erhalten.

Als Graf Heinrich, der Vater Herzog Ulrichs, Mitte April 1519 auf der Burg Hohenurach starb, wurde er in der Stuttgarter Stiftskirche beigesetzt. Sein Grab wurde nur mit einer glatten Steinplatte bedeckt und ist auf Dauer unbezeichnet geblieben. Da Stuttgart sich bereits seit dem 7. April in der Hand des Schwäbischen Bundes befand und Herzog Ulrich außer Landes geflohen war, verzichtete man in dieser ungewissen Zeit auf eine Bearbeitung des Steins, obwohl die Witwe Heinrichs damals noch im Stuttgarter Alten Schloß lebte. Der in der 1583 zusammengefaßten Sammlung abgebildete »Grabstein« ist eine nachempfundene Neuschöpfung Steiners und entbehrt jeder zeitgenössischen Grundlage.

Ulrich der Vielgeliebte hat für die im Boden des Chors bestatteten württembergischen Grafen neben den vorhandenen Grabplatten – wahrscheinlich in der Zeit zwischen 1460 und 1480 – zusätzlich Epitaphien anfertigen lassen, die an der Wand ihren Platz fanden. Johann Jakob Gabelkover beschrieb sie zu Beginn des 17. Jahrhunderts als »langlechten viereckheten Tafeln«, die bis auf die zwei oder drei letzten die gleiche Form aufwiesen. Offensichtlich hatte sie Ulrich als Serie in Auftrag gegeben, so daß nur seine eigene sowie diejenigen für Eberhard im Bart und Graf Heinrich später von anderer Hand hergestellt werden mußten und eine andere Gestalt bekamen. Vergleichbare Beispiele findet man in der Marbacher Alexanderkirche (Dietrich von Anglach † 1464) und in der Michaelskapelle auf Burg Hohenzollern (Jost Niklas von Hohenzollern † 1488). Die wahrscheinlich bemalten Holztafeln hingen seit dem ausgehenden 16. Jahrhundert über den Grafenstandbildern im Chor und sind wohl im 17. oder 18. Jahrhundert entfernt worden.

Noch aus der Grafenzeit sind auch die ersten Begräbnisprotokolle erhalten. Sie stammen aus den

Jahren 1417 und 1480. Jedoch macht nur der Bericht von der Bestattung Graf Ulrichs des Vielgeliebten Angaben zur Beisetzung selbst. Nachdem der Graf am 1. September 1480 in Leonberg gestorben war, hat die Begräbnisfeier am 8. Oktober in Stuttgart nach dem zu jener Zeit beim europäischen Adel gebräuchlichen Ritus mit entsprechendem Aufwand stattgefunden. In der Handschrift heißt es: »Im Chor stund ein grab mit schwartzem tuch bedeck biß vf die erdenn vnnd Ein schwartzen gulden tuch darauf vnnd zehenn grosser Kertzen dapey, vnnder denn Chor in der Kirchenn stund Ein heußlin mit schwarzem duch bedeckh darauff waren gesteckt bey 200 Kertzen . . .« Es ist dies der einzige Hinweis, daß im Hause Württemberg das damals zeitgemäße Trauergerüst, die Chapelle ardente, Anwendung gefunden hat. In einem langen und nach strengem Reglement aufgebauten Zug begaben sich die Trauergäste vom Schloß zur Stiftskirche, wo der Abt von Hirsau sowie die Weihbischöfe von Konstanz und Augsburg an verschiedenen Altären Seelenämter lasen. Ein ähnlich steifes und wochenlang vorbereitetes Zeremoniell wurde erst in der Barockzeit wieder gebräuchlich. Während des 16. Jahrhunderts fanden die Begräbnisse in vergleichsweise familiärem Rahmen statt: Die Reformation hatte kurzfristig den Stil verändert.

Güterstein

Wer heute im Gütersteiner Tal in der Nähe von Urach nach augenfälligen Spuren des einstigen Klosters sucht, wird enttäuscht werden, denn sogar der Eingeweihte kann nur mit Mühe die Sinterterrasse ausfindig machen, wo einmal die Klausurgebäude standen.
Im Jahre 1439 haben die württembergischen Grafen Ludwig I. und Ulrich V. die Vielgeliebte das damals bereits 200 Jahre alte Benediktinerkloster Gü-

terstein dem Kartäuserorden übertragen. Drei Jahre später, als das Land zwischen den beiden gräflichen Brüdern aufgeteilt wurde, wählte Ludwig das benachbarte Urach zur Hauptstadt der ihm zugefallenen Landeshälfte. Offensichtlich hat er die Kartause schon bald zur Grablege seiner Familie bestimmt, denn bereits 1443 fand dort Andreas, ein im Alter von nur acht Tagen verstorbener Sohn Ludwigs, sein Begräbnis. Als am 24. September 1450 auch Graf Ludwig I. starb, wurde er ebenfalls in der Gütersteiner Klosterkirche bestattet. Mit der Entscheidung, eine Kartause zum Erbbegräbnis seiner Familie zu machen, hat Ludwig auf ein zu jener Zeit hochberühmtes Vorbild zurückgegriffen.
In Burgund hatte bereits im Jahre 1384 der gerade 42jährige Herzog Philipp der Kühne die soeben von ihm gegründete Kartause Champmol unweit von Dijon zu seiner Grablege bestimmt und ein einzigartiges Grabmal in Auftrag gegeben. Als Philipp 1404 starb, war es noch immer nicht vollendet.
Ebenso wie die Begräbnisfeier Graf Ulrichs des Vielgeliebten 1480 an Vorbildern orientiert war, so scheint auch Ludwig ganz bewußt die ihm wohl persönlich bekannten burgundischen Verhältnisse vor Augen gehabt zu haben.
Es liegen zwar aus der Mitte des 15. Jahrhunderts keine Nachrichten über den Zustand der Grablege in Güterstein vor, aber die 1554 im Auftrag Herzog Christophs von den dortigen Grabdenkmälern angefertigten Zeichnungen lassen gewisse Rückschlüsse zu.
Die Vorbildfunktion von Champmol hat sich auch auf die Gestalt der Grabmäler übertragen. Obwohl das heute im Musée des Arts in Dijon aufgestellte Denkmal Philipps im 19. Jahrhundert stark überarbeitet wurde, vermittelt es doch ein originalgetreues Bild des ursprünglichen Zustandes.
Auf der Deckplatte des Tumbengrabes ruht der burgundische Herzog in Lebensgröße, zu seinen Füßen kauert ein Löwe und bei seinem Kopf halten

zwei Engel das Wappen. In die Seitenwände der Tumba sind Klagefiguren aus dem Trauerzug, sogenannte Pleurants eingestellt. Eben diese Grabmalform wird nun in Güterstein eingeführt. Dies wäre an sich nichts Bemerkenswertes, wenn nicht das Haus Württemberg in der Stuttgarter Stiftskirche aus unbekannten Gründen vom beginnenden 14. Jahrhundert bis zur Reformation hartnäckig und ausschließlich an einfachen wappengeschmückten Grabplatten festgehalten hätte. Bei Graf Ludwig wurde erstmals seit Ulrich I. mit dem Daumen († 1265) mit dieser Tradition gebrochen. Graf Ludwigs Gemahlin Mechtild von der Pfalz entschloß sich bereits im ersten Jahr ihres Witwenstandes zu einer neuen Ehe mit Erzherzog Albrecht von Österreich, die schließlich im August 1452 vollzogen wurde. Seit den einleuchtenden Überlegungen Otto Schmitts (1941) wird die 1554 nach Tübingen übertragene Grabfigur Mechtilds dem Ulmer Bildhauer Hans Multscher zugeschrieben und in die Zeit zwischen den Tod Ludwigs und ihrer zweiten Eheschließung datiert. Heute wird allgemein angenommen, daß Mechtild als Witwe eine Doppeltumba für ihren Gemahl und sich an zentraler Stelle in der Klosterkirche herstellen ließ, von der als einziger Überrest nurmehr ihre Tübinger Figur vorhanden ist.

Denkbar wäre allerdings auch, daß Graf Ludwig selbst nicht lange vor seinem überraschenden Tod – obwohl noch nicht einmal 40 Jahre alt, aber ganz im Sinne des burgundischen Vorbilds (!) – den Auftrag zu einer Doppeltumba an Multscher gegeben hat, war dieser doch um 1449 am Gütersteiner Hochaltar beschäftigt.

Da Graf Eberhard im Bart 1486 im Klosterbereich durch seinen Baumeister Peter von Koblenz eine Andreaskapelle hat errichten lassen, in die die Gräber umgebettet wurden und Nachrichten von der ursprünglichen Situation völlig fehlen, bleiben alle diesbezüglichen Überlegungen Spekulation.

Mechtild, die 1463 zum zweiten Mal Witwe geworden ist, lebte fortan bevorzugt in Rottenburg, wo sie einen weitbekannten Musenhof um sich versammelte. Sie starb am 20. September 1482 in ihrer Heimat Heidelberg und wurde nach Güterstein überführt. Geht man tatsächlich davon aus, daß ihre heute im Tübinger Stiftschor befindliche Grabfigur zu jener Zeit in der Klosterkirche Güterstein lag, erscheinen zwei Nachrichten rätselhaft. Zum einen verfügte Mechtild in ihrem 1481 abgefaßten Testament ihre Grabstätte in Güterstein »an der lincken syten by der wannd«, also nicht in der angenommenen Doppeltumba neben ihrem ersten Gemahl. Zum anderen bestimmte sie, daß »vff vnser grab ayn Erlicher wercklicher grabstain gehowen vnd gemacht werd«, der die Wappen Österreichs und Bayerns sowie das Andreaskreuz tragen sollte. Als Inschrift wünschte sie ihren Titel und ihren Todestag. An keiner Stelle ist die Hans Multscher zugeschriebene Figur erwähnt und ebensowenig ein württembergisches Wappen, statt dessen bittet sie ihren Sohn Eberhard im Bart, die Kosten für den Grabstein zu übernehmen. Tatsächlich findet sich in den Landschreibereierechnungen der Jahre 1484/85 der Nachweis, der Küchenmeister Eberhards, Martin Holtzwart, habe zu Ulm für den »grabstain unser gnedigen frowen von Österreich« etwas mehr als 41 Gulden »guter müntz« ausgegeben. Da dieser Betrag für eine in Stein gehauene Figur zu niedrig und für eine einfache Steinplatte zu hoch erscheint, ist davon auszugehen, daß in den in Ulm verfertigten »grabstain« die Wappenschilde und die Inschriften aus Metall eingelegt waren. Es gibt keine Veranlassung, bei Mechtilds Grabstein ein anderes Verfahren anzunehmen als in Stuttgart seit 1344 ohne Ausnahme praktiziert wurde (s. S. 21), und nur wenige Jahre zuvor hatte Graf Ulrich d. Vielgeliebte († 1480) im Chor der Stuttgarter Stiftskirche einen mit Kupfer und Messing belegten Stein erhalten (s. S. 23). Da aus Stuttgart und anderswo zur Genüge bekannt ist, daß die Metallteile der Grabsteine bevorzugte Diebesbeute waren, ist zu vermuten, daß auch Mechtilds Grabplatte nach der Vertreibung der Kartäusermönche verstümmelt wurde und schließlich unkenntlich über den Gebeinen lag.

Die Nichterwähnung der Multscher-Figur in ihrem Testament könnte seine Erklärung darin haben, daß nicht nur in Mechtilds Augen, sondern nach allgemeiner Meinung die Figur der hinterbliebenen Witwe als unselbständiger Bestandteil des Männergrabes angesehen und die Beisetzung einer wiederverheirateten Frau in der Tumba des ersten Gemahls als unstatthaft galt.

Neben Ludwig I., Mechtild und Andreas hatte 1457 auch der älteste Sohn und Nachfolger, Ludwig II., in Güterstein seine Ruhestätte gefunden, über dessen Grabstätte bzw. Denkmal nichts bekannt ist. Ob 1486 alle vier Toten in die neue Andreaskapelle übertragen wurden, ist nicht mit letzter Gewißheit zu sagen, erscheint aber wahrscheinlich. Unverständlich ist jedoch, daß im Bericht der 1554 im Auftrag Herzog Christophs zur Suche der Gräber eingesetzten Kommission die Grabstellen von Andreas und Ludwig II. nicht erwähnt werden. Stattdessen wurde das Grab einer Gräfin vermißt, von der Gerhard Raff vermutet, daß es sich um die im Kindesalter verstorbene Tochter Barbara von Graf Eberhard im Bart handelte.

Im übrigen sind die Schilderungen von 1554 überaus detailliert und zeugen von großer Gewissenhaftigkeit. Die Kommission fand in der Andreaskapelle einen schon ziemlich zerfallenen Holzsarg von etwa einem Meter Länge und 50 cm Breite, in dem die Gebeine Graf Ludwigs I. ungeordnet herumlagen. Daraus wurde geschlossen, daß »Graff Ludwigs leichnam hie vor an einen andern ort gelegt vnd daher in die Capell transferirt worden« sein müsse. Offenbar hatte man 1486 Ludwigs Gebeine gesammelt und in einem neuen, kleineren Sarg in

die Andreaskapelle verbracht. Die Zeichnung seines Grabmals deutet auf die Aufstellung an einer Wand hin. Die links neben der Liegefigur Ludwigs dargestellten wappen- und inschrifttragenden Engel erscheinen in fast derselben Form auch in Dijon, ebenso lassen die skizzenhaft angedeuteten Figuren an der Längswand der Tumba Klagefiguren vermuten.

Wenige Jahre vor der Aufhebung des Klosters war im Juni 1530 die einzige Schwester Herzog Christophs, Anna, im Alter von 17 Jahren bei ihrer Mutter im Uracher Stadtschloß gestorben. Auch sie erhielt in Güterstein ihr Grab. Ihr Sarg, der die Form einer schmalen Reisekiste hatte und mit Pech verschmiert war, wurde damals ins gleiche Grab eingesenkt, in dem seit 1486 auch Erzherzogin Mechtild beigesetzt war. Höchstwahrscheinlich waren damals noch die Wappen und Inschriften ihres Grabsteins vorhanden. Im Jahre 1554 fand man Annas Leichnam wohlerhalten in ein schwarzes

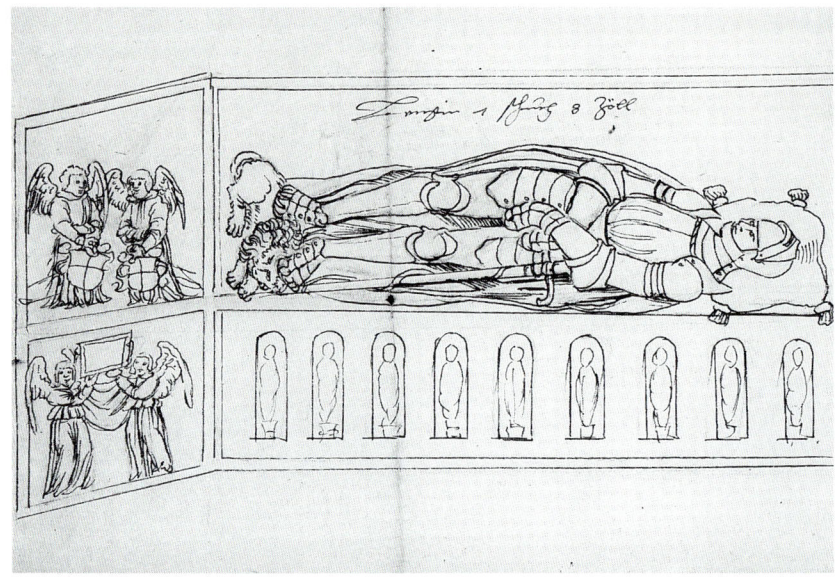

13. Grabmal Graf Ludwigs I. († 1450) in der Gütersteiner Andreaskapelle, Zeichnung von 1554

14. Grabmal Mechtilds von der Pfalz († 1482), der Gemahlin Graf Ludwigs I., in der Gütersteiner Andreaskapelle, Zeichnung von 1554

15. Grabmal Herzogin Annas († 1530) in der Gütersteiner Andreaskapelle, Zeichnung von 1554

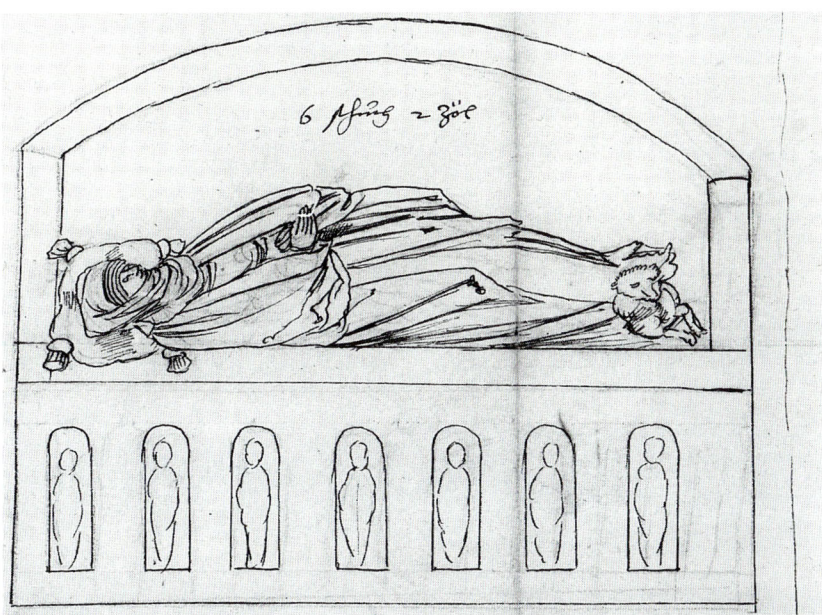

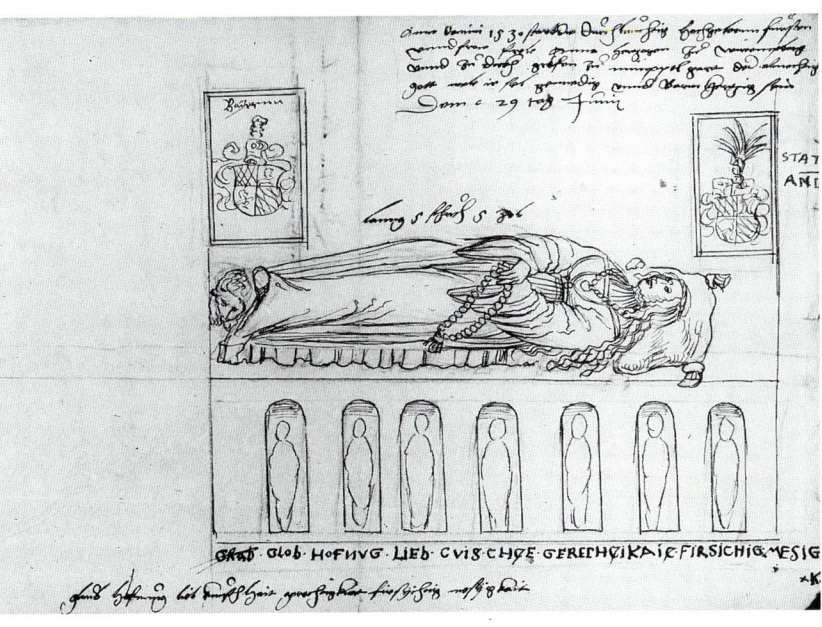

Wolltuch eingehüllt. Ein ehemaliger Gehilfe der Kartäusermönche berichtete der Kommission, daß er 1530 beim Begräbnis Annas mitgeholfen und die Gebeine Mechtilds aufgefunden habe. Sie seien dann neben den neuen Sarg ins Grab zurückgelegt worden. Daß in einer bereits belegten Grabstelle nach einer gewissen Zeit erneut bestattet wurde, war nicht nur bei Niederadligen und Bürgern, sondern auch bei Fürsten üblich. So wurde auch in Stuttgart 1662 Herzog Manfred ausdrücklich in einem Grab beigesetzt, in das bereits andere fürstliche Tote eingesenkt worden waren.

Nach der von Herzog Christophs Beauftragten angefertigten Zeichnung lag die Figur Mechtilds – frühchristlichen Arkosolgräbern ähnlich – in einer Nische an der linken Wand. Dadurch scheint sie vor herabfallenden Bauteilen des zu jener Zeit schon 20 Jahre dem Verfall preisgegebenen Klosters besser geschützt gewesen zu sein als die beiden anderen Figuren, weshalb nur Mechtilds Figur in Tübingen wiederverwendet wurde. An welcher Stelle die Gebeine Mechtilds und Annas letztendlich lagen, ist unklar, da für beide Frauen räumlich voneinander unabhängige Grabdenkmäler vorhanden waren. Es ist zu vermuten, daß die (Doppel-)Grabstelle mit keinem der beiden Denkmäler in Verbindung stand, die zwei Grabfiguren also funktional nur Kenotaphe darstellten.

Die Zeichnung von Annas Grabdenkmal zeigt ebenfalls eine Liegefigur, die möglicherweise wie diejenige Ludwigs I. an der rechten Wand der Andreaskapelle aufgestellt war. Die sichtbare Seitenwand der Tumba schmückten allegorische Figuren, welche die Tugenden Glaube, Hoffnung, Liebe, Keuschheit, Gerechtigkeit, Vorsicht und Mäßigkeit verkörperten. Der Aufbau und die Einzelheiten des Grabmals erscheinen – soweit man dies auf der Skizze beurteilen kann – recht qualitätvoll. Zum Zeitpunkt des Todes von Anna war Württemberg in habsburgischer Hand und ihr Vater Herzog

Ulrich bei Landgraf Philipp von Hessen im Exil. Im Uracher Schloß lebte damals allein die Mutter Annas, Herzogin Sabina. Nur sie kommt als Auftraggeberin des Grabmals in Betracht. Unmittelbar nachdem Ulrich sein Land im Mai 1534 wiedereroberlt hatte, wurde die Kartause Güterstein im Sommer aufgelöst und die Gebäude sich selbst überlassen. Die Grabfigur Annas muß also vor diesem Zeitpunkt geschaffen worden sein, da die Aufstellung in einer profanierten Kapelle nicht denkbar ist. Aus der ersten Hälfte des 16. Jahrhunderts gibt es in Württemberg kein vergleichbares Werk. Da der Bildhauer Christoph von Urach noch bis in die Mitte der dreißiger Jahre in Urach seine Werkstatt betrieben haben soll, ist dieser wahrscheinlich als Meister der Tumba anzunehmen. Obwohl zur Zeit der Untersuchung gerade erst 20 Jahre alt und nach der Zeichnung wohl erhalten, hat leider auch Annas Denkmal wie dasjenige Graf Ludwigs in Tübingen keine Wiederverwendung gefunden und beide müssen seither als verschollen gelten.

Zur Vorbereitung der Überführung am 16. April 1554 wurden die Gebeine in von Holz umgebene Bleisärge gelegt. Jeder der mit schwarzen Samtdecken umhüllten Särge wurde von sechs Personen von Adel zum Leichenwagen getragen, der mit sechs »starken« Pferden bespannt war. Erst nach dieser feierlichen Übertragung nach Tübingen wurde der Befehl zum Transport der Grabsteine erteilt. Von da an war jedes Interesse an der ehemaligen Kartause erloschen, die nun endgültig als Steinbruch ausgebeutet wurde und heute nahezu restlos verschwunden ist.

Einsiedel

Eine weitere inzwischen abgegangene Grablege des Hauses Württemberg befand sich auf dem Einsiedel im Schönbuch. Dort hatte 1492 Graf Eberhard im Bart für die Brüder vom Gemeinsamen Leben das Stift St. Peter gegründet. Er fühlte sich seiner Stiftung so sehr verbunden, daß er in seinem nur wenig später am 26. Dezember 1492 verfaßten Testament ausdrücklich bestimmte, sein Leichnam solle in der dortigen Stiftskirche bestattet werden. Auch zur Gestalt seines Grabsteins äußerte sich Eberhard. Danach sollte über sein Grab ein glatter Grabstein mit Wappen und Symbol nach dem Vorbild der Steine in der Stuttgarter Stiftskirche gelegt werden. Er knüpfte somit ganz bewußt an die seit zwei Jahrhunderten nahezu unveränderte Grabmaltradition der Grafen in Stuttgart an und führte den durch seine Eltern in Güterstein eingeführten neuen Brauch der Grabtumba nicht weiter.

Nachdem Eberhard im Juli 1495 von Kaiser Maximilian I. zum ersten Herzog von Württemberg erhoben worden war, ist er am 25. Februar des darauffolgenden Jahres in seinem Uracher Residenzschloß gestorben. Zur besseren Konservierung wurde der Leichnam mit verschiedenen Salben eingerieben und schließlich seinem Wunsch gemäß, mit einer Kutte der Brüder vom gemeinsamen Leben bekleidet, in einem Metallsarg auf den Einsiedel überführt, wo er am 6. März beigesetzt wurde. Der über das Grab gelegte Stein entsprach wohl seinen im Testament geäußerten Wünschen, er ragte allerdings um eine knappe Elle über den Fußboden empor. Wie zu jener Zeit allgemein üblich, erhielt Herzog Eberhard neben der eigentlichen Grabplatte sowohl auf dem Einsiedel als auch in der Stuttgarter Stiftskirche ein Epitaph aus Holz. Das Einsiedeler Exemplar gelangte nach der Aufhebung des Stiftes ins benachbarte Schlößchen Eberhards und befand sich im 17. Jahrhundert auf Schloß Hohentübingen. Seither ist es verschollen. Eine Zeichnung Andreas Rüttels d. J. hat uns die Gestalt überliefert.

Über die Grabplatte, die Eberhards Grab im St. Peterstift bedeckte, sind keine zuverlässigen Nach-

Im Castello non procul à canobio Schonbuchen
talis tabulæ inscriptio legitur

ANNO DOMINI MCCCC LXXXXVI V KL

HVIVS COENOBII FVNDATOR CVIVS AIA REQVIESCAT IN PACE

MARTII OBIIT ILL PRINCEPS EBERHARDVS PRIMVS DVX WIRTEMBERG

EN ET TECK COMES MON TISPELIGARDI

16. Epitaph Herzog
Eberhards (I.) im Bart
(† 1496) im Stift Einsie-
del, Zeichnung Andreas
Rüttels d. J. aus der
zweiten Hälfte des
16. Jahrhunderts

chenden Teilen auf der Stuttgarter Grabplatte der dritten Gemahlin Graf Ulrichs des Vielgeliebten, Margarethe von Savoyen (1420–1479), übereinstimmen.

Obwohl zwischen beiden Platten ein Zeitraum von mindestens 17 Jahren liegen dürfte und es sich im Gegensatz zu Eberhards Bleiplatte, die aus einem Stück gearbeitet scheint, in Stuttgart nur um Auflagen einzelner Bleiteile handelte, sei hier die Vermutung ausgesprochen, daß beide Platten möglicherweise aus der gleichen Stuttgarter (?) Werkstatt stammen. Aufgrund dieser formalen Übereinstimmung sowie stilistischer Einzelheiten ist eine Herstellung der Bleiplatte in Tübingen erst nach der Überführung Eberhards 1537 nicht denkbar. Da sich die Inschrift »huius scholae fundator« unzweideutig auf die Universität Tübingen bezieht, kann die Platte von Anfang an nur dort gewesen sein. Daß sie als Epitaph in der Stiftskirche schon immer an der Wand angebracht war, ist eher unwahrscheinlich. Stattdessen ist an ein »Scheingrab« im Chor zu denken. Auch die vom Körper getrennte Bestattung von Herz und Eingeweide wäre nichts Ungewöhnliches und würde eine Grabplatte rechtfertigen. Bereits drei Jahre nach der Rückeroberung Württembergs durch Herzog Ulrich und der damit einhergehenden Einführung der Reformation hat dieser am 12. Juni 1537 den Leichnam des ersten württembergischen Herzogs vom aufgehobenen St. Peterstift in den Chor der Tübinger Stiftskirche übertragen, wo in den folgenden 14 Jahren mit großer Wahrscheinlichkeit jene Bleiplatte über seinen Gebeinen lag.

Über die äußere Gestalt der kleinen Einsiedelkirche unterrichtet uns eine Zeichnung von Nikolaus Ochsenbach. Nach einem Brand 1580 wurde sie zusammen mit den Stiftsgebäuden abgebrochen und aus den Steinen das Collegium Illustre (Wilhelmsstift) in Tübingen errichtet. Heute ist von der ersten Grabeskirche Eberhards im Bart nichts mehr zu

richten auf uns gekommen. Ebenso wie bei dem Gütersteiner Grabstein der Mechtild ist auch bei Eberhard kaum daran zu zweifeln, daß sein Grabmal auf dem Einsiedel tatsächlich nach den Vorbildern im Stuttgarter Chor geschaffen wurde und gleichfalls umfangreiche Metallauflagen besaß. Diese werden jedoch schon bald wie anderswo auch verloren gegangen sein, so daß an eine Überführung des rudimentären Denkmals nach Tübingen nicht zu denken war.

Die an der Ostwand des Tübinger Stiftschores angebrachte Metallplatte für Herzog Eberhard im Bart gibt noch immer Rätsel auf. Verblüffend ist dabei vor allem der Tatbestand, daß die Rosetten in den Ecken der Schriftbänder sowie die Form des Wappenschildes fast vollständig mit den entspre-

finden. Nur sein Schlößchen steht – später stark verändert – neben dem ehemaligen Stiftsgelände. Auch von der Grabstätte von Eberhards Gemahlin, Barbara von Mantua (1455–1503), haben sich die Spuren inzwischen verloren. Sie hatte nach ihrem Tod auf Schloß Böblingen höchstwahrscheinlich auf eigenen Wunsch ihr Begräbnis im Chor des Dominikanerinnenklosters zu Kirchheim/Teck gefunden. Nachdem der Leichnam ihres Gemahls schon 1537 durch Herzog Ulrich vom St. Peterstift auf dem Einsiedel nach Tübingen transferiert worden war, beabsichtigte Herzog Christoph dasselbe mit Barbaras Gebeinen. Ähnlich wie kurz darauf in Güterstein ließ er auch in Kirchheim Nachforschungen anstellen. Sie ergaben jedoch, daß nach der Reformation die Klosterkirche abgebrochen worden war. Offenbar hat man damals den Sarg Barbaras der Gruft entnommen und den in Kirchheim verbliebenen Nonnen überantwortet. Schon 1551 war er jedoch nicht mehr auffindbar, so daß die Gebeine der ersten württembergischen Herzogin als verschollen gelten müssen.

Reichenweier im Elsaß

Die beiden Gemahlinnen des Grafen Heinrich (s. S. 25), Elisabeth von Zweibrücken-Bitsch († 1487) und Eva von Salm († 1521), wurden im Chor der Liebfrauenkirche von Reichenweier (Riquewihr) im Elsaß beigesetzt. Sie ruhten unter einfachen Sandsteingrabplatten mit lateinischer Umschrift. Ob diese auch heraldische Symbole ähnlich den Steinen in der Stuttgarter Stiftskirche getragen haben, ist nicht bekannt. Obwohl die Kirche nach der Reformation zu Wohnzwecken umgebaut worden ist, blieb der Chor mit den Gräbern bis kurz vor 1800 erhalten. Graf Friedrich von Württemberg und Mömpelgard weilte vor seiner Regierungsübernahme in Stuttgart (1593) als Besitzer der linksrheinischen Territorien immer wieder in Rei-

17. Ehem. Liebfrauenkirche in Reichenweier (Riquewihr)

18. Reste der Grabplatte von Elisabeth von Zweibrücken-Bitsch († 1487) in Reichenweier

chenweier. Offensichtlich fand er die Grabstätten seiner Großmutter und Stiefgroßmutter in jener Zeit nicht ausreichend geschützt, denn in den Jahren 1586/87 ließ er um die beträchtliche Summe von 50 livres 8 1/2 Pfennig ein Eisengitter anfertigen, das beide Grabsteine umschloß. Bereits 1592 mußte es für 6 Pfund 14 Schilling renoviert werden, wobei vor allem eine steinerne Türeinfassung mit neuer Tür sowie Leinöl zum Bestreichen des Gitters namentlich aufgeführt werden. Als Folge der Französischen Revolution gelangte das Gebäude in Privatbesitz, worauf es tiefgreifend umgebaut und der Chor beseitigt wurde. Teile der Grabplatte von Gräfin Elisabeth dienten fortan als Türpfosten eines

19. Entwurfszeichnung von 1563 für das Gitter um das Grabmal Graf Georgs († 1558) in der Zweibrücker Alexanderkirche

Stalls, wo sie 1885 zufällig entdeckt worden sind. Auf Veranlassung des Pfarrers wurden sie damals in der Vorhalle der protestantischen Kirche aufgestellt. Seit 1974 befinden sie sich im Steinmuseum neben dem Schloß in Reichenweier.

Zweibrücken

Der jüngere Sohn des Grafen Heinrich, Graf Georg, starb am 17. Juli 1558 auf Burg Kirkel bei Zweibrücken, wo er bei seinem Schwager Herzog Wolfgang von Pfalz-Zweibrücken zu Besuch weilte. Für den Fall seines Ablebens innerhalb der Grafschaft Mömpelgard hatte Georg testamentarisch seine Beisetzung in der dortigen Residenz verfügt. Für seinen Tod außer Landes hatte er keine Disposition getroffen. Wohl wegen der sommerlichen Hitze wurde der Leichnam bereits am übernächsten Tag im Chor der Alexanderkirche in Zweibrücken bestattet. Die Leichenpredigt von Vitus Neuber, die nähere Umstände von Georgs Beisetzung erwähnen könnte, scheint verschollen zu sein. Zu Beginn des Jahres 1563 teilte Herzog Wolfgang dem württembergischen Herzog Christoph mit, daß »Graff Georgs . . . Grabstein albereit verfertiget« sei und er ihn »für gut ansehen thu«. Gleichzeitig schlug er jedoch vor, den Stein durch ein Eisengitter einfassen zu lassen, »damit nit meniglich darzukommen vnnd was daran zubrechen« könnte. Die Visierung läßt einen Grabstein in Form einer freistehenden Tumba vermuten, weil das Gitter 38 Schuh im Quadrat messen und 5 Schuh hoch sein sollte. Da es etwas »daran zubrechen« gab, wäre sogar an eine figürliche Darstellung Georgs, zumindest aber an reiche bildhauerische Arbeit zu denken. Insgesamt veranschlagte der Schlossermeister zur Verfertigung acht Zentner Eisen und rechnete mit zwölf Wochen Arbeit sowie mit Kosten von 50 Talern. Ob das Vorhaben tatsächlich ausgeführt wurde, ist nicht überliefert, scheint aber wahrscheinlich. Das

Grabmal Graf Georgs ist offenbar im Laufe des 17. Jahrhunderts zugrunde gegangen, denn es fand in keiner Beschreibung der Kirche Erwähnung und ist in Vergessenheit geraten. Denkbar wäre eine Veränderung des Grabmalaufbaus bereits beim Bau der Gruft unter dem Chor im Jahre 1606. Das Grab Georgs wurde jedoch sicher nicht verschont, als 1635/36 fremde Soldaten die Steine von den Gräbern der Fürsten wegwälzten, die Särge öffneten und die Leichname beraubten. Was damals nicht völlig zerstört wurde, ging schließlich 1677 endgültig zugrunde, als die Franzosen die Kirche einäscherten und den Turm sprengten. Trotzdem hat sich ein Rudiment vom Grabmal des württembergischen Grafen in Zweibrücken erhalten, denn die Rahmung um das Epitaph des Kanzlers Heinrich Schwebel (1531–1610) wird erstaunlicherweise vom Wappen Georgs bekrönt. Es ist wohl kaum denkbar, daß bereits beim Tode Schwebels, also etwa 50 Jahre nach der Vollendung von Georgs Grabmal, nur noch Reste davon übrig waren. Aller Wahrscheinlichkeit nach wurde in einer der späteren Wiederaufbauphasen aus brauchbaren Resten Neues zusammengefügt, unter anderem eben auch das Schwebel-Epitaph mit Teilen des Grabmals von Graf Georg.

Renaissancezeit

Tübingen

Im Chor der Tübinger Stiftskirche befindet sich die optisch eindrucksvollste Grabmälergalerie des Hauses Württemberg. Obwohl auf den ersten Blick eine gewisse Einheitlichkeit festzustellen ist, vermögen die Grabsteine einen Einblick in anderthalb Jahrhunderte südwestdeutscher Kunst- und Kulturgeschichte zu vermitteln.

Ursprünglich diente der Chor der Tübinger Georgskirche den Chorherren des Stifts als Gottesdienstraum. Auch nach der Einführung der Reformation im Jahre 1534 blieb er nicht unbenutzt, da die Theologische Fakultät, deren bisheriges Gebäude abgebrannt war, ihre Vorlesungen hierher verlegte. Ungeachtet des akademischen Lehrbetriebs hat Herzog Ulrich am 12. Juni 1537 die Gebeine seines Onkels und ersten Herzogs von Württemberg Eberhard im Bart aus der Kirche des St. Peterstifts auf dem Einsiedel in den Tübinger Stiftschor überführen lassen, wo er vor der Ostwand an der Stelle des ehemaligen Hochaltars seine neue Grabstätte fand. Höchstwahrscheinlich wurde der Bereich um das Grab schon damals durch ein hohes Gitter vom übrigen, der Universität eingeräumten Chorraum geschieden. Bei späteren Beisetzungen mußte der Raum zweimal erweitert und das Gitter nach Westen versetzt werden. Mehr als 400 Jahre hat es die Grablege in Tübingen um-

schlossen bis es bei der jüngsten Renovierung der Kirche 1962 beseitigt wurde.

Woher die an der Ostwand nahe der Tumba Eberhards angebrachte Bleiplatte stammt, ist nicht zweifelsfrei zu klären. Sie befand sich jedoch allem Anschein nach bereits vor der Überführung seines Leichnams in Tübingen. Im Gegensatz zu den mit beträchtlichem Aufwand an verschiedenartigen Materialien gestalteten Stuttgarter Grabplatten (s. S. 20 ff.) erscheint die Platte Eberhards geradezu einfach. Sie besteht aus Blei und hat erst durch unterschiedliche farbige Bemalung ihre eindrucksvolle optische Wirkung erhalten. Dies erfolgte in so vollendeter Weise, daß die meisten Betrachter an hochwertige Einlegearbeiten glauben.

Die genauen Beweggründe Ulrichs für die Überführung Herzog Eberhards nach Tübingen sind uns nicht überliefert. Möglicherweise hatte er den Landgrafenchor der Marburger Elisabethkirche vor Augen, wo seit dem 13. Jahrhundert die Landgrafen von Hessen begraben wurden. Abgesehen davon, daß Eberhards Grab im St. Peterstift nur knapp zehn Kilometer von Tübingen entfernt lag und eine Überführung nach Stuttgart sehr viel aufwendiger gewesen wäre, stand sicher auch für Herzog Ulrich außer Frage, daß Eberhard wenn nicht auf dem Einsiedel nirgends anders als in seiner Universitätsgründung Tübingen ruhen könne. Die Entscheidung Ulrichs, für seine eigene Grabstätte

20. Blick auf die Grab-
lege im Chor der Tübin-
ger Stiftskirche

21. Herzog Eberhard (I.)
im Bart († 1496)

ebenfalls Tübingen zu wählen, war wohl eher eine politische Entscheidung als der vermeintliche Platzmangel im Stuttgarter Chor, wie vielfach behauptet wurde. Herzog Ulrich, dessen Landesherrschaft auch nach seiner Rückkehr aus dem Exil zeitweilig bedroht war, knüpfte verständlicherweise nicht an die alte gräfliche Tradition, sondern bei dem Manne an, der im ganzen Reich höchstes An-

sehen genossen und Württemberg die Herzogswürde eingebracht hatte. Eberhard steht am Anfang eines neuen Kapitels württembergischer Geschichte, das es damals fortzuschreiben galt. Der Wunsch Ulrichs, neben Eberhard begraben zu werden, ist daher nur zu verständlich.
Offensichtlich schenkte Herzog Ulrich den Grablegen seines Hauses in späteren Jahren keine weitere

Aufmerksamkeit. Er starb am 6. November 1550 an der »Ruhr«, weshalb bereits am folgenden Tag an der linken Seite Eberhards sein Begräbnis stattgefunden hat. Nur gut zwei Wochen später – am 24. November – schloß sein Sohn und Nachfolger Herzog Christoph mit dem Bildhauer Josef Schmid von Urach einen Vertrag über die Anfertigung von Grabmälern für Eberhard und Ulrich ab. Die Planung scheint schon einige Zeit vorher begonnen zu haben, denn es ist im Auftragsbrief von einem Entwurf Schmids die Rede, den der Herzog gesehen habe und der den Denkmälern zugrunde gelegt werden solle. Ausdrücklich wurde im Vertrag auf Bildnissteine mit Schriften etc. sowie auf acht die Platten tragende Hirsche Bezug genommen. Ferner heißt es, Schmid möge so bald als möglich und ohne Verzug mit den Arbeiten beginnen. Die rohen Steine wurden ihm in seine Tübinger Werkstatt geliefert, wo dann die Tumben entstanden sind. Da die Form von Herzog Eberhards Harnisch um die Mitte des 16. Jahrhunderts völlig aus der Mode war, muß der Bildhauer auf eine uns unbekannte Vorlage aus dessen Zeit zurückgegriffen haben. Wahrscheinlich war damals Eberhards Originalrüstung noch erhalten. Wirkt sein Kopf auch etwas idealistisch verklärt, so dürfte das Bild Ulrichs dagegen dessen wirklichem Aussehen nahekommen, da Schmid dem Herzog höchstwahrscheinlich persönlich begegnet war.

Die Grabmäler Ulrichs und Eberhards stehen bis

22. Die Grabmäler Herzog Ulrichs († 1550) und seiner Gemahlin Sabine von Bayern († 1564)

23. Herzog Ulrich
(† 1550)

24. Epitaphien Eberhards im Bart († 1496) und Herzog Ulrichs († 1550) an der Ostwand des Tübinger Stiftschors

heute unverändert vor der Ostwand des Chors, an der das Metallepitaph Herzog Ulrichs sowie die bereits erwähnte Grabplatte Eberhards von einer ornamentierten Steinrahmung umgeben angebracht sind. Die Rahmung ist am Mittelgurt signiert und damit als ein Werk Josef Schmids aus der ersten Hälfte der fünfziger Jahre nachgewiesen.

Von den drei Güntersteiner Grabdenkmälern (s. S. 29) wurde nur der Bildnisstein Mechtilds im Tübinger Chor aufgestellt, der Verbleib der beiden anderen ist nicht bekannt. Zunächst hatte Herzog Christoph gewünscht, die Grabsteine nicht liegend, sondern aufrecht in die Wand eingemauert unterzubringen. Zu jener Zeit stand noch nicht der ganze Chor als Grablege zur Verfügung, da bisher nur der Raum innerhalb des Eisengitters als Begräbnisstätte vorgesehen war. Herzog Christoph befahl,

seine Schwester Anna solle zu Füßen ihres Vaters Ulrich dicht an der Wand beigesetzt werden, die zwei kleinen Bleisärge von Ludwig und Mechtild dagegen in einem Grab »außerhalb des Getters« Platz finden, weil es innerhalb »etwas enng« sei. Wenige Tage vor der Überführung jedoch fiel die Entscheidung zugunsten der heutigen Anordnung: Statt Wandgrabmälern waren nun Grabtumben beabsichtigt.

Aus dem Jahre 1556 ist eine perspektivische Skizze des Chors von der Hand des Bildhauers Jakob Woller erhalten. Nach seiner Meinung konnten damals noch sieben weitere Gräber im Chor Platz finden. Geht man davon aus, daß die Zeichnung nicht nur einen Vorschlag, sondern den tatsächlichen Zustand wiedergibt, dann hat Woller in eigenmächtiger Weise die Tumben für die Toten aus Güterstein nicht über deren Gräber, sondern unter Berücksichtigung der Raumsymmetrie nach außen an die Wände gerückt. Die heutige Aufstellung über den Särgen wäre demnach erst später erfolgt.

Mit der Ausführung der Grabdenkmale wurde zunächst ebenfalls der Bildhauer Josef Schmid beauftragt, hatte dieser doch bereits 1551 die Tumben für Eberhard und Ulrich zur Zufriedenheit von Herzog Chrisoph fertiggestellt. Er scheint jedoch bereits Ende 1555 oder zu Beginn des Jahres 1556 über seinen Arbeiten verstorben zu sein, da diese erst von Jakob Woller vollendet wurden. Das Grabmal der Herzogin Anna kann dagegen noch als unzweifelhaft selbständiges Werk von Schmid angesehen werden, denn es ist mit der Jahreszahl »1555« gekennzeichnet. Theodor Demmler hielt die Figur Annas für Schmids »künstlerisch am höchsten stehendes Werk«. Vergleichende Untersuchungen an den Seitenwänden der Tumba lassen allerdings vermuten, daß hier Teile aus Güterstein wiederverwendet wurden. Denn man findet die dort schon in der Zeichnung von 1554 dokumentierten sieben Tugenden wieder. Auch sind stilistische und handwerkliche Unterschiede an einzelnen Platten feststellbar. Denkbar wäre auch, daß Schmid als junger Mann bereits zu Beginn der dreißiger Jahre am Gütersteiner Annadenkmal mitgearbeitet hat, in Tübingen also aus eigener Anschauung schöpfen konnte.

Der Unterschied zwischen Mechtilds und Ludwigs Figur ist deutlich zu erkennen. Nicht nur der andersartige Sandstein, auch die unorganische Verbindung der weiblichen Figur mit der Gesamtanlage fällt sogleich auf, denn Mechtilds Statue ist nur auf die Unterlage aufgelegt, während Ludwig in die umgebenden Ornamente eingebunden wurde. Dies beweist um so eindrücklicher, daß das Bild der Gräfin noch aus früherer Zeit stammt und in Tübingen nur »vßgepessert« werden mußte, die Grabfigur Ludwigs dagegen zusammen mit dem Unterbau angefertigt worden ist. Aufgrund stilistischer Vergleiche mit anderen Werken Jakob Wollers wird sie heute allgemein diesem und nicht Josef Schmid zugeschrieben, so daß sie im ersten Halbjahr 1556 entstanden sein dürfte. Jedoch ist auch im Falle Ludwigs eine direkte Bezugnahme auf die ursprüngliche Figur in Güterstein nicht zu übersehen. Höchstwahrscheinlich war jene zusammen mit der Mechtilds ebenfalls von Hans Multscher um 1450 hergestellt worden. Ähnlich wie Eberhards Grabfigur wird wohl auch der äußerst originalgetreu gearbeitete Harnisch Ludwigs nach einer zeitgenössischen Vorlage entstanden sein. Vielleicht sind tatsächlich alle drei Grabsteine aus Güterstein nach Tübingen gelangt, wovon diejenigen Ludwigs und Annas wegen Beschädigungen nur noch als Muster verwendet, aber nicht mehr im Original aufgestellt wurden. Denn auch in Ludwigs charaktervollen Gesichtszügen glaubt man noch Einflüsse des 15. Jahrhunderts erkennen zu dürfen. Die Seitenwände der Doppeltumba stammen wohl noch von der Hand Schmids, wie Vergleiche mit Annas Tumba vermuten lassen.

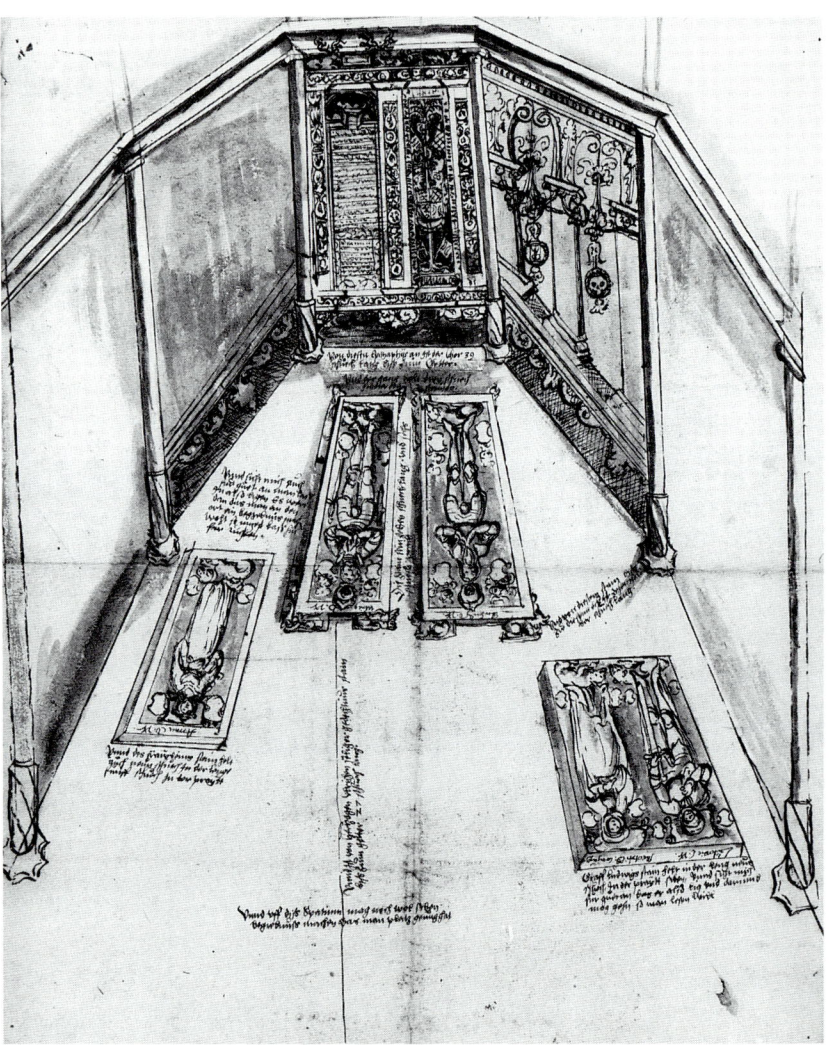

25. Die Tübinger Grablege im Jahre 1556, Zeichnung von Jakob Woller

Da sich das in den Jahren 1560/61 entstandene Grabmal Herzog Christophs so grundlegend von der Ludwigfigur unterscheidet, aber dennoch von Jakob Woller signiert ist, glaubt man, daß Leonhard Baumhauer, der Stiefsohn und Nachfolger Wollers, unter dessen Meisterzeichen das Denkmal her-

26. Herzogin Anna
(† 1530)

gestellt hat. Baumhauer – zu jener Zeit wohl gerade
20 Jahre alt – orientierte sich in verblüffender Weise
an den beiden Herzogsgrabsteinen Josef Schmids.
Bisher erklärte man diese Tatsache damit, daß ein
so junger Mann noch nicht zu einem selbständigen
Entwurf in der Lage gewesen sei. Denkbar wäre allerdings auch, daß die Bezugnahme auf die Denkmäler Eberhards und Ulrichs auf ausdrücklichen
Befehl Herzog Christophs erfolgte, wissen wir
doch, daß die Tumbenplatte seines ältesten Sohnes
noch 1568 einer Kopie seines eigenen Grabmals
gleichkommen mußte. Vielleicht war es durchaus
Christophs Absicht, eine gewisse Einheitlichkeit
unter den Herzogsgrabsteinen herzustellen.

Christophs ältester Sohn Eberhard starb knapp acht
Monate vor seinem Vater am 2. Mai 1568 an eitri-
gen Geschwüren. Aus Angst vor Ansteckung
wurde eine Sektion des Leichnams von den Ärzten
abgelehnt, worauf Eberhard unverzüglich in einen
Bleisarg gelegt und dieser fest verschlossen wurde.
Herzog Christoph, der zu jener Zeit in Wildbad zur
Kur weilte, war bereits so geschwächt und leidend,
daß er an der Beisetzung seines Sohnes in Tübingen
nicht teilnehmen konnte. Am 1. August beauftragte er seinen Baumeister Aberlin Tretsch, für
Eberhard einen Grabstein in Auftrag zu geben, der
bis auf die Gesichtszüge und die Inschrift seinem eigenen bereits weitgehend fertiggestellten Grabmal
gleichen sollte. Zudem wünschte Christoph, daß
für seinen Sohn ein Epitaph aus Metall hergestellt
werde, das »neben dem grabstein oder sonsten an
ainem bequemen Ort aufrecht jn die wanndt . . .
gesetzt vnd gemaurt« werden solle.

Wie schon das Denkmal Christophs allem Anschein nach von Leonhard Baumhauer geschaffen
war, so wurde dieser nun von Tretsch auch mit
Eberhards Tumba beauftragt. Als das Werk im
Dezember 1569 vollendet war, wurde es für
»ganntz meisterlich« befunden.

Etwa zu jener Zeit müssen auch die beiden Metall-

27. Medaillon »Hoff-
nung« vom Sockel der
Tumba Herzogin Annas
(† 1530)

28. Hundedarstellung
(um 1450) zu Füßen von
Mechtilds Figur

29. Doppeltumba Lud-
wigs I. († 1450) und
Mechtilds († 1482)

D. O. M. S.

ILLVSTRISSIMVS PRINCEPS VERE CHRI
STOPHORVS DVX WIRTEMBERGENSIS ET
TECENSIS COMES MONTIS PELIGARDI CE
A PVERO VARIIS CASIBVS IACTATVS LITER
IS EXCVLTVS, EXTEROS EXPERTVS, LINGVA
RVM PERITVS, EXPERIENTIA CLARVS, PERI
CVLIS INFRACTVS, BELLO STRENVVS, IMPE
RIO IVSTVS, CONSILIIS PRVDENS ET PACIFI
CVS, ORATOR GRAVIS, ECCLESIAE NVTRITI
VS, HAERESVM ET IDOLATRIA HOSTIS, STVDIO
RVM MECAENAS, EXVLVM ASYLVM VIRTVTIS THEA
TRVM, PIETATIS EXEMPLVM, PATER PATRIAE,
INFINITIS LABORIBVS EXHAVSTVS, AC PLA
CIDE IN DOMINO OBDORMIENS, CORPO
RIS RELIQVIAS HOC CONDITORIO, QVOD
VIVVS SIBI ADORNARAT, DEPONI VOLVIT,
EARVM OPTATAM RESVRRECTIONEM, BEA
TA ANIMA CVM CHRISTO VIVENS, EXPEC
TAT. MEMORIA TANTI HEROIS APVD OM
NEM POSTERITATEM SACROSANCTA ERIT.
VIXIT ANNOS LIII MENSES VII DIES XVI
REGNAVIT ANNOS XVIII MENSEM I. DIES
XXII. OBIIT ANNO DOMINI M.D.LXVIII
DIE XXVIII MENSIS DECEMB.

WIRTEMBERGIACA DOMVS DECORVM,
PRINCEPS CHRISTOPHORVS SVB HOC SEPVLCHRO
VT TERRAE SVA REDDIT OSSA MATRI,
COELESTI QVOQVE SPIRITVM PARENTI,
SIC CHRISTO MEDIANTE, CONSECRAVIT,
NON REGNO PATRIO, SED EXTERORVM,
SVCCREVIT PVER, EXVLANTE PATRE,
MAGNI CAESARIS EST SECVTVS AVLAS,
ET REGVM, TENERIS EPHEBVS ANNIS,
MOX, MARTIS IVVENIS CAPESSIT ARMA,
DOCTIS ORDINIBVS TRIVMPHAT HEROS,
BIS SEX PIGNORA SVSCIPIT MARITVS,
CVRIS CANVS AVVS LII. ET SENIOTA,
MAGNAM IVSTITIA TVLITQVE LAVDEM,
DVM REXIT POPVLOS, DEDITVE IVRA,
OPTATAM COLVIT FERENDO PACEM,
LITES COMPOSVIT, SOLVIT IRAS,
ILLI ECCLESIA MAXIMA PIAQVE
CVRA VERA FVIT, FIDESQVE CORDI,
IDOLIS INIMICVS, HOSTIS ACER,
DAMNATIS SIMVLANTIBVSQVE SECTIS,
MECAENAS STVDIIS, ET ERVDITIS,
LINGVIS FAVTOR ERAT, SCHOLIS PATRONVS,
NATVRA INGENIOSVS, ARTE DOCTVS,
ORATOR BONVS, APTVS, ET TRILINGVIS,
PRVDENS, SOBRIVS, ATQVE LIBERALIS,
PLVRES HERCVLIS FERENS LABORES,
DIGNVS QVI IMPERIO IVISSET ORBIS,
HVNC PATREM PATRIAE FATETVR AETAS
PRAESENS, POSTERITAS FATEBITVRQVE,
WIRTEMBERGIACA DOMVS DECORVM.

30. Tischgrabmal Herzog Christophs († 1568)
31. Eckhirsch vom Tischgrab Eberhards († 1568), dem Sohn Herzog Christophs
32. Wandepitaph Herzog Christophs († 1568)

33. Die Grabmäler von Eberhard († 1568) und dessen Mutter Anna Maria von Brandenburg-Ansbach († 1589), der Gemahlin Christophs

epitaphien für Herzog Christoph und seinen Sohn Eberhard entstanden sein, die an den Längswänden des Chors angebracht sind.

Aus den im Chor der Tübinger Stiftskirche versammelten Grabdenkmälern fällt die Tumba von Herzog Christophs Gemahlin Anna Maria von Brandenburg-Ansbach (1526–1589) in mehrfacher Hinsicht heraus. Zunächst schmälert der roh gebliebene Stein den optischen Eindruck, bei näherem Betrachten stellt man zudem fest, daß die Wappen und andere Einzelheiten ungleich stärker beschädigt sind als an den umliegenden Denkmälern. Auch die unnatürlich brechenden Mantelfalten zu Füßen und das mißgestaltete Hündchen rufen beim aufmerksamen Beschauer Verwunderung hervor. Tatsächlich hat Anna Marias Tumba eine selten merkwürdige Entstehungsgeschichte.

Bereits im Jahre 1560 war Jakob Woller mit dem Grabdenkmal für die Gemahlin Herzog Christophs beauftragt worden, dessen Werk jedoch der Dargestellten nicht zugesagt hat. Seltsamerweise dauerte es ganze zehn Jahre bis Herzog Ludwig im Januar 1570 um einige Verbesserungen an dem Tischgrab bat. Vor allem die Wappen und die Figur Anna Marias hatten keine Zustimmung gefunden, da offenbar die langen Klagbänder fehlten »wie es die firstinin vnnd andere geborne weibspersonen pflegen zutragen«. Leonhard Baumhauer erbot sich nun, auf die vier Ecken des alten Grabsteins neue Wappen »zu leimen« und die Figur mit »klagzipflen« zu versehen sowie »das knie nider zu hauen«. Sollte jedoch ein ganz neuer Grabstein nötig werden, so könne er diesen um 70 Gulden machen. In der Regel wurden die Grabmäler für Männer wesentlich höher dotiert als diejenigen für Frauen. Denn man ging davon aus, daß Rüstungen, Degen und Helme sehr viel mehr Sorgfalt benötigten als einfache Kleider und Mäntel.

Baumhauer erhielt schließlich den Auftrag, ein ganz neues Denkmal für Anna Maria anzufertigen.

Den in der Herrenberger Gegend gebrochenen Stein bekam er in seine Werkstatt nach Tübingen geliefert, wo sogleich mit der Ausarbeitung begonnen wurde. Zu Anfang des Jahres 1572 war der Grabstein im großen und ganzen fertig. Nur die bereits früher bemängelten Wappen konnten nicht gehauen werden, da Baumhauer von Anna Maria noch immer keine Vorlage erhalten hatte. Die Kammermagd der inzwischen dem Wahnsinn verfallenen Herzogin teilte schließlich dem Bildhauer mit, die Wappen sollten eben die Gestalt wie auf dem alten Denkmal haben, nur durch Helmzieren und Helmdecken ergänzt werden. Als der fertige Grabstein im Mai 1573 von Beauftragten Herzog Ludwigs in Augenschein genommen wurde, stellten diese fest, »das der nit so zierlich vnd künstlich« wie derjenige Herzogin Sabinas sei, weil Baumhauer »aigner Person nit vil, sonder durch seine gesellen oder jungen daran gearbait, etwas grob gemacht«.

Am 21. Juli 1573 meldete Andreas Rüttel dem Herzog, er habe das Tecksche Wappen »vnformlich« gefunden und »besonder auch den gehawen hund zur fuessen, so wider die Proportion neben dem gewand an armen vnnd elnbogen gehawen gewest, vnfleissig befunden«. Baumhauer habe aber »ohne verzug jn vnnser aller zusehen solche fehl zu endern vnd bessern angefangen vnnd vermittelst gotlicher gnaden biss vff nechstkommenden Mitwoch, was mangehaft erschinen, von Newen« zu ergänzen versprochen. Gleichzeitig vertrat Rüttel aber die Ansicht, daß nach der Bemalung das Denkmal »zierlicher dan andere zuuor gehawne Monumenta anzuschawen sein« werde. Auf die Bemalung wurde jedoch aus unbekannten Gründen verzichtet, so daß der Grabstein zumindest in dieser Hinsicht unvollendet blieb.

Theodor Demmler nahm an, daß Baumhauer bei diesem Werk »sein Bestes garnicht geben wollte«. Den nachgearbeiteten Hund hält er gar für »gänzlich mißraten . . . Was wir jetzt vor uns haben, ist eine Kreuzung aus Hund und Schwein, die bloß komisch wirkt«. Vergleicht man die Figur Anna Marias mit den anderen Werken Baumhauers, so hält sie in keiner Weise stand. Die einzige Erklärung für diesen offensichtlichen Qualitätsabfall liegt in dem schon 1573 geäußerten Verdacht, daß es sich in der Hauptsache um eine Gesellenarbeit handelt. Unverständlich ist jedoch, wie Baumhauer einen solch hochrangigen Auftrag bis zuletzt offenbar unbeaufsichtigt von Angestellten bearbeiten lassen konnte.

Auch in späterer Zeit scheint das Grabmal vernachlässigt worden zu sein, da es augenscheinlich bei den Renovierungen im 19. Jahrhundert als einziges unberücksichtigt geblieben ist. Sein auffallend schlechter Zustand ist anders nicht zu erklären.

Noch vor den beiden zuletzt genannten Arbeiten Baumhauers hat der später mit den Stuttgarter Grafenstandbildern beauftragte Bildhauer Simon (Sem) Schlör aus Schwäbisch Hall im Jahre 1565 in Tübingen ein Grabmal geschaffen. Es galt der am 30. August 1564 im Nürtinger Schloß verstorbenen Gemahlin Herzog Ulrichs, Herzogin Sabina von Bayern (1492–1564). Trotz des zeitlebens gespannten Verhältnisses zu Ulrich wurde sie ihrem Wunsch entsprechend neben diesem bestattet. Noch vor ihrem Tode scheint ein Grabmalentwurf von unbekannter Hand Gefallen gefunden zu haben, den allerdings im Oktober 1564 Herzog Christoph in einigen Details veränderte. Demnach sollte der Hund zu Füßen durch ein Schaf ersetzt werden und die Abmessungen des Steins demjenigen Ulrichs entsprechen. Irgendwann scheint die Bildhauerwahl auf Schlör gefallen zu sein, denn der württembergische Hofbaumeister Aberlin Tretsch meldete am 20. Februar 1565 dem Herzog, daß dieser derzeit in Ansbach beschäftigt sei, aber danach für die Tübinger Arbeit zur Verfügung stehe. Schlör hoffte, das Grabmal Sabinas nach dem Entwurf innerhalb von »ain monat oder drey . . . uff das best versehen, verrichten und ußmachen« zu können. Drei Tage später war der Auftrag an Schlör erteilt und in der letzten Märzwoche sollte er die Arbeit an dem bereits seit Anfang Januar vor der Tübinger Stiftskirche liegenden Steinblock beginnen. Da der Platz neben Herzog Ulrich zu eng war, mußte Sabinas Grabmal um 30 Zentimeter verkürzt werden. Auch die als Träger der Platte dienenden Hirsche konnten aus diesem Grunde nicht in der gewohnten Weise aufgestellt werden. Das Monument scheint den Beifall des Hofes gefunden zu haben, denn Tretsch nennt es 1572 »sonderlich wohl gemacht«, und wenig später erhielt Schlör mit den Grafenstandbildern im Chor der Stuttgarter Stiftskirche den Auftrag für das umfangreichste Grabmonument des Hauses Württemberg.

Das unzweifelhaft mit Herzogin Sabina in Verbindung stehende Allianzwappen Württemberg-Bayern, das sich an der Chornordwand befindet, war wohl ursprünglich an anderer Stelle im Freien angebracht, wie deutliche Verwitterungsspuren zeigen.

Erst sechzehnjährig verstarb am 30. März 1575 die einzige Schwester des späteren Herzogs Friedrich, Gräfin Eva Christina. Obwohl damals der Platz im Chor der Tübinger Stiftskirche schon »zimblich Eng worden«, im Stuttgarter Chor jedoch die Bestattung noch nicht wieder eingeführt war, fand Eva Christina in Tübingen ihre Ruhestätte. Ihr Tischgrab wird heute allgemein Christoph Jelin zugeschrieben, da die Figur mit der Grabstatue Herzogin Dorothea Ursulas sowie mit verschiedenen Büsten vom Stuttgarter Neuen Lusthaus stilistische Gemeinsamkeiten aufweist. Der feine Gesichtsausdruck und die detailreich ausgearbeiteten Ornamente vermögen den Betrachter noch heute zu beeindrucken. Werner Fleischhauer hält sie gar für die schönste Figur, die Jelin geschaffen hat.

Bei zahlreichen Grabmälern in der Tübinger Stifts-

34. Tumba der Gräfin
Eva Christina († 1575)

kirche wissen wir von aufwendigen Faßmalerarbeiten. Völlig roh belassene Steine gab es erst im letzten Viertel des 16. Jahrhunderts. Das letzte und gleichzeitig aufwendigste Beispiel stellt die Grabfigur der Gräfin Eva Christina dar, wenn auch die Bemalung – wie vielfach geschehen – im 19. Jahrhundert erneuert sein mag. Auch an den älteren Denkmälern finden sich noch Reste der einstigen Farbigkeit. Vor 1575 waren Wappen, Inschriften und Teile der Rüstung die bevorzugten Gegenstände, welche mit großer Sorgfalt bemalt wurden. Ebenso wie die im Entwurf vorgesehene Bemalung der Stuttgarter Grafenstandbilder völlig unterblieben ist, sind auch die Alabastergräber von Herzog

Ludwig und Herzogin Dorothea Ursula im Tübinger Chor nicht mehr gefaßt worden. Eva Christinas Denkmal steht für den Höhepunkt und gleichzeitig für das Ende der Faßmalerei auf Grabsteinen im Hause Württemberg.

Seit 1558 wurden die Tübinger Denkmäler zum Schutz teilweise mit Lederhüllen überzogen, die allerdings der Bemalung mehr schadeten als nützten. Obwohl Andreas Rüttel bereits 1573 andere Vorschläge unterbreitete, waren bis ins 19. Jahrhundert hinein noch einzelne dieser Lederfutterale vorhanden.

Da beide Ehen Herzog Ludwigs kinderlos geblieben waren, bestimmte er in seinem Testament vom

Tafel 1
Blick vom Lettner auf
die Grablege im Chor
der Tübinger Stiftskirche

Tafel 2
Die spätgotische Grabplatte Herzog Eberhards (I.) im Bart im Chor
der Tübinger Stiftskirche

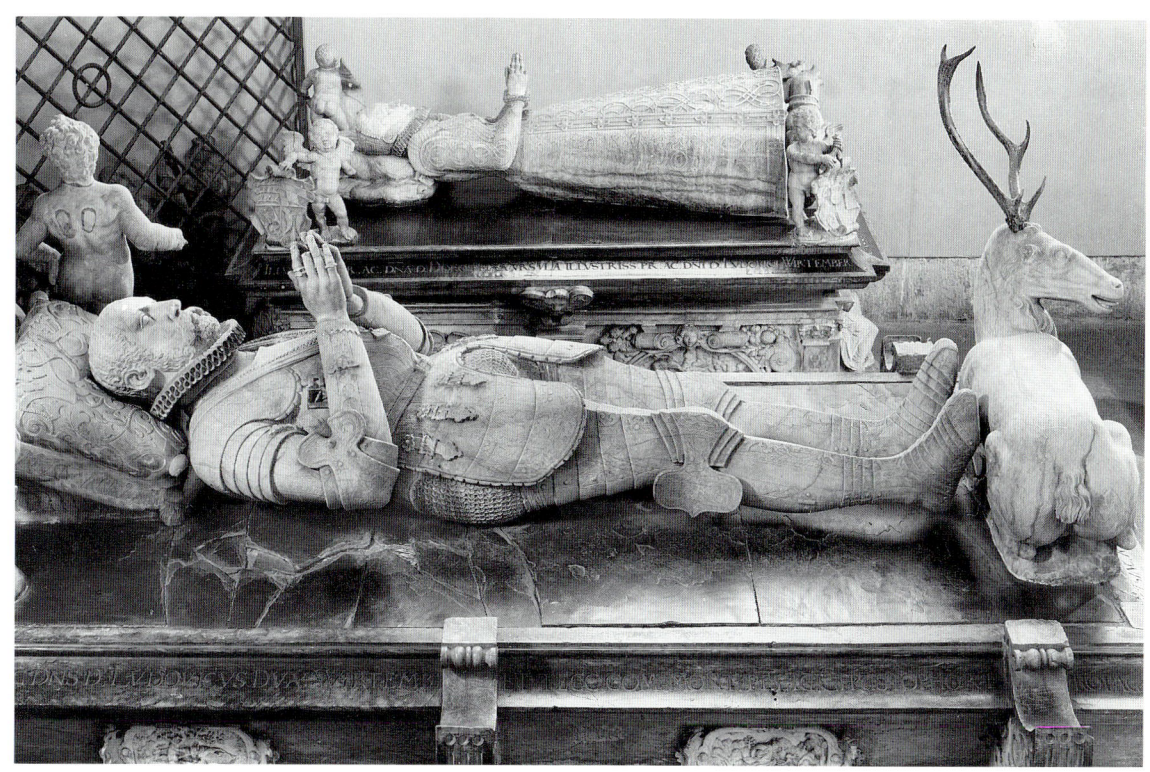

35. Grabfigur Herzog Ludwigs († 1593), im Hintergrund seine erste Gemahlin Dorothea Ursula von Baden-Durlach († 1583)

6. März 1587 den um drei Jahre jüngeren Vetter seines Vaters, Graf Friedrich von Württemberg und Mömpelgard zu seinem Erben (s. S. 75). Gleichzeitig verfügte Ludwig, er wolle nach christlichem Brauch in der Tübinger Georgskirche bei seiner erster Gemahlin, Dorothea Ursula von Baden-Durlach, beigesetzt werden. Dies solle in der Weise geschehen, daß jene an seiner linken und seine zweite Gemahlin später an seiner rechten Seite ruhen werde. Da sich Herzog Ludwig offenbar mehrfach gegen eine Sektion ausgesprochen hatte, wurde sein Körper nach seinem Tode am 8. August 1593 nicht geöffnet, sondern nur mit wohlriechenden Ölen eingerieben und in der Art ägyptischer Mumien fest mit aromatischen Binden umwickelt. Nur die Hände und das Gesicht blieben unbedeckt. Der Leichnam wurde daraufhin mit einem weißen Hemd, einer Hose aus schwarzem Atlasstoff sowie einem mit Gold, Silber und schwarzer Seide durchwirkten Wams bekleidet. Zuletzt zog man ihm »Cordowanische Kniestiefel« an, hüllte ihn in einen schwarzsamtenen Mantel und setzte ihm eine mit Eichenlaub besetzte Spitzenhaube auf, die er auch im Leben fast täglich getragen haben soll. Am folgenden Tag wurde Herzog Ludwig in einen vierfachen Sarg gelegt, wovon der dritte aus Blei, die übrigen aus Holz waren.

Die Überführung von Stuttgart nach Tübingen

fand am 23. August 1593 statt und führte über Echterdingen, Waldenbuch zunächst bis Bebenhausen, wo der Sarg über Nacht abgestellt wurde, um am anderen Morgen im Chor der Tübinger Stiftskirche beigesetzt zu werden.

Seltsamerweise sind aus dieser Zeit keine bildlichen Darstellungen von Leichenprozessionen von Mitgliedern des Hauses Württemberg überliefert. Es ist anzunehmen, daß dieser Brauch tatsächlich erst mit dem Tode Herzog Johann Friedrichs 1628 in Württemberg Eingang gefunden hat, während beispielsweise in Düsseldorf bereits 1592 das Begräbnis Herzog Wilhelms von Jülich-Berg in Kupfer gestochen wurde und im Hause Habsburg derartige Abbildungen noch wesentlich früher nachweisbar sind.

Das große Alabastergrabmal, das Herzog Ludwig schon im Juli 1589 bei dem Tübinger Bildhauer Christoph Jelin in Auftrag gegeben hatte, steht formal in der Nachfolge des in Freiberg/Sachsen 1563 errichteten riesigen Moritzmonumentes. Wenige Wochen vor seinem Tod gab er den Befehl sein Grab vorzubereiten, worauf zunächst ein Gruftgewölbe erbaut und darüber das in Jelins Werkstatt hergestellte Denkmal errichtet wurde. Beides war jedoch bei seinem Tod noch nicht vollendet. Als Martin Crusius am 20. August, also vier Tage vor der Beisetzung, in die Gruft hinabstieg, schilderte er sie als einen 11 Fuß langen, 5 Fuß breiten und mannshoch eingewölbten Raum aus übertünchtem Backsteinmauerwerk.

Das Hochgrab Herzog Ludwigs ist das aufwendigste Steindenkmal, das ein Mitglied des Hauses Württemberg je erhalten hat. Auf der Deckplatte liegt der Herzog in Lebensgröße, zu Füßen kauert ein Hirsch, das Wappentier Württembergs. Über dem Kopf Ludwigs ragt ein runder Aufbau empor, auf dessen einer Seite das württembergische Wappen und auf der anderen die Dreieinigkeit dargestellt sind. Die Wände des Hochgrabes zeigen von reichem Skulpturenschmuck umgebene Medaillons mit Darstellungen aus der biblischen Geschichte, unter anderem die Auferstehung und das Jüngste Gericht, David und Goliath sowie die Heldentat Simsons. Die kleinen Täfelchen am Gesims unter der Deckplatte zeigen Szenen aus dem Paradies. Schließlich stehen um das Grabmal gleichsam als Grabwächter sechs vollplastische Figuren antiker und christlicher Heldengestalten.

Noch vor der endgültigen Fertigstellung von Ludwigs eigenem Grabmonument erhielt Christoph Jelin am 10. März 1593 von diesem den Auftrag, für seine bereits 1583 auf einer Reise in Nürnberg verstorbene erste Gemahlin Dorothea Ursula von Baden-Durlach (1559–1583) ein Werk »gleicher Gestalt« herzustellen. Obwohl es schließlich doch etwas bescheidener ausgeführt wurde, so ist es im Aufbau eng an das benachbarte Herzogsgrabmal angelehnt. Dorothea Ursulas Hochgrab bewachen die vier Kardinaltugenden in Gestalt von sitzenden Frauen, die leider fast alle beschädigt sind. Die Wände des Denkmals zeigen ebenfalls Darstellungen aus dem Alten und dem Neuen Testament. Am Kopfende erkennt man die Auferstehung Jesu sowie auf beiden Längsseiten rechts die Kreuzigung und links die Kreuzabnahme. Die untere Hälfte des Grabmonuments zeigt Szenen aus dem Alten Testament. Man sieht Moses mit der ehernen Schlange zu Füßen sowie an den Längswänden eine Jona-Darstellung (links) und die Vision des Ezechiel (rechts). Die Figur der Herzogin ist sehr fein gearbeitet und zeigt Ähnlichkeiten mit Eva Christinas Statue.

Nicht jeder in Tübingen bestattete Angehörige des Hauses Württemberg hat neben einem Wandepitaph über seinem Grab auch ein Steindenkmal erhalten. Unbezeichnet geblieben sind zum Beispiel die Begräbnisplätze zweier nach nur wenigen Monaten wieder verstorbener Söhne Herzog Christophs. Sie hießen Maximilian († 1557) und Ulrich

36. Grabtumba Herzog Ludwigs († 1593), dahinter das inzwischen entfernte Chorgitter aus dem zweiten Viertel des 16. Jahrhunderts

37. Medaillon »Heldentat Simsons« an der linken Seitenwand der Tumba Herzog Ludwigs

38. Medaillon »David und Goliath« an der linken Seitenwand der Tumba Herzog Ludwigs

39. Relief »Erschaffung Adams« vom Gesims der Tumba Herzog Ludwigs

40. Relief »Vertreibung aus dem Paradies« vom Gesims der Tumba Herzog Ludwigs

41. Medaillon »Auferstehung und Jüngstes Gericht« am Kopfende der Tumba Herzog Ludwigs

42. Seitenansicht der Tumba Herzog Ludwigs

43. Medaillon »Kreuzab-
nahme und Grablegung«
von der Tumba Doro-
thea Ursulas († 1583)

44. Medaillon »Vision
des Ezechiel« von der
Tumba Dorothea
Ursulas

(† 1558) und wurden links neben Herzogin Anna beigesetzt. Ihre Wandgrabtafeln waren nicht wie üblich aus Stein oder Metall, sondern aus Holz, Spätestens im 19. Jahrhundert sind sie aus der Stiftskirche entfernt worden und gelten seitdem als verschollen.

Auch das Grab der letzten in Tübingen beigesetzten Herzogin von Württemberg blieb unbezeichnet, so daß nichts an sie erinnert. Diese völlig denkmalslose Bestattung von Herzogin Ursula (1572–1635), der zweiten Gemahlin Herzog Ludwigs, steht zwar nicht mehr in der Tradition der Tübinger Grablege, entspricht aber ganz dem um 1635 in Stuttgart üblichen Brauch. Ihr Zinnsarg steht in einem Einzelgewölbe an der rechten Seite ihres Gemahls und ist mit einer zeitgemäßen Inschrift (Lebenslauf und Bibelsprüche) versehen. Obwohl ein Zinnsarg in der Regel nicht betrachtet und die Inschrift kaum gelesen werden konnte, galt er zu jener Zeit funktional als vollgültiges Grabdenkmal. Ursulas Sarg fällt in die von 1628 bis 1641 dauernde erste Stuttgarter Zinnsargphase (s. S. 76) und ist von ähnlich schlichter Form.

Herzogin Ursula hat mehrfach ihren ausdrücklichen Wunsch, an der Seite Herzog Ludwigs begraben zu werden, wiederholt. Im Jahre 1613 tauschte sie gar zwei Diamanten gegen das Versprechen Herzog Johann Friedrichs, ihren diesbezüglichen letzten Willen zu erfüllen. Der entsprechende Vertrag erwähnt zudem, daß »das albe-rait . . . gefertigte Epitaphium vnnd Grabstein der gebühr nach« aufgerichtet werden solle. Offensichtlich hatte noch Herzog Ludwig ein Grabmal in Auftrag gegeben, das zu jener Zeit zur Aufstellung bereitlag. Daß es schließlich nicht dazu gekommen ist, liegt einerseits an der denkmalfeindlichen Zeit, in die Ursulas Tod fiel, andererseits waren nach der Schlacht bei Nördlingen im Spätsommer 1634 alle übrigen Mitglieder des Hauses Württemberg nach Straßburg ins Exil geflohen und das Land in fremder Hand. Ihr Tod am 5. März 1635 im Nürtinger Schloß soll nicht unwesentlich auf Mißhandlungen

45. Neben einem repräsentativen Tischgrab erhielt Herzog Rudolf von Braunschweig und Lüneburg († 1616) auch dieses Wandepitaph

Die beiden entlang der nördlichen Chorwand aufgestellten Tischgräber sind Werke des Bildhauers Georg Müller. Sie erinnern an zwei im Collegium Illustre verstorbene Kavaliere aus fremden Herrscherhäusern: Herzog Rudolf von Braunschweig-Lüneburg (1602–1616) und Herzog Johann Georg von Schleswig-Holstein (1594–1613).

Immer wieder tauchte das Gerücht auf, unter dem Tübinger Stiftschor befinde sich eine geräumige Gruft, in der die Leichname der Herzöge beigesetzt seien. Als sich zu Beginn des Jahres 1820 der Chorboden an einigen Stellen merklich senkte, war die Befürchtung groß, das vermeintliche Gewölbe könne einstürzen. Eine im Juli anberaumte Grabung ergab jedoch, daß nur die Särge Herzog Ludwigs und seiner beiden Gemahlinnen in gewölbten Einzelgrüften stehen. Alle anderen Leichname liegen direkt unter den Grabmalen in der Erde.

Trotz besonderer Vorkehrungen und eindringlicher Warnungen sind damals zahlreiche Schaulustige in den Chor eingedrungen, in der Absicht etwas Interessantes zu erhaschen. Einigen ist es offensichtlich gelungen, in einem unbeobachteten Augenblick von den Leichnamen der Herzöge Christoph und Ludwig »Reliquien« zu entwenden. Diese bestanden in ausgerissenen Zähnen, Haarbüscheln, Knochenstücken und Mantelresten. Da die Polizei die gestohlenen Körperteile erst nach dem Ende der Arbeiten im Chor wiederfinden konnte, wurden die Stücke in einer Kapsel nach Stuttgart gebracht und am 21. Mai 1822 in der dortigen Gruft auf einem Stein niedergelegt. Diese Beisetzung sollte jedoch nur vorübergehend sein, da »nach einem mündlichen Befehle Sr. M. des Königs jene Reliquien zu den anderen Überresten der beyden Herzoge in die Gruft nach Tübingen zurückgebracht werden sollen, sobald der Fall eintrete, diese wieder öffnen zu müssen«. Da dies noch nicht geschehen ist, blieb der Befehl bis jetzt unausgeführt.

kroatischer Soldaten zurückzuführen sein, die damals Württemberg durchstreiften. Da die Überführung nach Tübingen nur unter schwierigsten Umständen vorbereitet werden konnte, erfolgte die Beisetzung erst ganze zehn Monate später am 5. Januar 1636. Am selben Tag fand auch ein Verwandter Ursulas, der am 30. August 1635 knapp 21jährig an der Pest verstorbene Pfalzgraf Georg Otto sein Grab in der Tübinger Stiftskirche.

Stuttgart, Stiftskirche

Beim Betreten der Stuttgarter Stiftskirche fallen vor allem die elf Grafenstandbilder an der nördlichen Chorwand ins Auge. Daß sie nur noch ein Rudiment des bis in die Mitte des 19. Jahrhunderts hinein vorhandenen Erscheinungsbildes darstellen, ist heute in Vergessenheit geraten. Denn die in der Kirche an verschiedenen Orten aufgestellten Tischgräber, die Doppeltumba im Untergeschoß des Kleinen Turmes sowie weitere heute nicht mehr erhaltene Denkmäler standen einst im Chor und gaben ihm optisch den Charakter einer dem Tübinger Stiftschor vergleichbaren fürstlichen Grablege.

Herzog Christoph hat nicht nur in Tübingen, Güterstein und Kirchheim den Gebeinen und Grabdenkmälern seiner Verwandten besondere Aufmerksamkeit geschenkt, auch in Stuttgart setzte er sich nachdrücklich für die Renovierung der gräflichen Grablege im Chor der Stiftskirche ein. Schon vor 1558 hatte er den Hofgerichtssekretär und Heimatforscher Andreas Rüttel d. Ä. beauftragt, zusammen mit dem herzoglichen Hofbaumeister Vorschläge zur Erneuerung der in Verfall geratenen Grabplatten auszuarbeiten. Statt des vom Herzog verlangten Gutachtens legte Rüttel jedoch eine rein beschreibende Abhandlung über den Zustand und die Anzahl der vorhandenen Grabplatten vor, was Christoph offensichtlich nicht genügte. Denn am 5. August 1558 mahnte der Herzog den geforderten schriftlichen Bericht mit Renovierungsvorschlägen und einem Kostenüberschlag an, da dies »bißher verpliben vnnd vnderlaßen worden«. Ob der Befehl diesmal ausgeführt wurde, ist nicht überliefert. Eine Renovierung hat aber sicher nicht stattgefunden. Allerdings scheint bei Herzog Christoph das Interesse an den alten Grabplatten nicht erlahmt zu sein, da Rüttel 1565/66 die bereits ausführlich beschriebene Handschrift (s. S. 19) und die detailgetreuen Grabsteinzeichnungen angefertigt

hat. Wie weit das Vorhaben zu Lebzeiten Christophs noch gediehen ist, wissen wir nicht, da alle diesbezüglichen Quellen verschollen sind.

Ausführlicher sind wir dagegen über die Maßnahmen unterrichtet, die der Sohn Christophs, Herzog Ludwig, bereits als Zwanzigjähriger und noch vor seiner offiziellen Regierungsübernahme in die Wege geleitet hat. Nach einem im März 1574 ergangenen Befehl Ludwigs hat der Sohn des inzwischen verstorbenen älteren Andreas Rüttel, Andreas Rüttel der Jüngere, eine »Probationsschrift« verfaßt, in der er ausführlich auf Renovierungsmöglichkeiten eingegangen ist. Einer seiner Vorschläge war, den durch die Reformation überflüssig gewordenen Hochaltar aus dem Chor zu entfernen und an dessen Stelle die bisher auf dem Boden liegenden Grabsteine aufrecht an der Wand anzubringen und mit einem steinernen Rahmen zu umgeben. Andreas Rüttel kannte die an der Chorostwand in der Tübinger Stiftskirche angebrachten Grabplatten der Herzöge Eberhard und Ulrich aus seiner dortigen Studienzeit sicher aus eigener Anschauung, und offensichtlich nahm er diese Anordnung zum Vorbild für seinen Stuttgarter Vorschlag. Ergänzend war vorgesehen, die teilweise abhandengekommenen Metallwappen auf den Grabsteinen zu rekonstruieren sowie jene durch neue Messingtäfelchen mit den Namen der Verstorbenen zu kennzeichnen.

Mit Rüttels »Probationsschrift«, steht die bereits erwähnte zweite Handschrift in Zusammenhang, durch die wir den damaligen Zustand der Grablege kennen. Hofmaler Johann Steiner stellte den vergleichsweise flüchtigen Zeichnungen der Grabsteine die jeweiligen Rekonstruktionsvorschläge gegenüber. Da diese jedoch im Gegensatz zu der wohl von Andreas Rüttel d. Ä. gefertigten Handschrift an manchen Stellen fehlerhaft sind, scheinen sowohl Rüttel als auch Steiner das ältere Werk nicht direkt vor Augen gehabt zu haben.

46. Die Grafenstandbilder im Chor der Stuttgarter Stiftskirche

Trotz der aufwendigen Steinerschen Sammlung
blieb auch diesmal alles beim alten. In einem neuer-
lichen Gutachten vom März des darauffolgenden
Jahres 1575 wurden die Vorschläge Rüttels in man-
cher Hinsicht sogar abgelehnt. Obwohl von Andreas Rüttel und Lucas Osiander gemeinsam unter-
zeichnet, dürften die neuen Überlegungen im wesentlichen auf Osiander allein zurückgehen. Er be-
fürchtete vor allem, die auf den alten Steinen er-
gänzten Metallteile würden »vom Täglichen wan-
del nicht bestendig verpleiben, sonder in wenig Jha-
ren widerumben abgenößen vnd deshalben vergeb-
lich Cost« verursachen. Stattdessen ging der jet-
zige Vorschlag dahin, an der Wand hinter dem zu
entfernenden Hochaltar völlig neue Bildnisepita-
phien anzubringen, für die jedoch Stein als unge-
eigneter Werkstoff abgelehnt wurde, da dieser
einerseits kostspielig und andererseits »leichtlich
von fürwitzigen mutwilligem Jungen gesind ver-
schlagen« werden könne. Gleichzeitig wurden jedoch auch gegen Messing Bedenken geäußert, weil
»dieselbige ohne Difficulet hinwegerißen (oder
gebrochen)« werden könnten und mit der Zeit »an-
lauffendt verderbtt« würden. Im Gegensatz dazu
schlugen Rüttel und Osiander in dem Gutachten
Tafeln aus Eisen vor, die in einer Weise mit Ölfar-
ben zu bemalen seien, wie es in der Stiftskirche an
anderen Epitaphien bereits geschehen sei. Von diesen einst sicher zahlreichen farbigen Tafeln ist nur
noch diejenige der Isolde von Helmstatt von 1559
vorhanden, die heute im Erdgeschoß des Kleinen
Turmes angebracht ist. Ausdrückliches Vorbild für
die geplanten bildlichen Darstellungen der Grafen
war die Grabmälergalerie im Kreuzgang des
Klosters Schöntal, wo mustergültige Bildnisgrab-
steine – besonders in Hinblick auf die Bekleidung –
zu finden waren.
Nach Ansicht der beiden Gutachter sollte zur Probe
zunächst eine Tafel für Graf Heinrich in Auftrag gegeben werden, da dieser »vnder ainem glatten stein

47. Holzmodell für ein
Epitaph Graf Heinrichs
(† 1519) von 1577, heute
im Uracher Stadtschloß

ohne ainniche Grabschrifft Im Stifft begraben«
liege. Wenn sich dabei herausstellen würde, daß die
Kosten für die Bildnisse wider Erwarten unverhält-
nismäßig hoch wären, so könnten die Tafeln
schließlich doch ohne Abbild der Grafen, sondern
»allain die Insignia« mit einer Grabinschrift »Inn
khurtzer form gegossen werden«.
Schließlich beschloß man, sich wenigstens nach einem Bildhauer zur Anfertigung eines Modells um-
zusehen, der allerdings sowohl in Holz als auch in
Stein arbeiten können sollte. Der herzogliche Rat

48. Entwurfszeichnung
für Heinrichs Grafen-
standbild von Hans
Steiner

49. Von Sem Schlör aus-
geführtes Standbild Graf
Heinrichs

Georg Gadner wurde auf den Augsburger Meister
Paul Mair aufmerksam, der zu jener Zeit an einem
Marmorgrabmal für die Kirche in Geisingen (Gde.
Freiberg/Neckar) arbeitete.

Am 29. Juli 1576 kam Mair für sechs Tage nach
Stuttgart, um Einzelheiten des zu erwartenden
Auftrags zu besprechen. Er vertrat dabei die Meinung, Eisenguß wäre für ein so großes Objekt
denkbar ungeeignet und es käme nur Messing in
Frage. Denn zum einen würden feine Einzelheiten
in Eisen nicht in befriedigendem Maße wiederge-

50. Entwurfszeichnung für das Standbild Eberhards (I.) des Erlauchten († 1325)

51. Eberhard (I.) der Erlauchte von Sem Schlör

geben, zum anderen wiege ein Eisenepitaph etwa 10 Zentner, dasselbe aus Messing jedoch nur 4,5 Zentner. Auch die herzoglichen Räte waren Mairs Auffassung, allein Herzog Ludwig hielt hartnäckig an seiner Entscheidung für das billigere Eisen fest. Lucas Osiander, der den Herzog in seiner Vorliebe unterstützte, schlug nun vor, nicht gleich die ganze Denkmalreihe in Auftrag zu geben, sondern Mair zunächst zur Probe zwei Epitaphien zu übertragen. Die Sache zog sich mehrere Monate ohne greifbares Ergebnis hin und erst im März des

folgenden Jahres, nach mehrmaligen Anfragen Mairs bei Rüttel, erhielt der Bildhauer von diesem den Auftrag und einen Entwurf im Maßstab 1:1 von der Hand Johann Steiners nach Augsburg zugestellt. Im Spätherbst 1577 war das Modell schließlich fertig und stand zum Transport nach Württemberg bereit. Am 22. November 1577 befahl Herzog Ludwig, die Arbeit direkt nach Heidenheim zu bringen, damit der Eisenguß ohne Verzögerung erfolgen könne. Fuhrleute, die Wein nach München zu liefern hatten, sollten auf dem Rückweg das Holzepi-

Tafel 3
Aquarellierte Zeichnungen der vorreformatorischen Grabplatten im Chor der Stuttgarter Stiftskirche, um 1566.
Obere Reihe von links:
a Graf Ulrich III.
(† 1344)
b Herzogin Sophia von Lothringen († 1369), Tochter Graf Eberhards (II.) des Greiners
c Graf Eberhard (II.) der Greiner († 1392)
Untere Reihe links:
d Graf Eberhard (III.) der Milde († 1417)
e Elisabeth von Nürnberg († 1429), zweite Gemahlin Graf Eberhards (II.) des Milden
f Elisabeth von Brandenburg († 1524), Gemahlin Herzog Eberhards II.

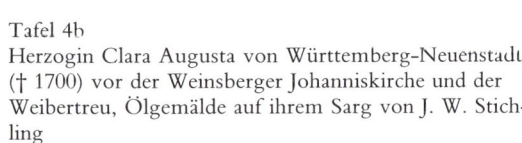

Tafel 4a
Allegorische Darstellung der Auf-
bahrung von Dorothea Amalia und
Carl Christoph, zweier im Jahre
1650 verstorbener Kinder Herzog
Eberhards III., kol. Kupferstich

Tafel 4b
Herzogin Clara Augusta von Württemberg-Neuenstadt
(† 1700) vor der Weinsberger Johanniskirche und der
Weibertreu, Ölgemälde auf ihrem Sarg von J. W. Stich-
ling

52. Entwurfszeichnung für das Standbild Ulrichs (V.) des Vielgeliebten († 1480)

53. Ulrich (V.) der Vielgeliebte von Sem Schlör

taph übernehmen. Der Augsburger Goldschmied Hans Raiser beauftragte jedoch eigenmächtig den Fuhrknecht eines Marbacher Bürgers mit der Überführung, worauf die Platten am 4. Dezember in Stuttgart eintrafen. Mair hatte es abgelehnt, sein Werk nach Heidenheim zu liefern, da er nur dem Herzog verpflichtet sei und es daher diesem persönlich zeigen wolle. Das Modell wurde zunächst in der Kanzleibibliothek abgelegt und schließlich am 12. Dezember in den Privatgemächern Herzog Ludwigs im Alten Schloß aufgestellt. Schon einen

Tag später gab dieser den Befehl, nach einem Gießer zu schicken. Die Wahl fiel auf Gilg Hesser aus Königsbronn, der schon am 17. Dezember in Stuttgart eintraf. Gleichzeitig wurde Mair mit 194 Gulden abgefunden und – ohne mit dem Herzog zusammengetroffen zu sein – nach Augsburg entlassen. Da Hesser die Form Mairs für den Guß »zu tieff geschnitten« fand, wurde sie zum »abformen« aus dem Schloß in den Tiergarten gebracht. Was dann geschah wissen wir nicht, da die Überlieferung Ende 1577 abbricht.

54.   55.   56.

54. Ulrich (I.) mit dem
Daumen († 1265)
55. Ulrich II. († 1279)
56. Ulrich III. († 1344)

Mairs in Lindenholz geschnitztes Modell ist erhalten geblieben und befindet sich heute in der Erdge-
schoßhalle des Uracher Stadtschlosses. Die geradezu goldschmiedeartig fein gearbeiteten Einzelheiten beeindrucken noch immer und heben die Arbeit weit über die übrigen von Paul Mair bekannten

Werke hinaus. Aber nicht nur die künstlerische
Qualität ist bemerkenswert. Weil vergleichbare
Holzmodelle praktisch nicht überliefert sind, gehört es als einziges seiner Art mit zum interessante-
sten Besitz des Württembergischen Landesmu-
seums.

57. Ulrich IV. († 1366)
58. Eberhard (II.) der
Greiner († 1392)
59. Ulrich († 1388)

57.

58.

59.

Obwohl auch Mair verschiedentlich statt Metall-
guß die Verwendung von Marmor vorgeschlagen
hat, wurde der Haller Bildhauer Sem Schlör wohl
noch während des Jahres 1577 zu Rate gezogen.
Dieser hatte bereits Mitte der sechziger Jahre zur
Zufriedenheit Herzog Christophs in Tübingen das

Grabmal für Herzogin Sabina angefertigt und soeben in Stuttgart das Tischgrabmal Graf Albrechts
von Hohenlohe vollendet (s. S. 66). Schon bald
nach der Abfindung Mairs muß ihm dann der Auftrag zur Anfertigung eines Steindenkmals für Graf
Heinrich übertragen worden sein, denn schon im

60. Eberhard (III.) der Milde († 1417)

61. Eberhard (IV.) der Jüngere († 1419)

Rechnungsjahr 1578/79 wurden ihm für seine Arbeit von der Landschreiberei 200 Gulden ausbezahlt. Rechnet man die für einen Messingguß veranschlagten Kosten von 400 Gulden zu den Aufwendungen für das Modell Mairs hinzu, so hätte die Gesamtsumme für jedes Einzeldenkmal aus Gelbmetall etwa 600 Gulden betragen. Die Standbilder aus Stein waren letztendlich um zwei Drittel billiger und somit realisierbar. Offensichtlich hat das Denkmal Heinrichs beim Auftraggeber Gefallen gefunden, denn bis 1584 fertigte Schlör in seiner Werkstatt in Schwäbisch Hall nach und nach auch die übrigen Grafenmonumente an. Die Gesamtkosten für die elf Einzelstücke beliefen sich schließlich auf 2200 Gulden.

War man bisher überwiegend der Ansicht, Schlör habe sich streng an das Modell Mairs gehalten und dieses nur vom Relief ins Vollplastische übersetzt, so ist vielmehr davon auszugehen, daß Hofmaler Johann Steiner nicht nur als Schöpfer der Vorlage zu Mairs Lindenholzarbeit, sondern zugleich auch als Urheber der Schlörschen Grafenstandbilder angesehen werden muß.

Im Kunstmuseum Budapest werden neun aquarellierte Entwurfszeichnungen zu den Stuttgarter Grafendenkmalen aufbewahrt, die traditionell Sem Schlör zugeschrieben werden, jedoch in Wirklichkeit Arbeiten von Johann Steiner sind. Nur die Blätter mit den Darstellungen der Grafen Ulrich († 1366) und Eberhard d. Greiners († 1392) fehlen. Vergleicht man die Zeichnungen mit den tatsächlich ausgeführten Steindenkmalen, so stellt man fest, daß sich der ausführende Bildhauer Sem Schlör bei den Figuren der Grafen akribisch, ja geradezu ängstlich an die Vorlagen gehalten hat. Körperhaltung, Beinstellung, Kleidung sowie die Löwen stimmen bis in die kleinste Einzelheit mit Steiners Zeichnungen überein. Auch die Form und die Stellung der Wappenschilde, ja sogar die Fältelung der Wappenmäntel orientiert sich ungewöhnlich eng an den Vorgaben.

Daß es sich dabei nicht um Abzeichnungen der bereits fertiggestellten Monumente handelt, zeigen die Rahmungen um die Einzelfiguren. Während die tatsächlich ausgeführten Standbilder zusammenhängend in einer Reihe aneinandergefügt sind, ist auf den Budapester Zeichnungen jedes einzelne Denkmal für sich in eine Renaissancearchitektur hineingestellt.

Vielleicht rühren die Entwürfe Steiners aus einer Zeit her, als die Aufstellung der Standbilder noch am Chorende vorgesehen war (1575/76). Spä-

stens seit der Fertigstellung des Grabmals von Graf Albrecht von Hohenlohe war diese anfängliche Konzeption hinfällig. Möglicherweise schlug Schlör daraufhin vor, die Grafenstandbilder als einheitliche Reihe an der Chornordwand aufzustellen, was eine Neubearbeitung der Rahmung begründet hätte. Die schriftlichen Quellen geben hierzu leider keine Auskunft. Die lateinischen Inschriften über den Figuren hat Andreas Rüttel der Jüngere verfaßt. Höchstwahrscheinlich war er darüber hinaus auch als Berater in Fragen historischer Einzelheiten an der Entwurfsausarbeitung beteiligt.

In diesem Zusammenhang sei auch ein kleines Marmorstandbild (38 x 22,5 cm) eines württembergischen Herzogs erwähnt, das sich in Mömpelgarder Privatbesitz befindet. Nach den bisherigen Überlegungen wurde davon ausgegangen, es handele sich

62. Mömpelgarder Alabasterrelief eines württembergischen Herzogs von 1576

um die Darstellung Herzog Ludwigs und damit um eines von vier einst in der Schloßkirche St. Maimboeuf neben dem Altar angebrachten Bildern württembergischer Landesherren des 16. Jahrhunderts. Die auf der Marmortafel zu beiden Seiten des Herzogswappens vermerkte Jahreszahl 1576 fällt tatsächlich mit der Mündigkeitserklärung Ludwigs zusammen, denkbar wäre jedoch auch ein Zusammenhang mit dem Projekt der Stuttgarter Grafenstandbilder, zumal das Mömpelgarder Relief in der Grundkompoisition sowie in manchen Einzelheiten an die Steinerschen Entwürfe erinnert. Da diese Ähnlichkeit bisher völlig unbeachtet blieb, läßt sich zum gegenwärtigen Zeitpunkt nichts Näheres dazu vermerken.

Noch während der Planungsphase für die Grafenstandbilder hat erstmals seit fast genau einem halben Jahrhundert im Chor der Stuttgarter Stiftskirche wieder ein Begräbnis stattgefunden. Es war allerdings kein Angehöriger des Hauses Württemberg, der dort im November 1575 anstelle des nur wenige Wochen zuvor abgebauten Hochaltars am Ostende des Chores sein Grab erhielt, sondern Graf Albrecht von Hohenlohe. Bei einem aus Anlaß der Hochzeit Herzog Ludwigs mit seiner ersten Gemahlin Dorothea Ursula von Baden-Durlach am 7. November 1575 abgehaltenen Turnier war er von Fürst Joachim Ernst von Anhalt versehentlich mit einer Lanze am Hals so schwer verletzt worden, daß er neun Tage später verstorben ist. Die bei der Einbalsamierung entnommenen Eingeweide wurden im Schiff der Hospitalkirche beigesetzt, wo der die Stelle bezeichnende Stein noch bis zur Zerstörung im Zweiten Weltkrieg zu sehen war. Das von Sem Schlör in den Jahren 1576/77 geschaffene Tischgrabmal Albrechts war das erste in der Stiftskirche aufgestellte Renaissancedenkmal dieser Art. Vier kniende Ritter tragen die Platte, auf der der Verstorbene in voller Rüstung abbildet ist. Diese Arbeit war die erste, die Schlör in seiner Haller

Werkstatt für die Stuttgarter Stiftskirche geschaffen hat. Nur wenig später erhielt er den Auftrag zu den Grafenstandbildern, dem größten Renaissancemonument im deutschen Südwesten.

Obwohl die Tübinger Stiftskirche damals noch immer die alleinige Grablege des Hauses Württemberg war, muß es als außergewöhnlich bezeichnet werden, daß Graf Albrecht im alten Stuttgarter Grafenchor ein derart repräsentatives Denkmal erhielt. Zu jener Zeit waren die Überlegungen zur Gestaltung der neuen Epitaphien der Grafen von Württemberg ja noch nicht abgeschlossen. Hatte man vor Albrechts Tod stets an eine Aufstellung

63. Die Tischgräber Graf Albrechts von Hohenlohe († 1575, rechts) und der Pfalzgräfin Johanna Elisabeth († 1601, links), an der Wand rechts die 1953 wiederentdeckte Grabplatte Herzog Augusts († 1596)

64. Graf Albrecht von Hohenlohe

der neuen Grafendenkmäler am Chorende »hinter dem Altar« gedacht, so ist keineswegs auszuschließen, daß die Schlörschen Grafenstandbilder ebenfalls dort Aufstellung gefunden hätten, wenn dieser Platz nun nicht von Albrechts Tischgrab belegt gewesen wäre. Wahrscheinlich hat Schlör den Anstoß gegeben, die elf Standbilder nun an der nördlichen Wand anzubringen.

Schon im April 1575 bei der Beisetzung von Gräfin Eva Christina hatte man die Tübinger Grablege als »leyder zimblich Eng« empfunden, so daß abzusehen war, daß über kurz oder lang die Entscheidung für eine neue Begräbnisstätte notwendig würde. Spätestens seit der zweiten Heirat Herzog Ludwigs im Jahre 1585 galt der Tübinger Chor als belegt. Als sechs Jahre später, am 10. Februar 1591, Graf Georg Friedrich von Württemberg und Mömpelgard, ein Sohn des ab 1593 in Stuttgart als Herzog regierenden Grafen Friedrich, im Alter von sieben Jahren starb, wurde das Problem deutlich. Herzog Ludwig, der den Knaben anfänglich hatte in Tübingen bestatten lassen wollen, mußte sich aus Platzmangel zu einer Beisetzung im Stuttgarter Stiftschor entschließen. Der Vater Graf Friedrich wünschte das Begräbnis aber ausdrücklich in der Tübinger Grablege (». . .vnnd wir nichts liebers sehen, vnnd haben wolten Alß das er zu Tuwingen neben vnßer geliebte Schwester . . . möchte geleget werden«), da dort ja bereits seine Schwester Eva Christina ihre Ruhestätte gefunden hatte. Herzog Ludwig blieb bei seiner Entscheidung und Georg Friedrich erhielt als erstes Familienmitglied seit 1524 sein Grab in Stuttgart.

Gleich in den ersten Tagen nach dem Tode des jungen Grafen müssen Überlegungen zu seinem Grabmal angestellt worden sein, denn schon am 17. Februar lag ein »Muster« (Entwurf) für den Herzog vor. Als sich am 23. Februar der zu jener Zeit in Tübingen mit Ludwigs Grabmal beschäftigte Bildhauer Christoph Jelin um den Auftrag bewarb,

65. 1944 zerstörte Deckplatte des Tischgrabes für Graf Georg Friedrich († 1591)

wurde ihm mitgeteilt, die Arbeit sei bereits »ainem anderen verdingt«. Noch am 3. März war jedoch nicht entschieden, ob Georg Friedrich nur ein Wandepitaph oder ein vollplastisch-figürliches Grabmal erhalten würde.

Das schließlich angefertigte reizvolle Tischgrabmal zeigte den Grafen mit langärmeligem Wams, Pumphosen und einem kurzen Mäntelchen auf der Platte ruhend. Die äußerst sorgfältige Bildhauerarbeit wird Jakob Roment aus Kalkar zugeschrieben, der seit 1583/84 für den Herzog tätig war. Das beschädigte Denkmal wurde bereits am Ende des 19. Jahrhunderts zerlegt und Tisch- und Bodenplatten nebeneinander in die Westwand der Urbanskapelle eingemauert. Leider ging im Zweiten Weltkrieg die Darstellung des Knaben zugrunde, die wappengeschmückte Bodenplatte ist erhalten geblieben. Sie fand beim Wiederaufbau der Kirche in einer Nische der südlichen Langhauswand einen neuen Platz. Das dort sichtbare Wappen zeigt noch die gräfliche Form mit württembergischen Hirschstangen und Mömpelgarder Barben im viergeteilten Schild, da diese Linie des Hauses Württemberg erst 1593 nach Ludwigs Tod mit der Regierungsübernahme Friedrichs die Herzogswürde erlangte. Am 18. Februar 1592 starb in Durlach während eines Besuchs beim Markgrafen von Baden die

44jährige Pfalzgräfin Elisabeth von Veldenz-Lauterecken, eine Schwester Herzog Ludwigs. Da sie in erster Ehe mit Graf Georg Ernst von Henneberg verheiratet war, befindet sich in der hennebergischen Grabkapelle in Schleusingen ein damals für sie errichtetes Grabdenkmal mit ihrer vollplastischen Figur, das jedoch ohne Inschrift geblieben ist. Nach ihrem Tode fand sie weder in Schleusingen noch in der Familiengruft ihres zweiten Gemahls Pfalzgraf Georg Gustav (1564–1634) auf dem Remigiusberg ihre Ruhestätte, sondern im Chor der Stuttgarter Stiftskirche. Herzog Ludwig begründete diese Entscheidung gegenüber dem Witwer mit dem Argument, ihr Tod habe sich »Inn der nähin bey vns zugetragen«.

Die Herstellung von Elisabeths Tischgrabmal wurde ebenfalls dem Bildhauer Jakob Roment übertragen, der das Werk 1593 im wesentlichen vollendet hatte. Hält man sich vor Augen, daß Sem Schlör für jedes der elf Grafenstandbilder 200 Gulden erhalten hatte und Männergrabmäler in der Regel höher bezahlt wurden (s. S. 46), so erscheint das für diese Arbeit an Roment gezahlte Honorar von 360 Gulden bemerkenswert. Da das Denkmal seit dem Wiederaufbau der Stiftskirche außerordentlich ungünstig im linken Vorraum an der Wand abgestellt ist, kommen die feine Ausarbeitung der Figur sowie die als Plattenträger dienenden Engelsgestalten gegenwärtig nur begrenzt zur Geltung.

Ein am 21. April 1596 nach nur vier Lebensmonaten verstorbener Sohn von Herzog Friedrich mit Namen August fand sein Grab ebenfalls im Chor der Stiftskirche. Allerdings deckte seine Gebeine nur ein einfacher Wappenstein, der 1953 bei der Verlegung neuer Bodenplatten aufgedeckt wurde. Seit 1958 ist er in die Wand hinter der Kanzel eingemauert. Ein drittes, Jakob Roment zugeschriebenes Grabmal stellt das Tischgrab der Pfalzgräfin Johanna Elisabeth bei Rhein (1573–1601) dar. Auf der von aufrecht sitzenden Löwen gestützten Platte

66. Bodenplatte vom Tischgrab Graf Georg Friedrichs (erhalten)

67. Tischgrab für Pfalzgräfin Elisabeth († 1592), eine Tochter Herzog Christophs

68. Grabplatte Augusts, eines 1596 im Alter von nur vier Monaten verstorbenen Sohnes Herzog Friedrichs I.

ruht die 27jährige in ähnlicher Weise wie Elisabeth von Veldenz. Die beengte Aufstellung in einer Bogennische hinter der Kanzel erschwert leider auch in diesem Fall die Betrachtung des Werkes. Johanna Elisabeth hatte in Nürtingen bei ihrer Schwester Ursula, der zweiten Gemahlin Herzog Ludwigs, gelebt und war nach ihrem Tode nach Stuttgart überführt worden. Weshalb sie nicht in Tübingen, dem späteren Begräbnisort von Herzogin Ursula, beigesetzt wurde, ist nicht bekannt. Auch nach

1600 fanden schließlich – entgegen der früher empfundenen Enge – noch Beisetzungen im Tübinger Chor statt (s. S. 54 f.).

Pfalzgräfin Johanna Elisabeth war die Letzte, die vor dem Einbau der Fürstengruft im Chorfußboden begraben wurde. Da das östliche Drittel des Chors bei diesen Bauarbeiten unberührt geblieben ist, waren die Grabstellen bis 1953 erhalten.

Vor allem in der ersten Hälfte des 19. Jahrhunderts wurde die Grablege im Chor der Stuttgarter Stiftskirche immer mehr vernachlässigt. Offensichtlich fühlte sich niemand den historischen Grabdenkmälern aus der Renaissancezeit verbunden.

Als im Oktober 1840 der französische Dichter Victor Hugo auf seiner »Rheinreise« nach Stuttgart kam, besuchte er auch die Stiftskirche. Obwohl er sich in der zeitlichen Einordnung der Grabmale irrt und ihm etwas poetische Übertreibung zugestanden werden muß, sei hier, des unmittelbaren Eindrucks wegen, aus seiner Schilderung zitiert: »Ganz hinten, wo einst der Chor war, stieß ich auf etwas ganz Erstaunliches. Wurmstichige Betschemel, Bänke, Bretter, Leitern, Kübel, zwei oder drei aufgebrochene Lederkoffer, zerschlagene Statuetten und Reliefs auf einem Haufen von Gips und Staub, und mitten in diesem Kehricht unter Asche und Spinnweben, drei Cenotaphe aus Ebenholz, mit Malereien und Vergoldung aus dem 17. Jahrhundert, sechs Steinsarkophage mit Bildhauerarbeit aus dem 13. bis 15. Jahrhundert und schließlich elf Renaissance-Grabmäler an der einen Wand, von einem häßlichen Gerüst aus Tannenholz überschattet, das gerade die Giebelstücke durchschnitt und die Epitaphien verdeckte. Es waren die Grabmäler der Grafen von Württemberg, der Ahnen des heutigen Königs, die ich mit Mühe in dieser pferdestallähnlichen Umgebung erkennen konnte . . .«

Dieser Zustand war auf Dauer unhaltbar! Zunächst wurde im Jahre 1844 das Denkmal Graf Albrechts im Auftrag des Hauses Hohenlohe vom Bildhauer

Theodor Wagner restauriert. Erst 1875 folgte die württembergische Grafenreihe, die inzwischen eine Vielzahl der wappenhaltenden Putten sowie Attribute wie Lanzen, Schwerter und ähnliches verloren hatte. Kurz vor der Jahrhundertwende erfuhren schließlich noch die übrigen Grabmäler, allen voran die Doppeltumba von Ulrich und Agnes, eine gründliche Überarbeitung, so daß die Schwäbische Kronik am 16. November 1900 über die soeben vollendete Renovierung der Stiftskirche schreiben konnte: »... Durch diese Restaurierungsarbeiten sind die Urbans- und Läutkapelle, einst wahre Rumpelkammern, hauptsächlich zur Aufbewahrung von Schrannen, Stühlen und anderen Gegen-

ständen des kirchlichen Gebrauchs dienend, in Räume verwandelt, die nun unserer prächtigen Stiftskirche zu einer wahren Zierde gereichen.« Fortan waren im Chor nur noch die Grafenstandbilder an ihrer alten Stelle untergebracht, alle übrigen Denkmäler befanden sich nun im Erdgeschoß des Kleinen Turms (»Läutkapelle«) sowie in der Urbanskapelle.

Da die gegenwärtige Aufstellung der Grabmäler in keiner Weise befriedigen kann, ist zu hoffen, daß bei der in Aussicht genommenen Restaurierung der Stiftskirche eine Veränderung in Anlehnung an die ursprüngliche Anordnung erfolgen wird.

Barockzeit

Stuttgart, Stiftskirche

Als Herzog Friedrich I. am 29. Januar 1608 im Alter von 50 Jahren überraschend starb, hatte er keine Verfügungen für seinen Begräbnisort getroffen. Da der Tübinger Chor bereits mit Gräbern belegt und zudem die dort bestattete Linie des Hauses Württemberg mit dem Tode Herzog Ludwigs 1593 erlo-

schen war, dürfte von Anfang an nichts anderes erwogen worden sein, als daß Herzog Friedrich in Stuttgart sein Grab finden würde. Wann die Entscheidung zum Bau einer neuen und geräumigen Gruft gefallen ist und ob kurzzeitig eventuell andere Möglichkeiten diskutiert wurden, wissen wir nicht. Auch über den Architekten des Gewölbes sind wir nicht zweifelsfrei unterrichtet, da bereits 1677 sämtliche Akten wie Rechnungen oder Risse nicht mehr aufzufinden waren (s. S. 81).

Das Gewölbe wird zentral von einem mächtigen Pfeiler getragen, an dem das württembergische Wappen angebracht ist und sich in Augenhöhe an allen vier Seiten aus Stein gehauene beflügelte Engelsköpfchen befinden. An der dem Eingang gegenüberliegenden Pfeilerfront ist unter dem Puttenkopf ein Schriftband mit der Jahreszahl 1608, einem Steinmetzeichen und den Initialen HB angebracht. Sie konnten dem zu jener Zeit zumeist unter Heinrich Schickhardts Anleitung arbeitenden Werkmeister Hans Braun († 1611) zugeschrieben werden. Von seiner Hand liegt auch eine ausführliche Beschreibung des komplizierten und für Uneingeweihte nicht durchschaubaren Verfahrens zur Öffnung der Gruft vor. Es ist aber zu vermuten, daß Heinrich Schickhardt an den Überlegungen zum Bau des Grabgewölbes beteiligt war, da er bei der Nachricht vom Tode des Herzogs sofort von Mömpelgard nach Stuttgart geeilt war. In seinem

69. Portal der Gruft unter dem Stuttgarter Stiftschor von 1608

Nachlaß fand sich zudem eine schematische Grund-
rißzeichnung mit der vorgesehenen Platzeinteilung
für die Särge. Wie aus der Erinnerung eines Hand-
werkers in Zusammenhang mit dem Bau des zweiten Gruftraumes im November 1681 zu erfahren
ist, konnte das qualitätvolle Gewölbe in der außerordentlich kurzen Bauzeit von 17 Tagen nur errichtet werden, wegen der »damahligen allhier gewe-
sten vihlen Maurern undt Steinmezen, so wegen
des Newen Baws, worunder der Marstall stehe,
und damahlen auch gebawt wordten, sich auffge-
halten, mit Zueziehung aller übrigen in Statt und
Ambt befindlichen Maistern und deren Gesindt«.
An den Pfeiler ist ferner eine große Inschriftplatte
aus Metall angeschraubt, die die Entstehungsgeschichte der Gruft erzählt. Sie ist eine Ätzarbeit von
Hans Konrad Sautter (+ vor 1623/24), dem Sohn
des Vedutenstechers Jonathan Sautter, aus den Jahren 1611/12. Der Text besagt unter anderem, daß
»die fürstliche Gräber im Chor der StifftsKirchen
alhie, durch Insonderheit darzu verordnete erhebt,
die befundene gebein gewahrsamblich vfbehalten,
volgend diß gewolb zu solchen vnd künfftigen
fürstlichen Begräbnußen innerhalb 17 tagen von
grund vffgeführt, vnd vollendet worden, dadann
besagte gebein widerumb in ein besonder mit stai-
nen eingesetztes grab zusamengeordnet, vff welchem ein stain mit dem Württembergischen Wappen bemerckht ligt, Deßgleichen den 26. Februarij,
gemelten Jahrs, die Fürstliche Leicht selbsten mit
gewonlich Solenniteten auch einbracht, vnd vfge-
stellt worden . . .«. Als Nebenbemerkung ist mit
kleineren Schriftzügen am Schluß hinzugesetzt:
»Wer nuhn die Persohnen, deren gebain vß dem
Chor hierunder in zuberaitung obgemelten ge-
wölbs transferiert worden, das ist vß der Tafel so
im Chor bey der Trestkammer hanget, aigentlich
zuerkhennen.« Die genannte Tafel ist nicht mehr
vorhanden und ihr Text nicht überliefert.
Beim Ausräumen des Chorbodens zum Einbau des

70. Meisterzeichen Hans Brauns und Schrifttafel am Mittelpfeiler der Stuttgarter Gruft

71. Grafenwappen auf der Platte über dem Sammelgrab mit den Gebeinen der einst im Chor bestatteten Angehörigen des Hauses Württemberg

richtete Trauerzeremonie. Im Gegensatz dazu hatten sich die Beisetzungen im 16. Jahrhundert nur in familiärem Rahmen vollzogen.

Zum ersten Mal haben wir auch Kunde von einer heute verschollenen Zeichnung des toten Herzogs auf dem Paradebett, die Georg Donauer gefertigt hat. Seit dieser Zeit wurden die meisten Herzöge von Württemberg und zahlreiche Familienangehörige im Tode gemalt.

Herzog Johann Friedrich, der Sohn und Nachfolger Friedrichs I., scheint durch den Stuttgarter Gruftbau bleibendes Interesse an derartigen Fragen ge-

Gewölbes waren die Arbeiter nicht nur auf die bisher bekannten Gebeine der alten Grafen von Württemberg (s. S. 17 f.) gestoßen, sondern hatten an mehreren unbezeichneten Stellen auch Kinderknochen gefunden. Man vermutet daher, daß es in vorreformatorischer Zeit noch eine ganze Anzahl von heute namentlich unbekannten gräflichen Nachkommen gegeben habe. Gleichzeitig wurden »allernechst underhalb des orts, da das Crucifix oberhalb der Predigstüel stehet« in einem Sammelgrab die zu Beginn des 14. Jahrhunderts von Beutelsbach hierher überführten Gebeine entdeckt. Alle im Chor aufgedeckten Überreste ruhen seit 1608 in dem mit dem württembergischen Wappen bezeichneten Grab unter der Gruft.

Vier Wochen nach seinem Tod wurde Herzog Friedrich I. am 26. Februar mit repräsentativem Aufwand in der neuen Familiengrablege beigesetzt. Erstmals seit der 1480 für Graf Ulrich den Vielgeliebten abgehaltenen Begräbnisfeier erlebte Stuttgart nun wieder eine auf Selbstdarstellung ausge-

72. Kopfende des Sarges von Herzog Friedrich I. († 1608)

Wirtenbergiaca DVX eretus origine Magnus,
Nomine nuper adhuc re quoq, Magnus eram:
Sed Magnos dicidi Marte eße Morte minores;
Cæsus enim exiuæ puluere condor humj.

funden zu haben, da er in seinen Tagebüchern öfters darauf zu sprechen kam. So erwähnte er beispielsweise am 10. Januar 1617, er habe in Pforzheim in der Kirche »der Marggraven Zu Baden begräbnuß besichtiget«. Als am 6. Mai 1622 sein 27jähriger Bruder Magnus in der Schlacht bei Wimpfen tödlich verwundet wurde und die Leiche am 11. Mai in Stuttgart eintraf, beschrieb der Herzog die Verletzungen von Magnus außerordentlich genau: ». . . umb 7 Uhr bin ich in das Gewölb gangen und den Leichnam besichtigt, welcher in dem Kopf syben Wunden und zween Schüß gehabt, die linke Hand halb entzwey gehawen und ein Wundten in

dem linken Arm, in der rechten hand ist Ihme der kleine Finger herunter gewesen, hat also zwölf Wunden empfangen und Also ritterlich umb sein Leben gefochten, welches wohl zu bedauern wegen seiner Jugend gewesen.«

Herzog Johann Friedrich starb 1628 – bereits mitten im Dreißigjährigen Krieg – ebenso unerwartet wie seinerzeit sein Vater. Da der erbberechtigte Sohn Eberhard damals erst 13 Jahre alt war, übernahmen zwei jüngere Brüder Johann Friedrichs, zunächst Herzog Ludwig Friedrich aus Mömpelgard und nach dessen Tode 1631 noch für zwei Jahre Herzog Julius Friedrich von Württemberg-Weiltingen die Vormundschaft.

Bis 1628 hatten die in dem neuen Gewölbe aufgestellten Särge die traditionelle Gestalt, wie sie schon in der zweiten Hälfte des 16. Jahrhunderts in Tübingen bei Beisetzungen verwendet wurde. Ein flacher, kastenartiger Zinn- oder Bleisarg wurde in einen gewölbten Eichensarg gestellt, der Truhenform hatte und schwarz gebeizt war. Da in Stuttgart diese Särge nun nicht mehr im Kirchenboden, sondern in einer zugänglichen geräumigen Gruft abgestellt wurden, konnte der äußere Sarg mit Wappen und den Lebensdaten bemalt werden. Erst seit dem Tode Herzog Johann Friedrichs verzichtete man auf die Eichenhülle und bemalte nun den Zinnsarg mit Wappen und Inschriften. Diese Technik wurde allerdings schon bald durch Gravierungen abgelöst, die dann in verschiedenen Variationen bis zum letzten, 1734 in der Stiftskirche aufgestellten Zinnsarg üblich blieben.

Im Nachlaß Schickhardts befindet sich eine Entwurfszeichnung für den Sarg eines 1629 in Stuttgart verstorbenen Söhnchens von Herzog Franz Julius von Sachsen-Lauenburg. Offensichtlich war der Baumeister zumindest beiläufig auch mit derartigen Detailfragen betraut.

Für Herzog Johann Friedrich ist der Entwurf eines Grabmals von unbekannter Hand überliefert, das

73. Kupferstich des 1622 in der Schlacht bei Wimpfen tödlich verwundeten Herzogs Magnus auf dem Totenbett

74. Leichenzug Herzog Johann Friedrichs († 1628) mit der Darstellung seines Zinnsarges (links), Federzeichnung von I. G. Krauß

75. Blick in die Alte Gruft (1608) unter dem Chor der Stiftskirche, in der Mitte der Sarg von Herzogin Magdalena Sibylla († 1712)

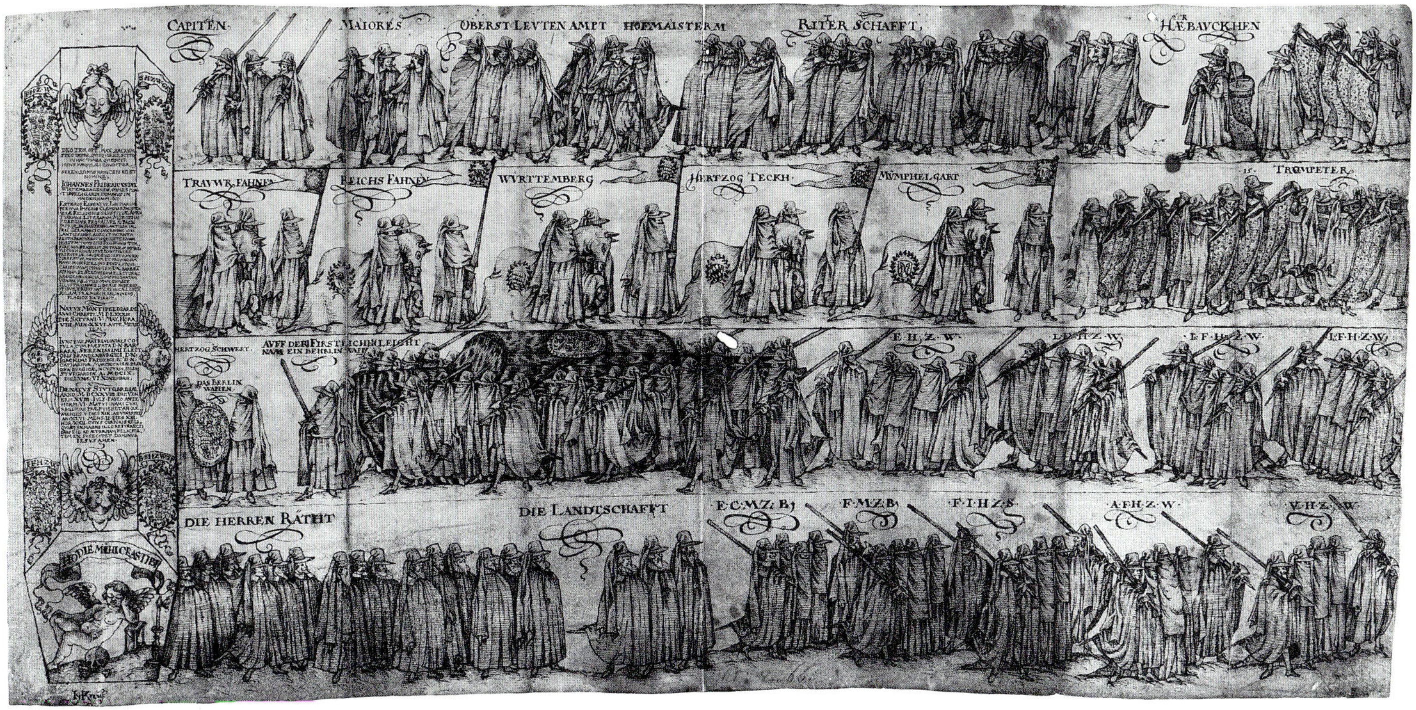

sich im Aufbau an die Reihe der elf Grafenstandbilder von Sem Schlör anlehnt und in ihrer Nachfolge zu sehen ist. Formal steht es jedoch am Übergang von der Renaissance zum Barock. Da der Chor der Stiftskirche alleinige Grablege war, aber die nördliche Wand nahezu ganz von der Grafenreihe eingenommen wurde und für ein derart großes Grabmal keinen Platz mehr geboten hätte, kann nur an eine Aufstellung an der Südseite gedacht gewesen sein. Ob für Herzog Friedrich I., den Vater des auf dem Entwurf Dargestellten, ebenfalls ein Denkmal im Chor vorgesehen war, ist nicht bekannt.

Als nach der Schlacht von Nördlingen (1634) eine große Anzahl feindlicher Soldaten durch Württemberg zog, blieb die Familiengruft des ins Exil nach Straßburg geflohenen Herzogshauses unversehrt

und wurde nicht – wie vielerorts geschehen – geplündert. Dies war vor allem dem von Hans Braun entworfenen, ausgezeichnet getarnten Einstieg zu verdanken.

Die in Straßburg verstorbenen Angehörigen haben dort vorübergehend ihre Ruhestätte gefunden. Der zeitweilige Administrator des Herzogtums, Herzog Julius Friedrich, starb 1635 und wurde in dem jenseits der Ill vor den Toren der Stadt gelegenen, in der Reformation aufgehobenen Kloster St. Nikolaus in Undis beigesetzt. Als seine Witwe Anna Sa-

bina im April 1640 nach Stuttgart zurückreisen wollte und den Sarg mit sich führte, wurde ihr bei Pforzheim die Weiterfahrt verweigert, da ihr toter Gemahl im Paß nicht aufgeführt war. Erst durch die Intervention Herzog Eberhards III. beim Markgrafen von Baden konnte die Überführung nach Stuttgart fortgesetzt werden. Die Beisetzung in der Stiftskirche fand schließlich am 14. April statt. Julius Friedrich ruht in einem schweren Zinnsarg, der unmittelbar nach seinem Tode in der Werkstatt des Straßburger Zinngießermeisters Johann Jacob Rueff angefertigt worden ist.

Ein ähnlicher Sarg umschließt den Leichnam von Barbara Sophia, der 1636 ebenfalls im Straßburger Exil verstorbenen Witwe Herzog Johann Friedrichs. Bis 1655 war sie in der Thomaskirche bestattet. Ihr Sohn Herzog Eberhard III. entschloß sich zur Überführung des Sarges nach Stuttgart, nachdem am 27. Juni desselben Jahres seine erste Gemahlin Anna Catharina verstorben war. Am

76. Grabmalentwurf für Herzog Johann Friedrich († 1628) von unbekannter Hand

78. Kupferstich der Aufbahrung Herzog Eberhards III. († 1674) ▷

77. Zinnsarg Ulrichs, eines 1655 unmittelbar nach der Geburt verstorbenen Söhnchens Herzog Friedrichs von Württemberg-Neuenstadt

79. Kupferstich des Sarges von Herzog Eberhard III. ▷

21. August fand die Beisetzung von Barbara Sophia statt, zwei Tage später die von Anna Catharina. Da sich das 17. Jahrhundert im Vergleich mit früheren und späteren Zeiten als das kinderreichste im Hause Württemberg zeigt, war die Zahl der Todesfälle unter den damals schlechten hygienischen Verhältnissen erschreckend hoch. Bis zu 80 Prozent der Nachkommenschaft verstarb in frühem Kindesalter. Auch von den insgesamt 25 Kindern Eberhards III. starben zwölf vor dem Erwachsenwerden. Ebenso wie später in Neuenstadt (s. S. 124) künden auch in der Stuttgarter Gruft die Sargaufschriften vom Schmerz der Eltern und von religiösem Trost. Als Beispiel soll hier nur ein Text erwähnt werden. Er befindet sich auf dem Zinnsarg des am 16. Februar 1663 im Alter von knapp sechs Monaten verstorbenen Joachim Ernst, dem nur drei Wochen vorher ein Brüderchen im Tode vorausgegangen war.

»Wohlan,
Prinz Albrecht Christian
War nun dahin
So mußt das liebste Kind,
Prinz Joachim Ernst,
nachziehn.
Ach was vor Schmerz
Trifft Vatter = Mutter = Herz
daß es nur inner Monatsfrist
So zweyer Söhn beraubet ist
Herrn Vater Eberhard den Dritten hört man klagen
Mariam Dorothe Sophiam gleichfalls zagen
Um diese schöne Schossen
Als früh zerbrochne Sprossen
Was Trauren kommt den andern Zweigen
Weil diese sich so welkend zum Tode neigen
Doch weil die schöne Reis
Versezt im Paradeis
Als Gottes liebste Pflanzen grünen
Und ihnen Herrlichkeit erschienen

Die unaussprechlich ist
So geb man sich zur Ruh
Und stopf die Thränenquellen zu
Wie jung auch Joachim Ernst noch war
Indem Er im verwichnen Jahr
Den 28ten Augusti Anno 1662.
Erst diese Welt gesehen,
Und es nun schon um seine Zeit geschehn
Den 16. Febr. Anno 1663.
Hat Gott ihn doch in seine Hand
Zum Leben aus dem Sterbensland
Als sein Kind aufgenommen,
Und wird so jung vollkommen
So ziert sein Fürstenstamm die Erd und auch den
Himmel
Wenn Gott an jenem Tag diß ganze Weltgetümmel
Wird lassen untergehen
Wird er mit Freuden stehn
Und nebst den seeligen Vorfahren
Mit den Nachkömmlingen in Ewigkeit sich
paaren.«

80. Kopfende des Zinnsarges von Emanuel Eberhard Posthumus († 1675) mit dem elterlichen Allianzwappen Württemberg-Öttingen

Bis 1677 haben insgesamt 35 Personen in der Gruft ihre Ruhestätte gefunden, darunter allein 20 Kinder.

Der Vorgang um die Erweiterung der Gruft unter der Stuttgarter Stiftskirche im Jahre 1683 sei hier etwas ausführlicher geschildert, da teilweise auch heute noch die irrige Meinung vertreten wird, jenes kleinere Gewölbe sei als Gruft bereits 1321 bei der Überführung der Beutelsbacher Gebeine angelegt worden.

Schon beim Tode des Herzogs Manfred im Jahre 1662 war die Gruft unter der Stiftskirche so weit belegt, daß nur noch für die nächsten Familienangehörigen des regierenden Herzogs Raum zur Beisetzung blieb, weshalb Manfred schließlich im Chorfußboden sein Grab fand (s. S. 94). Zehn Jahre später wurden erste Überlegungen zu einer Grufterweiterung angestellt, die jedoch nicht weiterverfolgt wurden. Als dann am 23. Juni 1677 Herzog Wilhelm Ludwig völlig überraschend im Alter von erst 30 Jahren in Hirsau starb, erkannte man endgültig die Notwendigkeit einer Erweiterung des Gewölbes. Bereits am Tage vor der auf den 19. Juli festgesetzten Beisetzung des Herzogs legten die Baumeister Andreas Antonius Weigen, Matthias Weiß und Matthias Molfenter (in den Akten stets »Mollventh« geschrieben) einen detaillierten Kostenvoranschlag über 802 Gulden vor, der eine Erweiterung der Chorgruft zum Altar hin vorsah. Das neue Gewölbe sollte durch einen großen Bogen mit dem bisherigen Gruftraum verbunden werden und insgesamt 30 Schu lang und 20 Schu breit sein. Weshalb es nicht zur Ausführung dieser Pläne gekommen ist, wissen wir nicht.

Als am 1. Oktober 1679 Herzogin Antonia verstarb und in der Stiftskirche ihre Ruhestätte finden sollte, wandte sich die Rentkammer mit der Bitte an den Herzog, endlich eine Grufterweiterung ins Auge zu fassen, da »das fürstl. Todtengewölb . . . so eng und von bereits darin ruhenden fürstl. Persohnen dergestalten besezt, daß die nun auch seel. verstorbene Princessin Anthonia nicht hinein sondern darvor heraußen zwischen dem Gitter und der Kirchen in den Chor, alwo Hertzog Manfredt mit noch mehrern fürstl. und gräfl. Persohnen ihre Ruehstatt haben, beygesezt werden mues«.

Bereits am 12. Oktober befahl der Vormund für Eberhard Ludwig, Herzog-Administrator Friedrich Carl, die Erweiterung der Grablege gemäß dem Voranschlag von 1677. Die Baumeister sollten »disen Winter über darzu alle nötige praeparatoria« machen, damit »bey eintretten der fruelingszeit . . . das Werckh selbsten angegriffen und auf die vorgeschlagene Weiß . . . zu gutem Stand gebracht werden möge«.

Als im darauffolgenden Januar 1680 eine Probegrabung zur Überprüfung der Kirchenfundamente erfolgte, wurden Bedenken gegen den Gewölbeinbau im Chor laut, worauf der Herzog im Frühsommer die Baumeister zur Einreichung neuer Vorschläge aufforderte. Am 7. Dezember desselben Jahres legten die Baumeister Weiß und Molfenter ihre neuen Überlegungen vor. Nach eigenen Angaben hatten sie zunächst die Möglichkeit geprüft, ob nicht hinter der Stiftskirche im Anschluß an den herrschaftlichen Fruchtkasten ein paar Häuser abgebrochen und auf diesem Gelände eine baulich unabhängige Grabkapelle erstellt werden könnte. Es war jedoch das mangelnde Geld, das in Stuttgart einen barocken Gruftbau verhinderte, denn als Begründung für die Aufgabe dieses Vorhabens heißt es in einem Bericht an den Herzog: »... weillen aber solche Gebäw nicht allein in hohem Preiß biß solche erkaufft, abgebrochen, die Pläz geraumbt, ein Gewölb gemacht, darauff eine proportionirliche Capell überbawt, große Spesen erfordern,

vnnd dem Platz weillen er nicht regulirt ein schlechtes Ansehen geben dörffte.« Stattdessen hatten sie »zu einer Prob ob dann solches Gewölb sich nicht fieglich in die Sacristey schickhen möchte, zu Erkundigung des Fundaments verschiedenen Montags von Einer Haubt Mauren zur andern 18 Schu vnnd 4 Zoll lang, 6 Schu breit vnnd 10 Schu tieff hinundergraben laßen«. Sie waren dabei auf »ein altes Stück Mauer in wenckhel Hackhen« gestoßen, das in keiner Verbindung zu den Mauern der Sakristei stand und daher offensichtlich von einem älteren Bau an dieser Stelle stammte.

Nach der Auffassung der beiden Baumeister war unter der Sakristei der Einbau eines Grabgewölbes von 42 Schu Länge und 18 Schu 4 Zoll Breite »ohne Schaden des Gebaws« möglich. Da Herzog-Administrator Friedrich Carl mit dem Vorschlag offenbar einverstanden war, wurde bald mit den Arbeiten begonnen. Nicht lange danach stellten die Baumeister ihre Tätigkeit aber ein und schütteten das Ausgegrabene wieder zu, nachdem über die Finanzierung des Vorhabens Uneinigkeit aufgekommen war. Schließlich ließ man prüfen, wer das alte Gruftgewölbe 1608 bezahlt hatte, um sich an der damaligen Entscheidung zu orientieren. Nach Aussagen der Fürstlichen Rentkammer, die mit der Prüfung der Akten beauftragt wurde, konnte man in den »weltlich Baurechnungen, die mann auffgesucht und mit fleiß durchgangen, das geringste nit finden, daß zu solcher auffgerichter Begräbnus von der weltl. Cammer etwas weeder an materialien noch gelt were geben worden und es dannenhero außer Zweifel von den geistlichen oder Kirchengueth als ein Gebäu in der Stifftskirchen gebaut worden seyn muß ...«. Der Streit, wer nun den Gruftbau zu bezahlen hatte, zog sich noch mehr als zwei Jahre bis in den März 1683 hin und nahm beinahe groteske Formen an.

Endlich fiel am 12. März 1683 im Geheimen Rat dahingehend die Entscheidung, daß die Visitation

81. Gravur auf dem Zinnsarg des Herzog-Administrators Friedrich Carl († 1698) mit der Darstellung seines Abschieds von seiner Familie, ganz rechts der älteste Sohn und spätere Herzog Carl Alexander

Gemahlin Juliana mit den Kindern – unter ihnen Carl Alexander und Maximilian Emmanuel – trauernd nachblickt. Auf anderen Särgen gibt es prachtvoll ins Zinn gestochene Stadtansichten, zum Beispiel Kaschau, London, Straßburg, Herrenberg und vor allem Stuttgart. Bemerkenswert ist die Abbildung von Kloster Hirsau am Fußende des Sargs von Herzog Wilhelm Ludwig, der im dortigen Schloß 1677 gerade 30jährig verstorben ist. Sie zeigt die Anlage noch vor der 1692 auf Befehl General Mélacs erfolgten Zerstörung. Am Kopfende erkennt man den Herzog aufrecht im offenen Sarg, wie ihm die irdische Krone abfällt und die himmlische gereicht wird. Daneben steht vor der Kulisse des Stuttgarter Neuen Lusthauses, des Alten Schlosses und der Stiftskirche die Trauerversammlung.

Die meisten der im letzten Viertel des 17. Jahrhunderts entstandenen Sarggravuren stammen von der Hand des Stempelschneiders und Kupferstechers Johann David Daniel, auch die zu jener Zeit üblichen Kupferstichdarstellungen der Särge sind seine Werke.

Der Höhepunkt in der Gestaltung barocker Zinnsärge wurde in Stuttgart schließlich um 1700 erreicht. Zu ihnen gehört der Sarg für die 1698 in Nürtingen verstorbene zweite Gemahlin Herzog Eberhards III., Maria Dorothea Sophia von Öttingen, der am Kopfende ebenfalls eine Stuttgartansicht trägt. In diesem Zusammenhang ist auch ein außerordentlich genauer Kupferstich von Interesse, der die nächtliche Einholung der herzoglichen Leiche am 20. Juli in Stuttgart vor dem Hintergrund des Alten Schlosses, des Neuen Baus und des sogenannten »Gartens der Herzogin« (heute Karlsplatz) zeigt. Die Darstellung des am folgenden Tag zum Hauptportal der Stiftskirche führenden Trauerzuges ist weit weniger getreu und vergleichsweise schematisch.

Ein weiteres Beispiel ist der Sarg von Herzogin

82. Ehem. Sargsockel Friedrich Carls von 1698, darauf heute der Sarg von Herzog Heinrich († 1838)
83. Darstellung des Klosters Hirsau auf dem Sargkupferstich Herzog Wilhelm Ludwigs († 1677)

(Geistlichkeit) die Gesamtkosten von etwa 1000 Gulden zu tragen habe. Daraufhin nahmen die Bauleute im April 1683 die Arbeiten wieder auf und vollendeten das Werk wenige Wochen später. Der Raum hat ein sehr flaches Tonnengewölbe und ist völlig schmucklos.

In jener Zeit wurden die Zinnsärge immer aufwendiger gestaltet. Seit den fünfziger Jahren des 17. Jahrhunderts wurden neben den mit Gravuren und Inschriften versehenen Sargflächen nun auch die Randleisten, die Tragegriffe und die Füße zunehmend plastisch hervorgehoben. Die Trageringe des Sarges von Herzog-Administrator Friedrich Carl (1652–1698), des Vormunds für den jungen Eberhard Ludwig, werden beispielsweise von den Mäulern grimmig blickender Löwen gehalten. Die Darstellung an der Sargstirnseite zeigt den in einem Himmelswagen davoneilenden Herzog, dem die

84. Gravur auf dem Zinnsarg Herzog Wilhelm Ludwigs († 1677) mit allegorischer Darstellung seines Todes, rechts hinter der Trauergemeinde das Stuttgarter Residenzviertel mit Neuem Bau, Altem Schloß, Stiftskirche, Alter Kanzlei und Neuem Lusthaus

85. Ansicht Stuttgarts
von Norden, Gravur auf
dem Zinnsarg Herzog
Carl Maximilians
(† 1689)

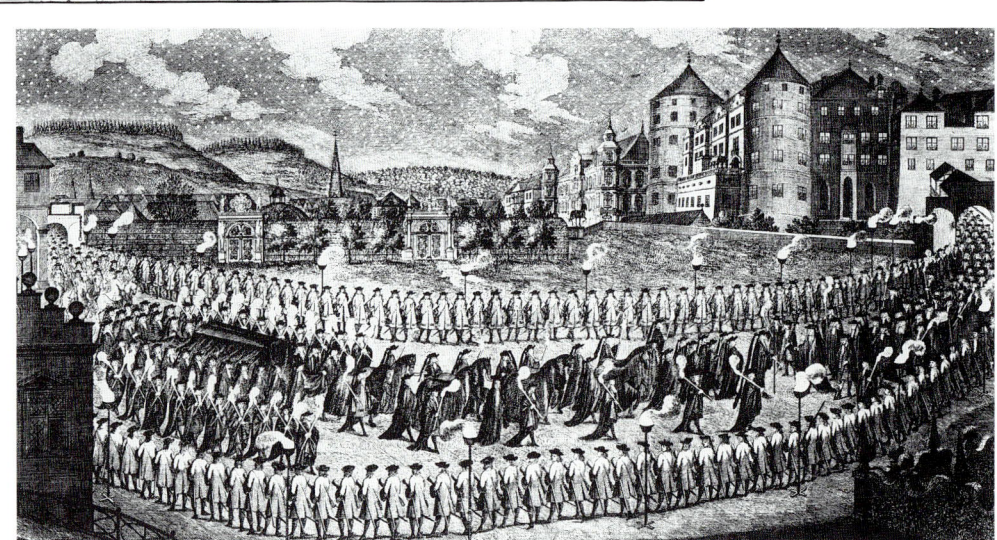

86. Kupferstich des Zinnsarges von Maria Dorothea Sophia von Öttingen († 1698), der zweiten Gemahlin Herzog Eberhards III.

87. Kupferstich der nächtlichen Einholung der Leiche Herzogin Maria Dorothea Sophias aus Nürtingen in Stuttgart am 20. Juli 1698

88. Kupferstich des Trauerzuges von Herzogin Maria Dorothea Sophia zwischen dem Alten Schloß und der Stiftskirche in Stuttgart am Abend des 21. Juli 1698

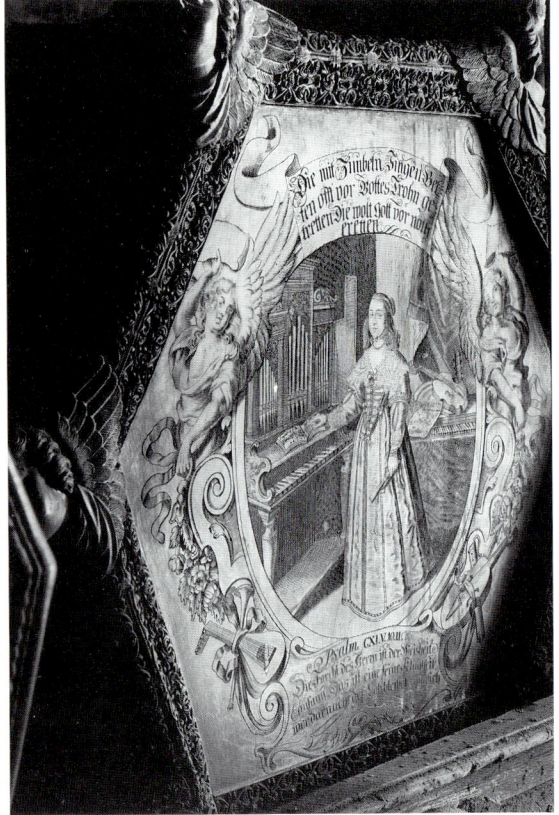

line, eine Mandoline und Notenblätter, was auf die Musikbegeisterung der Herzogin hinweisen soll.

Im prunkvollsten und zugleich letzten in dieser Weise gestalteten Sarg ruht die Witwe Herzog Wilhelm Ludwigs, Herzogin Magdalene Sibylla. Sie hat sich über Jahrzehnte hin ganz bewußt auf den Tod vorbereitet. Dies fand zuerst in einem Gemälde Ausdruck, das die trauernde Witwe neben dem Sarg ihres Gemahls in der Gruft zeigt. 1692 beauftragte sie zudem den herzoglichen Archivar Martin Burckhardt, eine Zusammenstellung sämtlicher Aufschriften der in der Stiftskirche abgestellten Särge anzufertigen. Offensichtlich sollte die Sammlung als Vorlage zur Gestaltung ihres eigenen Sarges dienen, dessen eingravierte Bibelzitate sie sorgfältig ausgewählt, manche Texte sogar selbst verfaßt hat. Ihre Vorbereitung auf den Tod ging schließlich so weit, daß sie den Sarg bereits

89. Gravur auf dem Zinnsarg von Herzogin Sibylla († 1707), der Gemahlin des Herzogs Leopold Friedrich von Württemberg-Mömpelgard

Sibylla, die 1707 im für die damalige Zeit ungewöhnlich hohen Alter von 87 Jahren verstorben ist. Als Tochter Herzog Johann Friedrichs von Württemberg hatte sie 1647 ihren direkten Vetter Herzog Leopold Friedrich von Württemberg-Mömpelgard geheiratet. 1662 verwitwet, lebte sie von 1683 bis zu ihrem Tode am Stuttgarter Hof. Die Randleisten ihres Sarges sind von einem Gitterornament umgeben, die Ecken mit Engelsköpfchen besetzt. Auf der gravierten Zinnplatte am Fußende steht eine weibliche Person vor einer Orgel und zeigt mit der rechten Hand auf ein Choralbuch. Im Hintergrund sieht man auf einem Klavier eine Vio-

90. Herzogin Magdalena Sibylla als trauernde Witwe am Sarg ihres Gemahls Wilhelm Ludwig († 1677)

91. Kopfende des Sarges von Herzogin Magdalena Sibylla († 1712) mit allegorischer Darstellung vor der Ansicht Stuttgarts (rechts)

mehrere Jahre vor ihrem Tode herstellen ließ. Fein ziselierte Randleisten und Engelsköpfe an den Ecken geben dem auf akanthusgeschmückten Rundkugeln stehenden Sarg ein typisch barockes Erscheinungsbild. Bei allen folgenden in Stuttgart aufgestellten Särgen verzichtete man aus unterschiedlichen Beweggründen auf repräsentativen Schmuck.

Da zu jener Zeit die Gruft im Ludwigsburger Schloß noch nicht als Familiengrablege zur Verfügung stand, wurde der im Alter von nur sechs Monaten am 18. Februar 1719 verstorbene Enkel des Herzogs Eberhard Ludwig, Eberhard Friedrich, in der traditionellen Gruft unter der Stiftskirche beigesetzt. Sein mit rotem Samt bespannter Sarg ist nicht von einer Zinnhülle – wie sonst stets üblich –, sondern von einem schwarz gebeizten Eichensarg umgeben. Ob ursprünglich die Anfertigung eines Zinnübersarges vorgesehen war, läßt sich nicht feststellen, ist jedoch zu vermuten. Der Holzsarg ist – ähnlich wie bei Friedrich Ludwig und Eberhard Ludwig – bis heute unbezeichnet geblieben.

Eine neue Form von Zinnsärgen tritt 1724 beim Tode von Herzogin Eleonora Juliana, der Witwe des Herzog-Administrators Friedrich Carl, in Erscheinung. Im Gegensatz zu früher wurde nun auf jegliche Ornamentierung verzichtet. Völlig glatte Zinnplatten ohne Randbetonung umgeben den Leichnam. Nur Name, Titel und Lebensdaten sind eingraviert. Die bisher übliche, in Reimform gebrachte umständliche Lebensbeschreibung fehlt fortan. Diese Rückkehr zur Schlichtheit ist augenfälliger Ausdruck einer neuen Lebenseinstellung. Der Sarg Eleonora Julianas wurde daher von Zeitgenossen auch als »à la Moderne« bezeichnet.

Nur zwei Jahre später starb im Stuttgarter Alten Schloß nach fast dreißigjähriger geistiger Umnachtung eine der Töchter Herzog Georgs II. von Württemberg-Mömpelgard, die mit Friedrich Ferdinand von Württemberg-Weiltingen vermählte Herzogin

Elisabeth. Sie wurde in einem ebenfalls unbezeichnet gebliebenen und mit schwarzem Tuch bespannten Holzsarg in der Gruft beigesetzt. Da Innensärge bisher grundsätzlich nicht individuell gekennzeichnet, sondern von einer gravierten Zinnhülle umschlossen waren, wäre die anonyme Bestattung sowohl von Eberhard Friedrich als auch von Elisabeth ein Indiz für ursprünglich ebenfalls beabsichtigte zinnerne Übersärge. Im Grunde kündigt dies bereits das Ende der Zinnsargbestattung an, die in Stuttgart letztmals 1734 Anwendung fand und in Ludwigsburg gar nicht mehr eingeführt wurde.

In den Fürstengrüften unter der Stuttgarter Stifts-

92. Der schlichte, »moderne« Zinnsarg Eleonora Julianas von Brandenburg-Ansbach († 1724), der Gemahlin von Herzog-Administrator Friedrich Carl

kirche ruhen aus nachreformatorischer Zeit nur zwei Katholiken. Beide Bestattungen fallen in die Regierungszeit Herzog Carl Alexanders, genauer gesagt in den Februar 1734. Am 7. Februar 1734 war Herzog Christian Ulrich (II.) von Württemberg-Oels im Prinzenbau in Stuttgart gestorben. Er war der jüngere und somit nach menschlichem Ermessen von der Erbfolge im Herzogtum Oels ausgeschlossene Bruder Herzog Carl Friedrichs von Württemberg-Oels, des späteren Vormunds für den minderjährigen Carl Eugen. Wie in deutschen Fürstenhäusern in jener Zeit mehrfach zu beobachten, ist auch Christian Ulrich (II.) 1722 zum katholischen Glauben übergetreten.

Seine letzten Lebensjahre verbrachte er am Hofe seines bereits ein Jahrzehnt früher ebenfalls katholisch gewordenen Vetters Carl Alexander in Stuttgart. Die Beisetzung fand am späten Abend des 11. Februar in der Stiftskirche statt, jedoch wurde er nicht wie alle anderen Särge in einem der beiden Gewölbe aufgestellt, sondern aus nicht bekannten Gründen im Gruftboden eingegraben. Nach vollzogener Bestattung stellte man den nun leeren äußeren Sarg über das Grab. Diese in den Verzeichnissen stets als »leerer Sarg« bezeichnete Hülle diente 1908 zur Aufnahme der Gebeine des Herzogs Friedrich Achilles, nachdem dessen alter Sarg zerfallen war. Die Zinnplatten mit den Lebensdaten wurden damals erhalten und wieder über den Gebeinen von Friedrich Achilles angebracht. Das Grab Christian Ulrichs (II.) ist die einzige Fußbodenbestattung innerhalb der Gruftgewölbe, wenn man vom 1608 angelegten Sammelgrab für die Gebeine der älteren Toten absieht.

Nur zehn Tage nach dieser Beisetzung starb, knapp sieben Monate alt, der ebenfalls katholisch getaufte jüngste Sohn Herzog Carl Alexanders mit Namen Alexander Eugen. Sein nach dem Vorbild Eleonora Julianas ebenfalls schmuckloser Zinnsarg – der letzte dieser Art in Stuttgart – wurde am 25. Februar 1734 in die Gruft der Stiftskirche eingesenkt. Nur sieben Monate später, am 27. September, verstarb in Schloß Winnental ein Bruder Carl Alexanders, Herzog Heinrich Friedrich. Er ruht in der Gruft der Stiftskirche allerdings nurmehr in einem mit schwarzem Samt bespannten Holzsarg. Ob auch in diesem Fall anfänglich eine Zinnhülle vorgesehen war, ist nicht überliefert.

Zu jener Zeit war die Ludwigsburger Gruft noch als alleinige Grablege von Herzog Eberhard Ludwig und dessen Familie ausgewiesen, eine Unterscheidung in zwei konfessionell getrennte Abteilungen gab es nicht. Die Bestimmung eines Teilbereiches zur katholischen Grabstätte erfolgte erst drei Jahre später beim plötzlichen Tod Carl Alexanders. Seltsamerweise wurde der kleine Zinnsarg von Alexander Eugen nie aus der Stiftskirche zu seinen Eltern nach Ludwigsburg überführt. Wahrscheinlich war er in Vergessenheit geraten, wurde doch die Stuttgarter Gruft während der gesamten Regierungszeit Herzog Carl Eugens nicht geöffnet. Erst der Tod der protestantischen Herzogin Friederike Sophie Dorothee im März 1798 machte nach 64 Jahren wieder eine Öffnung notwendig, weil ihr Sarg nach der Aussegnungsfeier symbolisch in die Gruft versenkt wurde. Unmittelbar darauf wurde er wieder erhoben und nach Ludwigsburg überführt. Er steht dort an der Grenze der beiden konfessionellen Bereiche in unmittelbarer Nähe ihres drei Monate zuvor verstorbenen katholischen Gatten Herzog Friedrich Eugen.

Obwohl damals in Ludwigsburg die Vermauerung der protestantischen Gruftabteilung endgültig beseitigt wurde und Herzog Friedrich II., dem späteren König, die dort Bestatteten verwandschaftlich näher standen als die Toten in der Stiftskirche, hat er seine am 26. April 1798 totgeborene Tochter in der Stuttgarter Gruft beisetzen lassen. Allerdings verblieb auch dieser Sarg nicht auf Dauer in dem

Gewölbe, sondern wurde nach der Erweiterung der Ludwigsburger Gruft im Jahre 1812 dorthin übertragen. Anläßlich der Öffnungen der Gewölbe unter der Stiftskirche im März und April 1798 hat der Schreibmeister Johann Friedrich Merckel die Aufschriften aller dort aufgestellten Särge abgeschrieben und im Herbst desselben Jahres als Privatdruck veröffentlicht. In diesem Zusammenhang erscheint bemerkenswert, daß die Inventarisierung nicht im Auftrag des Herzogs erfolgte, sondern weil »von einem nicht unbeträchtlichen Theile des Wirtembergischen Publikums der Wunsch geäußert worden, eine schriftliche Sammlung dieser gewiß sehr schönen und merkwürdigen Denkmale und Grabschriften in Händen zu bekommen«. Alle vorher und nachher angefertigten vergleichbaren Sammlungen sind stets auf Wunsch von Angehörigen des Hauses Württemberg zustandegekommen, da die Grüfte ausschließlich Familienmitgliedern und bevollmächtigten Personen offenstanden.

Nach 1798 sind wieder zehn Jahre vergangen, bis am 19. Januar 1808 ein Begräbnis unter der Stiftskirche stattgefunden hat. Kurz zuvor war im Alter von knapp drei Jahren Graf Friedrich verstorben, der nun in der Gruft seine Ruhestätte fand. Als Sohn Herzog Wilhelms aus dessen morganatischer, das heißt nicht standesgemäßer Ehe mit Wilhelmine Rhodis von Tunderfelt hat er wie alle anderen Nachkommen dieses Paares nur den Grafentitel getragen.

Mit Königin Katharina fand schließlich am 14. Januar 1819 die ranghöchste Person in der Stuttgarter Stiftskirche ihre Ruhestätte, wenngleich ebenfalls nur vorübergehend. Die Gemahlin König Wilhelms I. war am 9. Januar an einer außerordentlich rasch verlaufenen Infektion der Gesichtshaut im Alter von nur 30 Jahren verstorben. Nach der öffentlichen Aufbahrung im Stuttgarter Neuen Schloß wurde der mit schwarzem Samt bespannte Sarg am späten Abend des 12. Januar »bei Fackel-

schein in einem feierlichen Zuge in die griechische Kapelle im Fürstenhaus gebracht«, an dessen Stelle später das Kronprinzenpalais (heute Wittwer-Bau) am Schloßplatz stand. Bis zur Beisetzung fanden nun ununterbrochen religiöse Feierlichkeiten »nach dem Ritus der griechischen Kirche« statt. Am Morgen des 14. Januar schließlich wurde der Sarg auf einem von acht Pferden gezogenen Trauerwagen im Beisein des verwitweten Königs Wilhelm I., der Prinzen von Oldenburg (Söhne aus der ersten Ehe Katharinas) und der übrigen Trauerversammlung vom Fürstenhaus über die Königstraße und die Stiftstraße zum Hauptportal der Stiftskirche geleitet. In den Tagen zuvor hatte Hofbaumeister Giovanni Salucci in der Kirche ein Trauergerüst in Form eines offenen Sarkophages errichten lassen, in das der Sarg Katharinas während der Feier eingestellt wurde. Dieses Trauergerüst nahm Salucci fünf Jahre später für den ebenfalls nach seinen Plänen in Florenz hergestellten Doppelsarkophag zum Vorbild, der heute in der Gruft der Grabkapelle auf dem Württemberg die Särge des Königspaares umschließt. Nach der Begräbnisfeier wurde der Sarg in die Gruft getragen und in den bereits dort stehenden, mit rotem Samt bespannten Übersarg eingestellt. Bis zur Überführung in die ihr zu Ehren erbaute Grabkapelle am 5. Juni 1824 ruhte der Leichnam von Königin Katharina nun mehr als fünf Jahre in der Gruft der Stiftskirche. König Wilhelm I. stieg damals einige Male in das Gewölbe hinab, um am Sarg seiner Gemahlin zu beten.

Noch während dieser Zeit waren 1822 die zwei Jahre zuvor in der Tübinger Stiftskirche entwendeten »Reliquien« der Herzöge Christoph und Ludwig in einer Kapsel neben dem Sarg Katharinas niedergelegt worden (s. S. 55).

Da in der protestantischen Abteilung der Ludwigsburger Gruft während der Regierungszeit König Wilhelms I. ausschließlich die Nachkommen von König Friedrich, also Angehörige der königlichen

93. Behältnis mit den 1820 in Tübingen aus den Särgen der Herzöge Christoph und Ludwig entnommenen »Reliquien« (1822 in der Stuttgarter Alten Gruft aufgestellt)

noch die Särge der Herzöge Ferdinand und Heinrich neben denen ihrer vorgenannten Brüder Aufstellung.

Mit der Beisetzung Graf Alexanders, des Dichters und Freundes von Justinus Kerner, im Sommer 1844 waren die beiden Gewölbe unter der Stuttgarter Stiftskirche schließlich derart mit Särgen angefüllt, daß weitere Bestattungen unmöglich erschienen. Man baute deshalb in der kleinen Gruft ein Holzgerüst, auf dem wenigstens die vielen Kindersärge abgestellt werden konnten. Die dadurch freigewordene Fläche reichte jedoch höchstens für weitere vier große Särge, die Raumnot war also absehbar.

Die nächste Beisetzung fand 1847 statt, nachdem Herzog Adam während eines Badeaufenthaltes in Langenschwalbach in Hessen verstorben war. Seine bei der Einbalsamierung entnommenen Eingeweide verwahrte man in einem Holzfäßchen, das ebenfalls in der Gruft bestattet wurde. Es ruht jedoch nicht, wie in allen anderen Fällen üblich, im Fußboden, sondern in einem Kindersarg, der neben dem Leichnam Adams Aufstellung gefunden hat. Bis zur Untersuchung durch den Verfasser hatte man in diesem Sarg irrtümlich ein unbekanntes Kind vermutet.

Zehn Jahre später verstarb am 2. Januar 1857 in Kirchheim/Teck Herzogin Henriette, die zweite Gemahlin von Herzog Ludwig. Sie wurde ihrem Wunsch gemäß in der Stiftskirche an dessen Seite beigesetzt.

Am 29. November 1860 wurde schließlich der letzte Sarg in die Gruft getragen. Herzog Paul Wilhelm aus der Zweiten Schlesischen Linie, ein zu jener Zeit berühmter Forschungsreisender, war vier Tage zuvor beim Aufarbeiten seiner reichhaltigen völkerkundlichen Sammlungen in seinem Schloß in Mergentheim überraschend einer Grippe erlegen. Da zu jener Zeit weiterhin mit Beisetzungen in der Stiftskirche gerechnet wurde, nach Meinung

Linie bestattet wurden, fanden die übrigen gräflichen und herzoglichen Familienmitglieder in Stuttgart ihr Begräbnis. Unter der Stiftskirche ruhen daher auch vier jüngere Brüder von Friedrich. Als erster wurde 1817 Herzog Ludwig (»Louis«) beigesetzt, dessen Name noch heute im Bewußtsein ist, da in seinem Palais am Stuttgarter Karlsplatz 1808/09 Carl Maria von Weber als Sekretär wirkte.

Als 1830 Herzog Wilhelm starb, wurde gleichzeitig auch dessen 1822 in Stetten im Remstal bestattete Gemahlin Wilhelmine von Tunderfelt nach Stuttgart überführt und zusammen mit ihm an der Seite von drei zuvor im Kindesalter verstorbenen Söhnen beigesetzt. 1834 und 1838 fanden schließlich

des Oberhofrats aber nur noch für einen Sarg Platz zur Verfügung stand, machte man sich schließlich Gedanken über mögliche Erweiterungsbauten. Bereits am 15. Dezember desselben Jahres wurde Hofbaumeister Josef Egle beauftragt, diesbezügliche Pläne und Kostenberechnungen auszuarbeiten. Nur fünf Tage später legte er Vorschläge auf den Tisch, die vorsahen, »unter dem äußersten Ende des Chors noch eine dritte Gruftabteilung anzulegen«. Dies wäre tatsächlich möglich gewesen, da 1608 bei der ersten Gruftanlage nur etwa zwei Drittel des Chorraums ausgeschachtet worden waren. Noch mindestens neun weitere Särge hätte man auf diese Weise unterbringen können. Egle veranschlagte die Kosten auf 6740 Gulden; »falls die Ausführung des Mauerwerks und der Gewölbe weniger sauber zu sein brauchte«, käme man sogar mit 5500 Gulden aus. Als weniger aufwendige Alternative schlug Egle ferner den Einbau eines Eichengerüstes in den bestehenden großen Gruftraum vor, was etwas mehr als 800 Gulden gekostet, aber nur für vier neue Särge Platz geschaffen hätte.

Da die Finanzierung des Vorhabens noch völlig ungeklärt war, legte der Geheime Kabinettschef v. Maucler die beiden Entwürfe am 6. Februar 1861 König Wilhelm I. zur Entscheidung vor. Maucler berichtete in einem Schreiben an den Hofkammerpräsidenten Ergenzinger von der Unterredung mit dem König, er habe »durchaus keine Geneigtheit bei Höchstdemselben gefunden, das Anbringen einer näheren Kenntnißnahme zu unterwerfen ...; gleichwohl gaben Se. Majestät mir das Anbringen zurück, um dasselbe zu den Akten zu legen und äußerten nur noch, indem Höchstdieselben eine entschiedene Abneigung zu erkennen gaben, Sich fernerhin mit diesem Gegenstande zu beschäftigen, es sei ja, wenn ein Bedürfnis eintreten sollte, auch noch in der Gruft in Ludwigsburg Platz zu Beisetzungen, worauf ich unter diesen Umständen für gut fand, zunächst nichts Weiteres zu bemerken«.

Damit war eine Erweiterung der Gruft unter der Stiftskirche vorerst vom Tisch. Erst König Karl, der Sohn und Nachfolger Wilhelms I., befaßte sich wieder mit diesem Thema. Schließlich entschied er sich nach einer Besichtigung im Spätjahr 1864 ebenfalls gegen die Erweiterung der Stiftskirchengruft und ließ stattdessen unter der Kirche des Alten Schlosses eine völlig neue Grablege einrichten. Nachdem 1953 beim Wiederaufbau der neun Jahre zuvor zerstörten Stiftskirche im Chorfußboden der Zinnsarg Herzog Manfreds von Württemberg-Weiltingen (s. S. 80) sowie ein unbekanntes Kind gefunden und in die Gruft verbracht worden waren, sind in den beiden Gewölben jetzt 67 Einzelsärge aufgestellt. Zusammen mit den seit 1608 im Sammelgrab geborgenen Gebeinen aus vorreformatorischer Zeit ruhen in der Gruft der Stiftskirche somit mehr als 100 Angehörige des Hauses Württemberg, die einen Zeitraum von fast 600 Jahren württembergischer Geschichte verkörpern.

Ludwigsburg

Obwohl man die Gruft unter der Stuttgarter Stiftskirche erst drei Jahrzehnte zuvor erweitert hatte, richtete Herzog Eberhard Ludwig im Ludwigsburger Schloß eine neue Grablege des Hauses Württemberg ein. Mit dem Tode des bisherigen Baumeisters Johann Friedrich Nette am 9. Dezember 1714 war der Schloßbau kurzfristig ins Stocken geraten. Schon bald jedoch bestimmte der Herzog Donato Frisoni zu dessen Nachfolger, der schließlich den Bau der Schloßkirche in die Wege leitete. Darunter richtete 1719 der ebenfalls zu den Arbeiten hinzugezogene Paolo Retti eine Fürstengruft ein, die über zwei Jahrhunderte dem Hause Württemberg als Grablege gedient hat. An einen fast 20 Meter langen und mehr als vier Meter breiten Querarm schloß sich in der Mitte die unter dem Altarraum gelegene sogenannte Gründergruft an, die etwa vier Meter breit und sechs Meter tief war.

Als im Februar 1719 Eberhard Friedrich, der Enkel und hoffnungsvolle Erbe Eberhard Ludwigs nach nur fünf Lebensmonaten starb, stand die Ludwigsburger Gruft noch nicht für Bestattungen zur Verfügung. Der aus schwarz gefärbtem Eichenholz gezimmerte Kindersarg wurde noch in der angestammten Stiftskirchengruft in Stuttgart beigesetzt. Die Tatsache, daß seine Oberfläche völlig schmucklos, ja geradezu roh geblieben ist und nichts auf die Identität des Kindes hinweist, läßt die anfängliche Absicht vermuten, den Sarg mit einer gravierten Zinnhülle zu umgeben, wie es bis 1734 in Württemberg ausnahmslos üblich war.

Angeblich hatte Herzog Eberhard Ludwig die Gruft unter der Ludwigsburger Schloßkirche nur für seine eigene Person vorgesehen. Als erster Leichnam wurde jedoch nicht der Gründer selbst, sondern sein am 23. November 1731 verstorbener Sohn und Erbprinz Friedrich Ludwig dort beigesetzt. Da nun nach dem Verlust von Sohn und Enkel die Erbfolge nach menschlichem Ermessen auf den inzwischen zum katholischen Glauben übergetretenen Herzog Carl Alexander übergehen würde, bestimmte Eberhard Ludwig, daß die Ludwigsburger Schloßkirche für immer dem evangelischen Gottesdienst vorbehalten bleiben müsse, was von seinem Nachfolger allerdings nicht beachtet wurde.

Bereits zwei Wochen nach dem Tode seines Sohnes hat Herzog Eberhard Ludwig den Auftrag erteilt, für diesen einen »zinnernen Sarg à la Moderne« entwerfen zu lassen. Offensichtlich wollte er auch in seiner neuen Grablege den 1628 in Württemberg eingeführten Brauch der Außensärge aus Zinn beibehalten, obwohl beispielsweise in Preußen bereits seit 1714 ganz auf zinnerne Prunksärge verzichtet wurde.

Als dem Herzog im Januar 1732 vier von einem Baumeister Meyer eingereichte Entwürfe vorlagen, entschied er sich für »diejenige Form ... wie solche vor des Herrn Markgrafen zu Brandenburg Sveth hoheith ehedem gefertigt worden«. Das Vorbild für den Sarg des Erbprinzen war demnach wohl nicht ganz zufällig in der Berliner Domgruft im 1712 hergestellten Sarkophag des Markgrafen Philipp Wilhelm von Brandenburg-Schwedt (1669–1711) gefunden worden, war dieser doch der Vater von Friedrich Ludwigs Gemahlin Henriette Marie.

Nun ging es darum, in Württemberg einen geeigneten Zinngießer zu finden, der in der Lage war, ein so außergewöhnliches Werk herzustellen. Erkundigungen in Stuttgart und Kirchheim/Teck brachten offenbar nicht den gewünschten Erfolg, so daß schließlich der Ludwigsburger Hofzinngießer Joan Joseph Tambornino beauftragt wurde, Kostenvoranschlag, Riß und ein Modell des gewünschten Sarges anzufertigen, was bis April 1733 geschah. Tamborninos bevorzugte Stellung bei Hofe, vor allem dessen vom Herzog gewährte Zunftfreiheit, hatte bei seinen schwäbischen Kollegen Argwohn und Neid hervorgerufen. Wahrscheinlich ist die weitere sehr schleppende Behandlung dieser Angelegenheit auch unter diesem Gesichtspunkt zu sehen.

Am am 31. Oktober 1733 starb plötzlich Herzog Eberhard Ludwig, ohne daß die Anfertigung des Sarges endgültig in Auftrag gegeben war. Sein katholischer Nachfolger Herzog Carl Alexander befahl daraufhin am 29. Dezember dem Kirchenrat, das Geistliche Gut solle »zu beschleunigung der solennen exequien gleich wie vor 2 Jahren nach hochseel. Ableiben des Durchleuchtigsten Herrn Erbprinzen Friderich Ludwigs« das Castrum doloris, die Leichenpredigten und »den zihnernen Sarg anschaffen« und die erforderlichen Kosten übernehmen. Der Kirchenrat lehnte am 11. Januar 1734 die Bezahlung des Zinnsarges jedoch ab, woraufhin der fürstlichen Rentkammer die Kosten aufgebürdet

und Tambornino mit der Anfertigung beider Zinnsärge beauftragt wurde. Zum Vertragsabschluß
mit dem Zinngießer sollten die bereits 1731 ge-
machten »Riß und Überschläge pro fundamento«
herangezogen werden, von denen aber schon damals nirgends eine Spur gefunden werden konnte,
obwohl das Marschallamt erklärte, alle Unterlagen
1732 »ad Cameram retradirt« zu haben. Dies hat
das ganze Vorhaben ins Stocken und schließlich
zum Scheitern gebracht.

Herzog Carl Alexander, der die Ludwigsburger
Schloßkirche entgegen der Verfügung seines protestantischen Vorgängers der katholischen Geistlichkeit eingeräumt hatte, starb völlig unerwartet am
12. März 1737. In dem wenige Tage vor seinem
Tode abgefaßten Testament hat Carl Alexander
verfügt, daß »unser Fürstlicher Leichnam nach unserem tödlichen hintritt Zwar Fürstlich – jedoch
Militarisch ohne besonderes gepräng und Costen
nach dem bey Unserem Fürstlichen Hauß in solchen Fällen vielfältigen üblichen Herkommen Zur
Erden bestattet – und in die Kruft zu Ludwigsburg
in die alldortige Hof=Kirch eingesenket« werden
soll. Gleichzeitig legte er auch fest, daß »die Catho-
lische geistlichkeit nach des Catholischen glaubens
herkommen und gebrauch Unß Zur Erden bestät-
tigen« solle. Da in Zusammenhang mit der Beisetzung des Katholiken Carl Alexander die protestantische Gründergruft mit den Särgen von Eberhard
Ludwig und dessen Sohn Friedrich Ludwig zugemauert und unsichtbar gemacht wurde, war nun an
eine Weiterverfolgung der Zinnsargprojekte nicht
zu denken, zumal in den folgenden sieben Jahren
das Herzogtum von Administratoren regiert
wurde, die mit den hiesigen Verhältnissen nicht besonders vertraut waren. Erst nach der Regierungsübernahme des mit 16 Jahren mündig gesprochenen Herzogs Carl Eugen versuchte der Zinngießer
Tambornino im Dezember 1744, endlich seine seit
nunmehr fast 13 Jahren ausstehende Bezahlung für

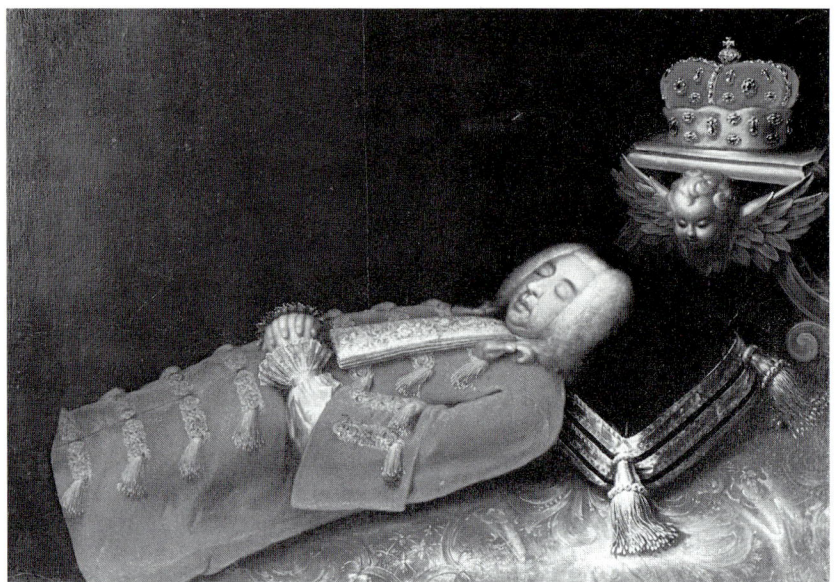

94. Gemälde der Aufbah-
rung Herzog Eberhard
Ludwigs († 1733)

Riß und Modell des erbprinzlichen Sarges einzufor-
dern.

Schließlich setzte sich im Mai 1746 der fürstliche
Kirchenrat für die ausdrücklich als berechtigt bezeichneten Forderungen Tambornios bei Carl Eugen ein und bat diesen um eine Entscheidung. Am
1. Juni befahl der junge Herzog, daß »vor alles und
alles fünfzig Gulden vom fürstl. Kirchen Casten bezahlt werden solle«. Der Zinngießer, der seine Forderungen auf 110 Gulden beziffert hatte, gab sich
nicht zufrieden und bat, ihm entweder das zinnerne
Sargmodell zurückzugeben oder ein »Gratiale gnä-
digst angedyhen zu lassen«. Da das Modell jedoch
nicht gefunden werden konnte, händigte man
Tambornino eine gewisse Menge Dinkel aus, wo-
mit die Angelegenheit nach fast 15 Jahren ihren Abschluß fand. Das Nichtzustandekommen der zinnernen Prunksärge für Erbprinz Friedrich Ludwig
und seinen Vater Eberhard Ludwig ist der Grund

95. Trauergerüst für Herzog Carl Eugen in der Ludwigsburger Schloßkirche am 20. Februar 1794 (Kupferstich)

dafür, daß ihre noch heute in der Ludwigsburger Gruft stehenden Holzsärge völlig unbezeichnet geblieben sind.

Verallgemeinernd kann gesagt werden, daß Särge, um die ein Übersarg aus Holz oder Metall vorgesehen war, fast ausnahmslos ohne Aufschrift geblieben sind. Dies gilt nicht bei Marmorsarkophagen, da diese nicht als Bestandteil des Sarges, sondern als unabhängige Aufbauten gewertet wurden. Auch die Farbe des Sarges spielte eine wichtige Rolle, wie sich noch zeigen wird.

Die Gemahlin des Erbprinzen Friedrich Ludwig, Henriette Marie von Brandenburg-Schwedt, war bald nach dessen Tod in den dreißiger Jahren an den Berliner Hof zurückgekehrt. Als ihr 1749 von König Friedrich II. von Preußen das Schloß in Köpenick als Witwensitz zugewiesen wurde, begründete sie dort eine kleine illustre Hofhaltung, die jedoch sofort nach ihrem Tode 1782 wieder aufgelöst wurde. Die einstige Erbprinzessin von Württemberg fand in der Gruft unter der Köpenicker Schloßkapelle in einem Eichensarg ihre Ruhestätte. Ein von ihrer Tochter, der Herzogin Luise Friederike von Mecklenburg-Schwerin, gestiftetes schwarzes Marmorepitaph, das auf der linken Seite des Altars in die Wand eingelassen ist, erinnert an die Verstorbene.

Theodor Fontane, der Köpenick im Jahre 1860 besucht hat, schildert in seinen »Wanderungen durch die Mark Brandenburg« den Zustand des Sarges und des Leichnams von Henriette Marie. Er schrieb: »In der jedem Besucher zugänglichen Gruft dieser Kapelle steht ein schwerer Eichensarg, der auf seinem obersten Brett ein vergilbtes seidenes Kissen und auf dem Kissen eine Krone von dünnem, verbogenen Goldblech trägt. Hebt man den Deckel vom Sarg, so erblickt man in diesem die in ihrem achtzigsten Jahre verstorbene Prinzessin als Mumie. Tüllhaube und Seidenband legen sich noch um Stirn und Kinn, und das schwere gelbe Brokatkleid zeigt noch seine Falten und raschelt und knistert, als wäre es gestern gemacht.« Nach fortschreitendem Zerfall wurde der Sarg 1973 der Gruft entnommen und im Berliner Krematorium eingeäschert. Die Urne befindet sich heute hinter dem Epitaph in der Wand eingemauert.

Ebenso wie bei den beiden Protestanten Friedrich Ludwig und Eberhard Ludwig wurde auch bei dem katholisch gewordenen Herzog Carl Alexander die Leichenfeier erst Monate nach der Beisetzung des Innensarges in der Gruft abgehalten. Nachdem seine Eingeweide bereits am 17. März im Fußboden der Gruft versenkt worden waren, erfolgte am 6. April mit der »stillen Beysetzung« die Bestattung des Leichnams in einem mit schwarzem Samt bezogenen Sarg. Stattdessen wurde im Schloß auf dem Paradebett bis zur »solennen Beysetzung« der leere und mit rotem Samt bezogene Prunksarg aus Holz aufgestellt. Dieser Außensarg befand sich am 11. Mai in dem von Hofarchitekt Salomon Gottlieb Schwegler aufwendig gestalteten Castrum doloris und über ihm wurde auch die Aussegnung vollzogen. Danach senkte man den leeren, aber geweihten Sarg in die Gruft und stellte den schwarzen Innensarg mit dem Leichnam Carl Alexanders in diesen hinein. Erst jetzt war die Bestattung des Herzogs vollzogen.

In ähnlicher Weise gestaltete sich ein halbes Jahrhundert später die Beisetzung von Herzog Carl Eugen (1793/94). Bei den Herzögen Ludwig Eugen (1795) und Friedrich Eugen (1797/98) wurde zwar derselbe Ritus beibehalten, das aufwendige Castrum doloris jedoch zugunsten eines einfacheren Aufbaus aufgegeben. In allen Fällen war der in einem schwarzen Samtsarg geborgene Leichnam bald nach dem Tode in die Gruft versenkt worden, die Begräbnisfeier jedoch fand erst Monate später über dem leeren und mit rotem Samt bespannten Übersarg statt. Erst wenn der schwarze in den ro-

96. Stuckepitaph für Herzog Carl Alexander († 1737) in der Gruft unter der Schloßkirche Ludwigsburg

ten Sarg eingestellt war, galt der Beisetzungsakt für beendet. Zumindest in Württemberg kann dieses Verfahren für die regierenden Herzöge katholischer Konfession als verbindlich bezeichnet werden.

An der nördlichen Schmalseite der katholischen Abteilung befindet sich ein stattliches Grabdenkmal für Herzog Carl Alexander, dessen lebensgroße Büste, umgeben von allegorischen Gestalten und Trophäen, erhaben über den Särgen steht. Wer diese eindrucksvolle Stuckarbeit entworfen und ausgeführt hat, ist unbekannt, jedoch wird Diego

97. Herzog Friedrich Eugen († 1797) auf dem Totenbett

98. Friederike Sophie Dorothee von Brandenburg-Schwedt († 1798), Gemahlin Herzog Friedrich Eugens, auf dem Totenbett

Carlone als Meister des Werkes vermutet. Da die Gruft nach jeder Beisetzung wieder vermauert wurde und nie einem größeren Kreis zugänglich war, ist die beabsichtigte Wirkung des Denkmals unklar.

Obwohl beim Bau der Gruft an deren westlicher Längswand acht Nischen zur Aufstellung von Herzurnen eingerichtet wurden, legte man jedem Toten das in einer Kapsel geborgene Herz im Sarg unter das Kopfkissen. Die in einem kupfernen Gefäß eingeschlossenen Eingeweide fanden dagegen am Kopfende des jeweiligen Sarges in einer Vertiefung des Fußbodens ihren Platz.

Die roten Übersärge, die zwischen 1737 und 1798 in Ludwigsburg aufgestellt wurden, sind noch nicht, wie es etwa seit 1800 üblich ist, durch eine Metalltafel gekennzeichnet. Sie sind nur durch die mit Stoffstreifen an den Schmalseiten der Särge angebrachten Initialen bzw. das Todesjahr des Verstorbenen zu identifizieren.

Die nur zwei Monate nach ihrem Gemahl Friedrich Eugen am 9. März 1798 im Stuttgarter Schloß verstorbene evangelische Herzogin Friederike Sophie Dorothee konnte natürlich nicht in der katholischen Hofkirche in Ludwigsburg ausgesegnet werden. Erstmals seit 64 Jahren wurde daher in der Stiftskirche in Stuttgart wieder eine fürstliche Begräbnisfeier abgehalten. Während des Gottesdienstes stand der Sarg nicht unter einem aufwendigen Castrum doloris, sondern unter den Gewölben des Lettners unmittelbar vor dem Eingang zur Gruft. Um das übliche Ritual ordnungsgemäß durchzuführen, war die seit 1734 nicht mehr betretene Gruft in der Stiftskirche geöffnet und der Sarg der Herzogin während der Feier darin versenkt worden. Da sie jedoch ausdrücklich in der Nähe ihres katholischen Gemahls in Ludwigsburg zu ruhen wünschte, wurde ihr Sarg unmittelbar nach Beendigung der Begräbnisfeier wieder aus der Gruft herausgenommen und in aller Stille nach Ludwigs-

burg verbracht. Dort entfernte man nun endgültig die 1737 beim Tode Carl Alexanders errichtete Trennmauer zwischen dem evangelischen und dem katholischen Bereich. Der Sarg von Friederike Sophie Dorothee wurde nun an der Grenze beider Abteilungen in nächster Nähe zu ihrem Gemahl aufgestellt. Die Särge des Herzogspaares stehen sich seitdem gegenüber, was als letztes Zeugnis einer außerordentlich harmonischen und liebevollen Beziehung zueinander gesehen werden muß. Dem letzten Willen der Herzogin entsprechend wurden die

99. Marmorurne mit der Asche der zwischen Herzog Friedrich Eugen und seiner Gemahlin Sophie Dorothee gewechselten Briefe

100. Blick in die katholische Abteilung der Ludwigsburger Schloßgruft, im Hintergrund das Epitaph Carl Alexanders

Briefe, die das Paar gewechselt hatte, verbrannt und die Asche zu Beginn des Jahres 1799 in einer Marmorurne zwischen beiden Särgen aufgestellt. Sie trägt die Aufschrift »Asche des zärtlichsten Briefwechsels zwischen Friedrich gest. 23. 12. 1797 und Dorothea gest. 9. 3. 1798«.

Damit standen vier Särge in der relativ kleinen Gründergruft, so daß es keinen Platz mehr für weitere Särge gab. Herzog Friedrich II., der spätere erste König von Württemberg, war daher vor die Wahl gestellt, die evangelische Abteilung zu erweitern oder sich eine andere Begräbnisstätte zu schaffen.

Der Tod seines über alles geliebten Freundes und ersten Staatsministers, Johann Carl Reichsgraf von Zeppelin, am 14. Juni 1801 brachte unerwartet bald eine Entscheidung. Denn Friedrich II. beauftragte seinen Hofbaumeister Thouret, am Rand des Ludwigsburger Friedhofs ein klassizistisches Mausoleum zu errichten, über dessen Eingang noch heute die Worte »Dem vorangegangenen Freunde« sowie

»Die der Tod getrennt vereinigt das Grab« zu lesen sind. Friedrich hatte ausdrücklich beabsichtigt, dereinst dort neben Zeppelin beigesetzt zu werden. Als der Freund am 17. März 1802 aus seiner vorübergehenden Grabstätte in der Ordenskapelle des Ludwigsburger Schlosses in die Gruft des neuen Mausoleums überführt wurde, waren nicht nur für Zeppelin, sondern zugleich auch für den Herzog die Sargsockel hergerichtet worden. Der zweite Platz ist jedoch leer geblieben.

Entgegen seiner früheren Absicht hat König Friedrich schließlich doch im Frühsommer 1812 unter der Schloßkirche die evangelische Gründergruft für sich und seine Familie durch seinen Hofbaumeister Thouret erweitern lassen. Dabei fand man unter dem Sarg Eberhard Ludwigs den Grundstein zur Kirche, den dieser am 18. Mai 1716 eigenhändig gelegt hatte. König Friedrich I. ließ nun eine Metallplatte mit einer Inschrift über die Erweiterungsmaßnahmen gravieren und in den Grundstein einlegen. Am 21. Juli waren die Arbeiten beendet und die Särge des Schloßgründers, seiner Gattin und seines Sohnes wurden an die östliche Stirnwand versetzt, worauf die Gruft wie gewöhnlich wieder zugemauert werden mußte.

Noch im selben Jahr, am 12. November, fand die Überführung der am 26. April 1798 totgeborenen Tochter Friedrichs und seiner zweiten Gemahlin Prinzessin Charlotte Mathilde von Großbritannien statt. Der kleine Sarg, der vorher in der Gruft unter der Stuttgarter Stiftskirche aufgestellt war, ist künstlerisch von Interesse, da die Mutter den Stoffbezug eigenhändig mit reichen Stickereien versehen hat. Es ist dies das einzige Mal, daß sich ein Mitglied des Hauses Württemberg handwerklich an der Gestaltung eines Sarges beteiligt hat.

Als König Friedrich I. am frühen Morgen des 30. Oktober 1816 an einer Erkältung gestorben war, wurde er an diesem und am nächsten Tage im Stuttgarter Neuen Schloß öffentlich aufgebahrt.

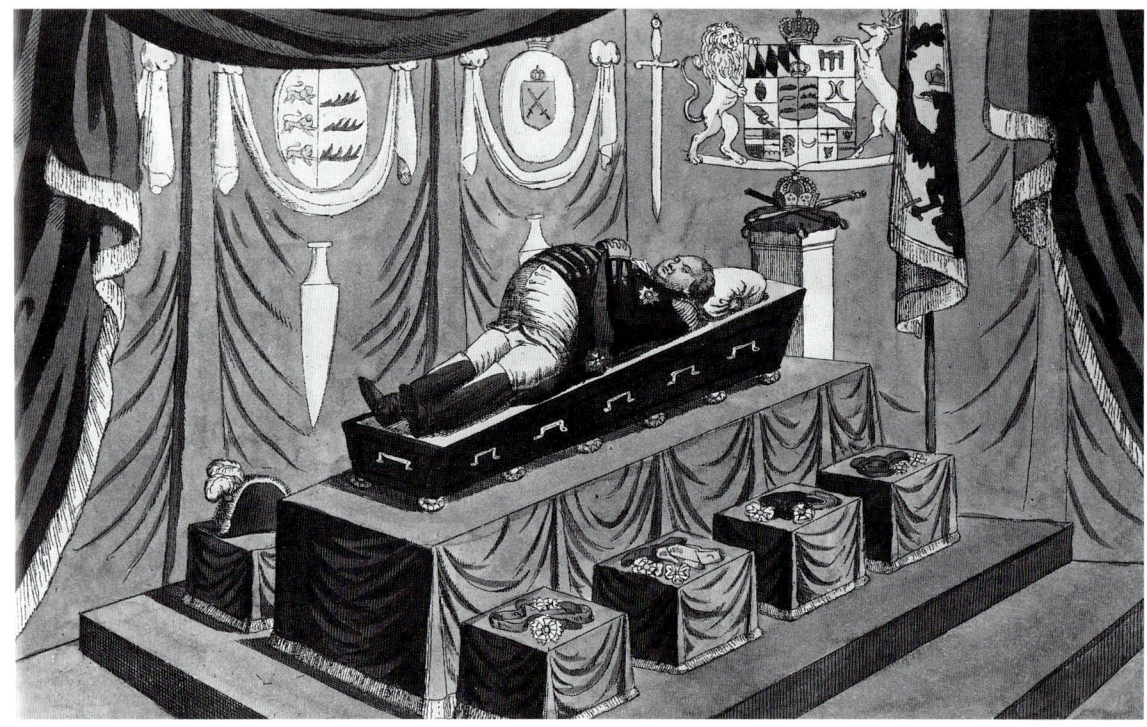

101. Aufbahrung König
Friedrichs I. († 1816)

Am Abend des 1. November wurde sein Sarg in die Ludwigsburger Gruft gebracht und am ehemaligen Ruheplatz Eberhard Ludwigs aufgestellt. Von nun an bis in die achtziger Jahre des 19. Jahrhunderts hinein war die protestantische Abteilung ausschließlich der königlichen Linie zur Bestattung vorbehalten, so daß die Gruft unter der Stuttgarter Stiftskirche zur bevorzugten Begräbnisstätte der herzoglichen und gräflichen Familienangehörigen wurde.

Friedrichs Sohn und Nachfolger König Wilhelm I. verordnete bei dessen Tode, daß die Gruft nun nicht mehr zugemauert, sondern nur verschlossen werden solle, damit die Königinwitwe Charlotte Mathilde jederzeit zum Sarg ihres Gemahls gelangen könne. Zu diesem Zweck wurde ihr ein besonders angefertigter Schlüssel ausgehändigt. Bisher war es bei jeder Beisetzung die Aufgabe des jeweiligen Hofbaumeisters gewesen, den Abbruch der Vermauerung zu überwachen, die Gruft aufzuschließen und hernach alles wieder in den alten Zustand zu bringen.

Nach dem Tode von Königin Charlotte Mathilde am 6. Oktober 1828 und ihrer Beisetzung neben König Friedrich wurde die Gruft wiederum vermauert.

In seltenen Fällen wünschten auch Nichtfamilienmitglieder den Zugang zum Grabgewölbe, so zum Beispiel am 3. Juni 1815 der russische Zar Alexander I., für den die Vermauerung abgebrochen und nach seinem einsamen halbstündigen Besuch sogleich wieder aufgerichtet worden ist.

Seit dem 12. Dezember 1835 steht unmittelbar links neben König Friedrich der Sarg seiner Tochter Katharina, die als Gemahlin von Jérôme Bonaparte 1807 Königin von Westphalen geworden war. Nach dem Zusammenbruch von Napoleons Herrschaft lebte sie mit ihrem gleichsam unter Hausarrest stehenden Gatten zunächst in Ellwangen und später in Lausanne. Dort ist sie am 28. November 1835 gestorben und auf ihren Wunsch nach Ludwigsburg überführt worden.

Als am 26. Dezember desselben Jahres der von König Friedrich zum Fürsten von Montfort ernannte Jérôme am Sarg seiner toten Katharina beten wollte, wurde die Gruft ebenfalls aufgebrochen und unmittelbar hernach wieder vermauert.

In der protestantischen Abteilung der Ludwigsburger Grablege ruhen ferner unter anderem die dritte Gemahlin von König Wilhelm I., Königin Pauline (1800–1873), die Eltern von König Wilhelm II., Prinz Friedrich (1808–1870) und Prinzessin Katharina (1821–1898), sowie Herzog Maximilian (1828–1888) und dessen Gemahlin Hermine von Schaumburg-Lippe aus der Zweiten Schlesischen Linie, die 85jährig Ende Dezember 1930 starb. Ihre Beisetzung war die letzte, die unter der Schloßkirche in Ludwigsburg stattgefunden hat. Alle seither diesbezüglich vorgebrachten Wünsche – vor allem von Mitgliedern der Familie Urach – wurden abgelehnt.

Im katholischen Teil der Grablege stehen noch die Särge des Bruders von König Wilhelm I., Prinz Paul (1785–1852), sowie von acht Mitgliedern der nicht erbberechtigten Seitenlinie Urach. Unter ihnen befindet sich der Erbauer von Schloß Lichtenstein und Begründer dieses Familienzweiges Herzog Wilhelm (I.) (1810–1869) sowie sein Sohn Wilhelm (II.) (1864–1928), der im Juli 1918 von der litauischen Nationalversammlung unter dem Namen Mindvog II. zum Landesfürsten erwählt worden war. Infolge des Versailler Vertrages hatte er die Krone jedoch nicht annehmen können.

Bis zur Überführung in die neu erbaute Familiengruft an der Schloßkirche in Altshausen am 23. November 1928 ruhten hier auch Herzog Philipp (1838–1917), dessen Schwiegertochter Margarethe Sophie (1870–1902) sowie eine im Jahre 1900 im Säuglingsalter verstorbene Enkelin. Insgesamt stehen heute 35 Särge in der Ludwigsburger Schloßgruft. Sie gehört zu den herausragenden Totenstätten des Hauses Württemberg, da nicht weniger als fünf Regenten, vier Herzoginnen und drei Königinnen dort begraben liegen.

Einzig Herzog Carl Eugen ruht alleine in dem Gewölbe, da seine beiden Gemahlinnen an anderen Orten bestattet wurden, während sein einziges eheliches Kind, Friederike (1750–1751), neben ihm beigesetzt ist. Die 1748 mit Carl Eugen verheiratete erste Gemahlin Friederike von Brandenburg-Bayreuth (1732–1780) ist schon bald wegen Ehezwistigkeiten in ihre Heimat zurückgekehrt. Sie liegt in der Bayreuther Schloßkirche in einem unbezeichneten Marmorsarkophag an der Seite ihrer Eltern begraben. Fünf Jahre nach ihrem Tod vermählte sich Carl Eugen mit seiner langjährigen Lebensgefährtin Franziska von Hohenheim, deren ausdrücklicher Wunsch, an der Seite ihres Gatten beigesetzt zu werden, von König Friedrich nicht erfüllt wurde. Statt dessen mußte Hofbaumeister Thouret auf Befehl des Königs in der Stadtkirche von Kirchheim/Teck innerhalb von fünf Tagen und vier Nächten ein Gruftgewölbe einrichten, in das die am 1. Januar 1811 verstorbene Herzogin Franziska mit allen Ehren und unter großer Anteilnahme der Bevölkerung am Dreikönigstag eingesenkt wurde. Ihr Sarg, auch die Behandlung ihres Herzens und der Eingeweide, entsprach genau der Art und Weise, wie es bei Herzog Carl Eugen geschehen war. Da – wie in Württemberg ja nicht unüblich –

102. Beisetzung Margarethes von Österreich († 1902), der Gemahlin Herzog Albrechts, in Ludwigsburg

kein Denkmal die Stelle ihres Grabes bezeichnete, ist es bald völlig in Vergessenheit geraten. Erst seit 1906 erinnert ein vom Württembergischen Geschichts- und Altertumsverein gestiftetes neoklassizistisches Denkmal an die zweite Frau Herzog Carl Eugens, die noch lange in der Bevölkerung als das »Fränzele« verehrt wurde.

Als man bei einer Gruftöffnung im Jahre 1962 feststellte, daß ihr Sarg stark zerfallen war, wurden die Überreste Franziskas in einen neuen Holzsarg umgebettet und mit einer Metallplatte bezeichnet.

Auch die erste Gemahlin König Friedrichs, Herzogin Auguste von Braunschweig (1764–1788), sucht man in Ludwigsburg vergebens. Wegen fortgesetzter Grobheiten son seiten ihres Gemahls hatte sie sich im Dezember 1786 von diesem getrennt und unter den Schutz der Zarin Katharina von Rußland begeben. Friedrich, der zu jener Zeit in russischen Diensten stand, mußte das Land verlassen und kehrte mit seinen Kindern nach Württemberg zurück. Bis eine Verständigung mit den Eltern der Herzogin über deren endgültiges Verbleiben hergestellt sein würde, wies Katharina ihrem Schützling Schloß Lohde in Estland als Aufenthaltsort zu. Dort ist die erst Vierundzwanzigjährige am 27.

September 1788 unter nie geklärten Umständen gestorben, nachdem sie zwei Jahre völlig von der Außenwelt abgeschirmt und in Abhängigkeit von Wilhelm von Pohlmann, einem ehemaligen Jägermeister der Zarin, in dem Schloß gelebt hatte. Ohne Beteiligung eines Geistlichen wurde Herzogin Auguste auf eigenmächtige Anweisung Pohlmanns einige Tage später in eine Gruft der benachbarten Goldenbecker Kirche versenkt. Da eine offenbar anfänglich vorgesehene Überführung nach Braunschweig nicht zustande kam, wurde das abgelegene Grab bald vergessen. Erst König Wilhelm I., der älteste Sohn Augustes, hat bei einer Begegnung mit Zar Alexander I. diesen im Jahre 1819 – wahrscheinlich unter dem Eindruck des frühen Todes seiner Gemahlin Katharina – gebeten, nach der Grabstätte seiner Mutter zu suchen und alles Wissenswerte aufzeichnen zu lassen. Daraufhin wurde Augustes Sarg in der Kirche in Goldenbeck ausgegraben und in zentraler Lage im Chor eine neue Gruft gebaut, in welcher die Herzogin am 13. November 1819 zur letzten Ruhe gebettet wurde. Die christliche Leichenpredigt und Aussegnungsfeier hat jedoch erst am 7. Dezember – 31 Jahre nach dem Tode – stattgefunden. Fortan war das Grab von einer Granitplatte mit Inschrift bedeckt und mit einem Eisengitter umgeben. Es ist noch heute in dieser Form erhalten.

Mömpelgard

Nach seiner Regierungsübernahme in Mömpelgard im Jahre 1617, spätestens jedoch beim Tode seiner ersten Gemahlin Elisabeth Magdalena von Hessen-Darmstadt im Sommer 1624 hat Herzog Ludwig Friedrich in der Mömpelgarder Schloßkirche St. Maimboeuf eine neue Gruft anlegen lassen. Auf dem Titelblatt der bei Jakob Foillet in Mömpelgard gedruckten Leichenpredigt wird ausdrück-

103. Querschnittzeichnnung durch die Mömpelgarder Schloßkirche St. Maimboeuf und die Gruft um 1808

104. Zeichnung des Zinnsarges von Herzog Leopold Friedrich von Württemberg-Mömpelgard († 1662)

105. Zeichnung des Zinnsarges von Elisabeth Magdalena von Hessen-Darmstadt († 1624), der ersten Gemahlin von Herzog-Administrator Ludwig Friedrich von Württemberg-Mömpelgard

lich erwähnt, Elisabeth Magdalena sei in der »Newen Grufft« beigesetzt worden. Es ist durchaus wahrscheinlich, daß Ludwig Friedrich ganz im Sinne der 1608 beim Tode seines Vaters in der Stuttgarter Stiftskirche erbauten Gruft auch in sei-

ner eigenen Residenz den Chor der Schloßkirche ausgraben ließ und darin eine Familiengruft eingerichtet hat. Die einzige bekannte Darstellung dieser Grablege liegt in einer Querschnittzeichnung vor, die unmittelbar vor dem Abbruch der Kirche zu

Beginn des 19. Jahrhunderts angefertigt wurde. Sowohl die Ausdehnung des Raumes und die Art der dorthin führenden Treppenanlage als auch die Form der Luftschächte sprechen für eine Anlage des 17. Jahrhunderts. Für das Vorhandensein einer mittelalterlichen Krypta, die ebenfalls als landesherrliche Grablege hätte dienen können, gibt es keine Hinweise. Über die Begräbnisstätten von Gräfin Henriette († 1444), der Gemahlin Graf Eberhards IV., sowie von vier zwischen 1557 und 1589 verstorbenen gräflichen Kindern liegen uns keine zuverlässigen Nachrichten vor. Vermutlich waren sie jedoch in den südlich an den Chor der Stiftskirche St. Maimboeuf angebauten sog. »Chapelles des Princes« beigesetzt. Aus zeitgenössischen Berichten wissen wir, daß es unter der Kirche drei Grüfte gab, von denen die mittlere und zugleich größte den Herzögen von Württemberg-Mömpelgard als Grablege diente. Vor dem Altar im Mittelschiff führte eine breite zwanzigstufige Treppe in die Tiefe. Normalerweise war der Zugang mit einer großen Steinplatte verschlossen, die bei jeder Beisetzung mit an ihr befestigten Eisenringen hochgehoben werden mußte. In dem Gewölbe sollen die Toten von drei Särgen umschlossen – der äußere aus Zinn und die inneren aus Holz – auf Steintischen geruht haben. Wie diese aussahen, ist nicht bekannt. Offensichtlich haben wir es hierbei mit einer lokalen Tradition zu tun, da in allen anderen württembergischen Grüften die Särge auf einfachen Steinsockeln oder direkt auf der Erde abgestellt wurden.

Wie keine andere Grablege des Hauses Württemberg war die Gruft in Mömpelgard immer wieder Verwüstungen und Plünderungen ausgesetzt. Ein erstes Mal drangen im November 1676 die Truppen des französischen Marschalls François Henri Herzog von Luxemburg (1628–1695) in das Begräbnisgewölbe ein, allen voran ein gewisser Beaulieu, der später Gouverneur zu »Landsburg nechst

Basel« war. Die Soldaten brachen die Särge auf und durchwühlten sie nach Schmuck.

Aufgrund jener Besetzung Mömpelgards durch die Franzosen ging Herzog Georg II. ins Exil. Zunächst hielt er sich in Basel und ab 1679 schließlich in Oels in Schlesien am Hof der dort beheimateten württembergischen Seitenlinie auf, wo seit 1672 eine Tochter Georgs, Eleonore Charlotte (1656–1743, s. S. 119), mit Herzog Silvius Friedrich von Württemberg-Oels (1651–1697) verheiratet war. Herzog Georg kehrte erst nachdem die Franzosen nach dem Frieden von Rijswijk abgezogen waren im Februar 1698 nach Mömpelgard zurück, wo er dann im darauffolgenden Jahr starb.

Als zu Beginn des Jahres 1691 ein erneuter Einbruch in die Gruft bemerkt wurde, äußerte der Kanzleidirektor L. Witten – wegen der Abwesenheit des Herzogs Georg im schlesischen Exil – am 15. März in einem Bericht an die in Stuttgart lebende Herzogin Sibylla, Witwe Herzog Leopold Friedrichs: ». . . daß die ienige, welche in dem fürstl. begräbnus ohne zweiffel gute beute zu machen gesucht, nicht viel auff Kundschafft spendirt hetten, dann ihnen schon vor mehr alß 10 Jahren andere vorgekommen, vnd, was sie köstliches gefunden, spolirt haben.« Die Einbrecher hatten an der Rückseite der Kirche einige Steine aus der Mauer gelöst, waren durch das Loch eingestiegen und hatten »darauffhin die Steine, wie wohl ohne Mörtel, widerumb an ihren Orth gelegt. . .«.

Die zur Inspektion in die Gruft hinabgelassenen Männer – der Werkmeister und ein Maurer – berichteten, »daß verschiedene zinnene Särckh gar, andere zum theil hinweg gestolen, alle aber beschädiget, vnd die Fürstl. Cörper theils herauß geworffen, theils vnderst zu oberst gekehrt, und vervnehrt wehren«.

Daraufhin stiegen der Werkmeister Georges Duvernoy und der Zinngießer Jehan Morel in das Gewölbe, um eine detaillierte Bestandsaufnahme vorzunehmen. Von Morel heißt es in dem Schreiben an die Herzogin, er habe die Särge »beschrieben«, d. h. graviert, weshalb er »alle sarckh wohl kennet«. Aufgrund dieser Aussage kann vermutet werden, daß Morel die Särge auch hergestellt hat. Das von Duvernoy und Morel verfaßte Protokoll beschreibt den Grad der Zerstörung jedes einzelnen Sarges und liefert damit eine vollständige Liste der zu diesem Zeitpunkt in der Gruft der Schloßkirche beigesetzten Personen. Insgesamt waren damals fünf Erwachsene und vier Kinder in dieser Grablege bestattet. Dabei handelte es sich u. a. um Herzog Ludwig Friedrich (1586–1631), den Begründer dieser Linie, mit seiner ersten Gemahlin Elisabeth Magdalena von Hessen (1600–1624), um deren Sohn und Nachfolger Leopold Friedrich (1624–1662) sowie um die im Jahre 1680 verstorbene Gemahlin von Herzog Georg II., Anna von Coligny. Der Zinngießer bestätigte die bereits oben erwähnte Verwüstung und stellte fest, daß von allen neun Särgen nur einer an seinem Platz auf dem Steintisch verblieben war, während die übrigen heruntergeworfen umherlagen. Überall waren die Zinnplatten weggerissen und die Holzsärge aufgebrochen. Am 3. April 1691 antwortete Herzogin Magdalena Sibylla nach Mömpelgard, daß die »verwittibte Frau Hertzogin« (Herzogin Sibylla, Gemahlin des Herzog Leopold Friedrichs) wünsche, daß »die auß den zinnern Särgen geworffene fürstl. Cörper in holtzerne Todtenbaaren gethan, und in dem Begräbnisgewölbe in die Erde vergraben werden«. Ob dies tatsächlich ausgeführt wurde, ist nicht bekannt.

Die Bestattung von Gebeinen aus geplünderten Särgen in einem gemeinsamen Grab innerhalb der Gruft war wohl eine allgemein verbreitete Maßnahme, denn als 1692 die Pforzheimer Markgrafengruft von französischen Soldaten verwüstet worden war, sammelte man die Überreste der Toten in gleicher Weise und legte sie zusammen in ein neues Grab.

Das Aussehen der damals zerstörten Särge ist uns wenigstens in drei Fällen durch zeitgenössische Zeichnungen überliefert. Offensichtlich wurde der in Stuttgart übliche Brauch, den gedruckten Leichenpredigten Kupferstichabbildungen der Särge und der Leichenprozession beizugeben, in Mömpelgard nicht eingeführt. Die bekannten Mömpelgarder Zinnsärge von 1624, 1631 und 1662 hatten dieselben schlichten Formen wie sie gleichzeitig auch in Stuttgart Verwendung gefunden haben. Ihre Oberflächen waren ebenfalls reich mit Inschriften, Wappen, Initialen und allegorischen Darstellungen graviert.

Als Herzog Georg II. nur 15 Monate nach seiner Rückkehr aus dem schlesischen Exil am 1. Juni 1699 (alter Kalenderstil) starb, war in Mömpelgard erst das Nötigste wiederhergestellt. Da nun die Gruft zur Beisetzung geöffnet werden mußte und gleichzeitig die Schloßkirche den Rahmen für ein aufwendiges Begräbniszeremoniell abgeben sollte, entschloß man sich »die Kirche, Gruft und die darinnen annoch befindlichen Fürstliche Särge zu repariren«. Die Arbeiten begannen am 8. Juni und dauerten mehrere Wochen. Während dieser Zeit blieb der Herzog im Schloß aufgebahrt. Der zunächst offengelassene Sarg mußte am 6. Juli aus hygienischen Gründen geschlossen werden. Eine farbige Zeichnung von der Hand Pierre Barrels im Mömpelgarder »Livre Doré« gibt die Ausstellung des Herzogs auf dem Paradebett wieder.

Am 23. Juli schließlich wurde »ohngeachtet die Grufft noch nicht fertig ... dennoch die Fürstl. Beysetzung vorsich genommen«. Unmittelbar nach der Versenkung Herzog Georgs »ergieng gnädigste Anordnung, die Hoch-Fürstl. Grufft nebst denen zeitwährenden Krieges schadhaft wordenen Fürstl. Särgen zu repariren«, wozu die Särge aus der Gruft herausgenommen und »in das gegenüber rechter Hands befindliche Kirchen-Gewölbe gesetzt« wurden. Dort richtete der Zinngießer zur

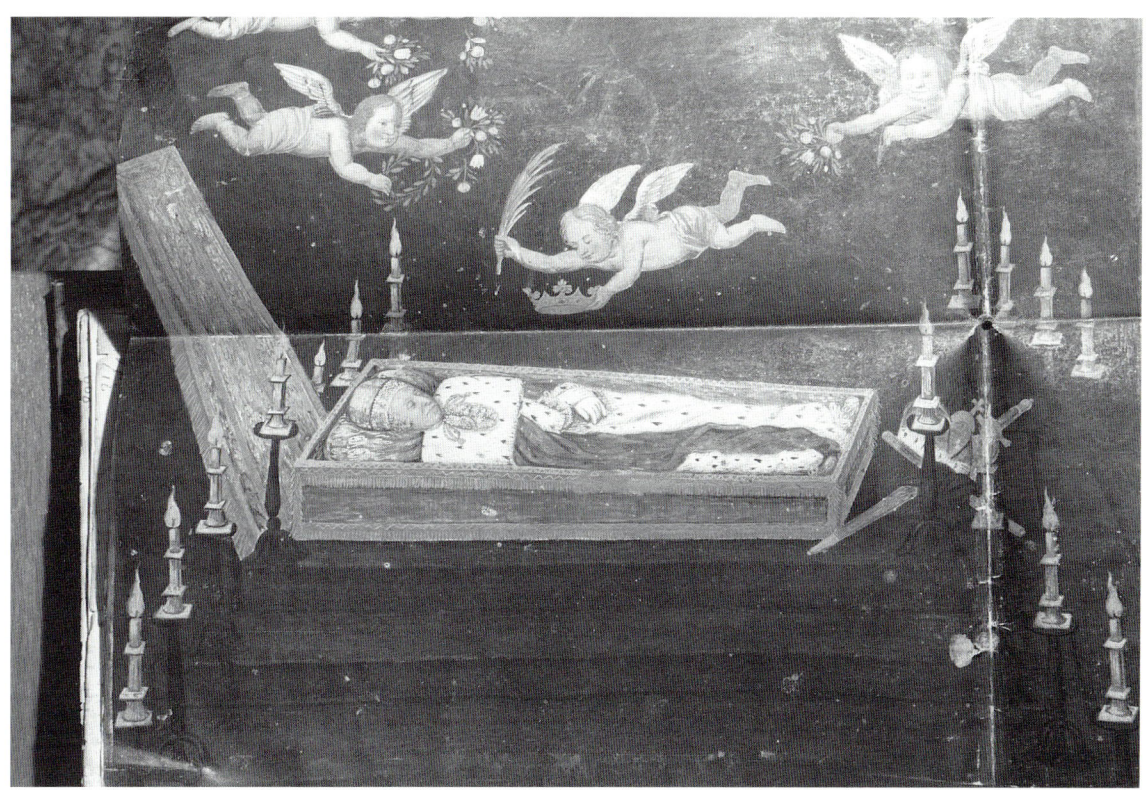

106. Aufbahrung Herzog Georgs II. von Württemberg-Mömpelgard († 1699)

Restaurierung der geplünderten Särge seine Werkstatt ein. Nach Abschluß dieser Arbeiten wurden die Vorbereitungen zum Leichenbegängnis, den sogenannten »Funeral-Solennien«, getroffen. Waren die früher verstorbenen Familienmitglieder durchaus mit dem Zeitgeschmack entsprechender Repräsentation und Feierlichkeit beigesetzt worden, so überbot die Leichenfeier Herzog Georgs doch alles bisherige. Sie fand schließlich am 9. Mai 1701, also zwei Jahre nach Georgs Tod, statt. Eine zeitliche Distanz zwischen Begräbnis und Begängnis ist nichts Ungewöhnliches und läßt sich vielerorts feststellen, jedoch dauerte diese Frist zumeist nur einige Wochen.

Drei Tage vor Georgs Begängnis hat in der Mömpelgarder Gruft die Beisetzung der 1685 in Reichenweier verstorbenen zweiten Gemahlin von Herzog Ludwig Friedrich, Anna Eleonora von Nassau-Saarbrücken, in einem Zinnsarg stattgefunden. Wegen »vielerlei Hindernisse und Diffikultäten« war sie bei ihrem Tode nicht nach Mömpelgard überführt, sondern in der Kirche von Reichenweier bei Nacht ohne »Ceremonien« beigesetzt worden. Die Leichenfeier Herzog Georgs wurde als günstige Gelegenheit betrachtet, das christliche Begräbnis nachzuholen, da nun die Gruft ohnehin geöffnet werden mußte.

War Georg zunächst nur in einem mit rotem Samt

bespannten Holzsarg in der Gruft bestattet worden, so sollte nun dessen Einsenkung in einen kunstvollen Prunksarg aus vergoldetem Kupfer stattfinden. Dieser stand bis zum Morgen der Begräbnisfeier wohlverwahrt im Lehnsaal des Schlosses. Nach der erhaltenen Sargbeschreibung dürfte es sich um einen der aufwendigsten Metallsärge im Hause Württemberg gehandelt haben. Er stand auf sechs auf vergoldeten Kugeln ruhenden Löwenfüßen und zeigte am Kopfende des Deckels ein Porträt des Verstorbenen. Sämtliche Flächen waren neben einer überaus langatmigen Inschrift noch mit allegorischen Darstellungen, Wappenbildern und Sinnsprüchen bedeckt.

Nachdem in der Schloßkirche der aus der Gruft geholte Innensarg in den Prunksarg eingesetzt worden war, führte der Leichenzug vom Schloßberg hinunter durch die Straßen der Stadt zum Marktplatz, wo in der Martinskirche die »Personalia« und die Leichenpredigt in französischer Sprache verlesen wurden. Daraufhin geleitete man den Sarg wieder auf den Berg in die Schloßkirche und zitierte dieselben Texte auf deutsch, worauf der Sarg in die Gruft versenkt wurde.

Der Sohn Georgs und letzte Herzog von Württemberg-Mömpelgard, Leopold Eberhard, starb am 25. März 1723 und wurde zwei Tage später bei Nacht in einem ebenfalls mit rotem Samt bespannten Sarg ohne besondere Feierlichkeiten in die Gruft getragen. Auch für ihn war zunächst die Anfertigung eines Prunksarges aus Zinn in Auftrag gegeben worden, angesichts der verworrenen Familienverhältnisse Leopold Eberhards und der zeitweise umstrittenen Nachfolgefrage erscheint dessen Fertigstellung jedoch eher unwahrscheinlich. Obwohl zunächst die natürlichen Kinder Leopold Eberhards, die Grafen von Sponeck, versucht hatten, die Landesherrschaft über Mömpelgard zu erlangen, fielen die linksrheinischen Besitzungen dennoch sofort nach dem Tod des Herzogs an die

Stuttgarter Hauptlinie des Hauses Württemberg zurück. Fortan wurde Mömpelgard wieder in Personalunion mit Alt-Württemberg vom jeweils regierenden Herzog verwaltet.

Die letzte Beisetzung in der Mömpelgarder Gruft fand im Sommer 1733 statt, nachdem Herzogin Anna, eine Tochter Herzog Georgs II., am 13. Juni nach längerer geistiger Umnachtung im dortigen Schloß gestorben war. Gleich am folgenden Tag wurde sie in ihren »bereits etliche Jahr vor Dero höchstseeligen Absterbens verfertigten prächtigen zinnern Sarg geleget und in die hochfürstl. Grufft in die Schloßkirchen dahier in Mümpelgardt in der Stille beigesetzet«. Auch in diesem Fall fand die eigentliche Begräbnisfeier erst drei Wochen später, am 7. Juli, statt. Dabei wurde zum letzten Mal in Mömpelgard das übliche barocke Zeremoniell entfaltet. Da die Leiche bereits in der Gruft ruhte und von einer Herausnahme nirgends die Rede ist, hat die Feier offensichtlich über einem leeren Scheinsarg stattgefunden, wie es wenig später auch in Württemberg eingeführt wurde.

In den folgenden Jahren bis zur endgültigen Vernichtung der Grablege während der Französischen Revolution ist sie wahrscheinlich nicht mehr betreten worden. Zuletzt standen in der Gruft insgesamt 13 Särge von Angehörigen des Hauses Württemberg.

Als am 10. Oktober 1793 Bernard de Saintes, ein Mitglied des Pariser Nationalkonvents, nach Mömpelgard kam und von Stadt und Land faktisch Besitz ergriff, setzte er den herzoglichen Regentschaftsrat ab und bestimmte die Schloßkirche zum Tagungsort der von ihm berufenen »Société populaire«. Gleichzeitig mit der Profanierung der Kirche wurden wie vielfach im revolutionären Frankreich die Gräber der Fürsten aufgebrochen, zerschlagen und auf den Schuttplatz geworfen. Auch die Mömpelgarder Herzöge und ihre Familienangehörigen wurden aus den Särgen gerissen, da man Ringe und anderen Schmuck bei den Toten vermutete. Das Zinn der Särge wurde eingeschmolzen und die Leichname in Holzkisten auf dem Friedhof der Stadt vergraben.

Den Körper Herzog Georgs II. fand man gut erhalten, aber völlig ausgetrocknet, worauf er von den Soldaten aus dem Sarg genommen und wie zur Wache aufrecht an die Wand gestellt wurde. Ein Augenzeuge berichtete, der Herzog – sogar seine Zähne – sei so schwarz verfärbt »wie ein Hut« gewesen.

Da die Plünderer außer dem Altar, dessen Restaurierung zeitweilig beabsichtigt war, nur die Kanzel zurückgelassen hatten, sah sich die Stadt Mömpelgard schließlich außerstande, das Gebäude wiederherzustellen, zumal nach dem Ende der württembergischen Herrschaft die Notwendigkeit einer Kirche auf dem Schloßberg für deutsche Gottesdienste entfallen war. Statt zur fürstlichen Hofhaltung diente das Schloß nun als Unterkunft der Garnison. Die Martinskirche am Marktplatz bot genug Platz und war für die Gläubigen leichter zu erreichen. Daher gab man die alte Stiftskirche St. Maimboeuf endgültig auf und beschloß ihren Abbruch. Die Arbeiten begannen im Februar 1809, worauf in den folgenden vier Jahren der frühgotische Bau bis auf die Grundmauern beseitigt wurde.

Im Jahre 1812, als man auf dem Gelände die Errichtung einer Bettlerunterkunft vorbereitete, stieß man zufällig auf eine Gruft, in der ein Ritter in voller Rüstung mit Stiefeln und Sporen lag. Da weder die genaue Lage innerhalb des Kirchengrundrisses noch nähere Einzelheiten der Fundgegenstände mitgeteilt wurden, ist die Identität des Toten und das Alter der Grabstätte unbekannt geblieben.

70 Jahre später entdeckte man in diesem Bereich beim Bau einer Zisterne zwei unterirdische Räume. Bei einem von ihnen handelte es sich mit größter Wahrscheinlichkeit um die einstige Grablege der Herzöge von Württemberg-Mömpelgard. Offen-

sichtlich fand man darin aber außer formlosem Schutt nichts bemerkenswertes. Beide Gewölbe wurden in der Folge zu Wasserbehältern umgestaltet und seit 1882 als solche genutzt.

Erstmals seit dem Zisterneneinbau wurde im Sommer 1988 ein Teil des Wassers abgelassen, so daß die Räume besichtigt werden konnten. Dabei stellte sich heraus, daß sie verschieden groß sind. Der eine Behälter faßt 400 Kubikmeter, der andere 70 Kubikmeter Wasser. Obwohl die Umbauten im vorigen Jahrhundert von der ursprünglichen Architektur nichts mehr übriggelassen haben und auch bei der jüngsten Begehung keine sonstigen Reste gefunden wurden, kann man davon ausgehen, daß es sich bei dem größeren Behälter um die frühere Fürstengruft handelt. Nach der bereits erwähnten Grund- und Aufrißzeichnung vom Beginn des 19. Jahrhunderts konnten die Abmessungen des Raumes auf etwa 20 Meter Länge und 8 Meter Breite berechnet werden.

Da die Besichtigung der Wasserbehälter im Zusammenhang mit mehrwöchigen Ausgrabungen stand, die im Sommer 1988 auf dem Gelände der einstigen Schloßkirche abgehalten wurden und auch in Zukunft nach Möglichkeit fortgeführt werden sollen, darf man noch manche Entdeckung zur Geschichte des Bauwerks erhoffen.

Weiltingen

Der Begründer der Weiltinger Linie, Herzog Julius Friedrich (1588–1635), war nach dem Tode seines Bruders Ludwig Friedrich von Württemberg-Mömpelgard 1631 bis zum Mai 1633 Vormund für den minderjährigen Herzog Eberhard III. und Administrator des Herzogtums Württemberg. Nach der Schlacht bei Nördlingen im Spätsommer 1634 hat Julius Friedrich Stuttgart verlassen und ist mit dem Hof ins Straßburger Exil geflüchtet. Bereits im folgenden Jahr ist er dort gestorben. Bis zu seiner Überführung in die Gruft der Stuttgarter Stiftskirche im Jahre 1640 war sein Sarg in den Räumen des seit der Reformation aufgelösten Klosters St. Nikolaus in Undis abgestellt. Die Gebäude befanden sich auf dem rechten Illufer vor den Toren Straßburgs und dienten im Dreißigjährigen Krieg zahlreichen im Exil verstorbenen deutschen Adligen zur vorübergehenden Ruhestätte. Da auch die Gemahlin Herzog Julius Friedrichs, Anna Sabina von Holstein-Sonderburg (1593–1659), in der Stuttgarter Gruft ihr Begräbnis gefunden hat, war in der ersten Generation dieser Seitenlinie die Notwendigkeit einer eigenen Grablege nicht gegeben. Von den Söhnen dieses Elternpaares könnte nur der älteste, Herzog Roderich (1618–1651), in Weiltingen begraben sein, was jedoch nicht mit letzter Gewißheit gesagt werden kann. Er ist zwar im Weiltinger Schloß gestorben, Nachrichten über seine Bestattung haben sich vor Ort jedoch nicht bestätigen lassen. Anläßlich einer Renovierung der Kirche in Weiltingen sind um 1980 vor dem Altar unbezeichnete Fußbodengräber entdeckt worden. Denkbar wäre eine Bestattung Roderichs an dieser Stelle. Sollte er jedoch tätsächlich zum katholischen Glauben übergetreten sein, so müßte auch eine Beisetzung in einer benachbarten katholischen Kirche in Betracht gezogen werden. Sein jüngerer Bruder Silvius Nimrod (1622–1664) heiratete 1647 die Erbtochter des Herzogtums Oels in Schlesien und begründete dort eine neue Linie des Hauses Württemberg (s. S. 114).

Erst der Tod des Herzogs Manfred (1626–1662) machte die Suche nach einer Begräbnisstätte notwendig, da die anderen, inzwischen unverheiratet gestorbenen Geschwister außerhalb des Landes ihre letzte Ruhe gefunden haben. So ist Herzog Julius Peregrinatius (1627–1645) während seines langjährigen Aufenthaltes in Gotha den Masern erlegen

und im Kloster Reinhardsbrunn beigesetzt worden, Sueno Martialis Edenolphus (1629–1656) ruht in der Gruft der Prinzessin Anna von Schweden in der Marienkirche in Thorn (poln. Toruń) und Amadea Fredonia (1631–1633) liegt im Chor des Ulmer Münsters begraben.

Auf seinem Sterbebett hatte Herzog Manfred den Wunsch geäußert »gleich dero fraw Mutters Gnaden hochseeligen angedenckens« in der Stuttgarter Stiftskirche bestattet zu werden. Herzog Eberhard III. teilte der Witwe Manfreds, Juliana von Oldenburg (1615–1691), jedoch mit, daß in der Gruft unter der Stiftskirche gerade noch für seine Gemahlin und ihn selbst Platz sei, weshalb die Bestattung Manfreds neben seiner Mutter nicht in Frage komme. Vielmehr solle man die Bestattung in Weiltingen vollziehen. Der Abgesandte des Herzogs stellte bei der Besichtigung der Weiltinger Kirche in Übereinstimmung mit der Witwe Manfreds jedoch fest, daß »das alhiesige Kirchlin vil zu Eng vnd kein Platz zur fürstl. Sepultur oder beysetzung« vorhanden sei. Herzogin Juliana bestand nicht zuletzt deshalb auf einer Bestattung in Stuttgart, weil sie »an alle vnnsere nechste hohe Verwandten die beysetzung . . . zu Stuettgart zugeschehen außtrücklichen vermeldet, weliche vnderlaßung vnns vbel außgedeutet vnnd nachdencken veruhrsachen dörffte«. Sie schlug daher vor, den Sarg ihres Gemahls einfach auf denjenigen seiner Mutter Anna Sabina aufzusetzen, um dem Wunsche des Verstorbenen zu entsprechen. Schließlich einigte man sich jedoch dahingehend, daß Herzog Manfred in einem Fußbodengrab im Chor der Stuttgarter Stiftskirche beigesetzt werden solle, »in welchem hiebevorn vnderschidtliche fürstl. württemberg. Herrn vnd andtere hohe Standspersohnen beerdiget wordten«.

Zunächst wartete man in Weiltingen die Anlieferung des in Nördlingen angefertigten Zinnsarges ab, bis schließlich die Überführung nach Stuttgart

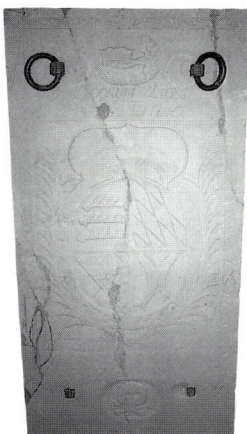

107. Ehem. Deckplatte über der Gruft in Weiltingen

und am 17. Juli 1662 die Beisetzung im Chor der Stiftskirche erfolgen konnte. Eine schlichte Sandsteinplatte mit dem württembergischen Wappen und lateinischer Inschrift bezeichnete das Grab Manfreds bis ins 19. Jahrhundert hinein. Dann aber wurde sie bei einer Renovierung mit Fußbodenplatten überdeckt. Erst 1953 stieß man anläßlich des Wiederaufbaus des Chors der Stiftskirche auf das Grab. Der Grabstein wurde daraufhin ins Städtische Lapidarium verbracht, der Sarg jedoch – unbewußt dem ursprünglichen Willen Manfreds folgend – in der Gruft in unmittelbarer Nähe seiner Eltern aufgestellt.

Eingedenk der Schwierigkeiten, welche die Beisetzung ihres Gemahls verursacht hatte, sowie angesichts der Tatsache von damals insgesamt fünf lebenden Familienangehörigen hat sich Herzogin Juliana wohl zu Beginn der siebziger Jahre Gedanken um ein eigenes Begräbnisgewölbe gemacht. Da die Weiltinger Kirche zwischen 1675 und 1686 nach Westen erweitert wurde, ist anzunehmen, daß der Grufteinbau eine der ersten Maßnahmen in diesem Zusammenhang war. Weil Bauakten bisher nicht gefunden werden konnten, wissen wir über diesen Vorgang nichts Näheres. Die früher im Kirchenschiff über dem Grufteingang angebrachte Deck-

108. Zinnsarg Georg Leopold Friedrichs, des 1693 im Alter von sieben Monaten verstorbenen einzigen Sohnes von Herzog Friedrich Ferdinand von Württemberg-Weiltingen

platte trägt u. a. die aus den Iden des Horaz stammende Inschrift »NON OMNIS MORIAR, NAM OPTIMA PARS MEI VITABIT LIBITINAM 1675« (Ich werde nicht ganz sterben, weil mein bester Teil dem Tode entgeht). Die nördliche Gruftinnenwand trägt dagegen die Jahreszahl 1679, das Jahr der ersten Beisetzung (Herzogin Faustina Marianna, 1624–1679).

Insgesamt haben in dieser Gruft sechs Mitglieder der Linie Württemberg-Weiltingen ihre letzte Ruhestätte gefunden. Die Zinnsärge wurden ausschließlich in der Werkstatt des Zinngießermeisters David Scholl in Dinkelsbühl angefertigt und gehören einem Formtyp an. Wie andernorts auch sind die Särge reich mit den Lebensdaten, Wappen und Bibelsprüchen graviert. An den beiden Stirnseiten befinden sich meist allegorische Darstellungen wie beispielsweise ein gebrochener Baum, der Sieg des Todes, ein Totenschädel oder eine Sanduhr. Nur die hintere Stirnseite des Zinnsarges von Herzogin Juliana zeigt die Ortsansicht von Weiltingen. Wegen der ungünstigen Aufstellung ist eine Betrachtung der Gravur jedoch derzeit nicht möglich.

Bei der Renovierung der Kirche vor einigen Jahren wurde der Einstieg in das Gewölbe verengt. 1987 wurde ein Zugang von außen in die Gruft gebrochen, der nun eine bequeme Besichtigung möglich macht.

109. Blick in die Gruft unter der Weiltinger Peterskirche

Oels – Bernstadt – Juliusburg (Erste Schlesische Linie)

Durch die Heirat des Weiltinger Herzogssohnes Silvius Nimrod (1622–1664) mit Elisabeth Marie (1625–1686), der Erbin des östlich von Breslau gelegenen Herzogtums Oels, am 1. Mai 1647 wurde

die Reihe württembergischer Grablegen fortan für zweieinhalb Jahrhunderte durch bemerkenswerte Beispiele in Schlesien ergänzt. Da die Bestattungskultur des dortigen Familienzweiges nicht vom schwäbischen Stammland, sondern von lokalen Besonderheiten geprägt war, ist eine Betrachtung aus württembergischer Sicht höchst interessant. Ganz in der Tradition der herzoglichen Grablegen in Liegnitz und Brieg stehend, zeigen die württembergischen Särge in Schlesien ein vergleichsweise hohes künstlerisches Niveau, das sich in dieser Ausprägung im deutschen Südwesten nicht findet.

Die Gruft unter dem Chor der Schloßkirche St. Johannis in Oels (poln. Oleśnica), die schon seit Generationen vom Hause Münsterberg-Oels, den Vorfahren der Gemahlin Silvius Nimrods, als Begräbnisstätte benutzt wurde, diente bis ins Jahr 1700 auch dem Hause Württemberg als Grablege. In ihr wurden neben dem Gründer der Linie Württemberg-Oels Herzog Silvius Nimrod und seiner

Gemahlin Elisabeth Marie auch deren Sohn Silvius Friedrich (1651–1697) sowie drei weitere Kinder bestattet.

Nachdem Silvius Nimrod am 26. April 1664 während eines Besuches auf Schloß Briese einem Schlaganfall erlegen war, ist er zwei Tage später nach Oels überführt worden. Die vorläufige, aber dennoch repräsentative Beisetzung in einer Nebengruft unter der Sakristei der Schloßkirche fand am 8. Mai statt. Das eigentliche Begräbnis mit Prozession wurde jedoch erst auf den 26. November desselben Jahres festgelegt, da zuvor der zinnerne Prunksarg hergestellt werden mußte. An jenem Tage wurde die Leiche Silvius Nimrods aus der Sakristeigruft erhoben und im Schloß in den neuen Sarg eingestellt. Danach erst wurde der Herzog in einem repräsentativen Zug, der durch die ganze Stadt führte, zur Chorgruft in der Schloßkirche geleitet. Der Sarg, der wie alle anderen noch heute in Oels steht, ist reich mit Inschriften, Wappen und allegorischen Darstellungen versehen. Er ruht auf sechs vergoldeten Löwen, die Fürstenhüte auf dem Kopfe tragen und Ringe im Maul haben. An den vier Ecken wird er zudem von vollplastischen Engelsgestalten gehalten.

Noch aufwendiger ist der Sarg seiner Gemahlin Elisabeth Marie gestaltet. Sie ruhte bis zu dessen Fertigstellung ebenfalls fast neun Monate unter der Sakristei, bevor am 19. Dezember 1686 die Einsenkung in die Gruft ihrer Ahnen erfolgen konnte. Dieser Zinnsarg steht auf sechs Pelikanen, die mit ihrem Blut die Jungen nähren, einem verbreiteten Symbol der Mutterliebe. Seine Oberfläche ist ebenfalls reich mit Inschriften und Allegorien gestaltet. Da die Gruft der Münsterberger Herzöge gegen Ende des 17. Jahrhunderts für weitere Beisetzungen keinen Raum mehr geboten hat, ließ Herzog Christian Ulrich (I.) (1652–1704) an der Südseite des Chors auf achteckigem Grundriß eine barocke Gruftkapelle anbauen, deren direktes Vorbild in

dem 1677 in der Liegnitzer Johanniskirche eingerichteten Piastenmausoleum zu suchen ist. Wie dort war auch in Oels ursprünglich die Aufstellung von Figuren der Verstorbenen auf in der Wand eingelassenen Konsolsteinen vorgesehen. Aus unbekannten Gründen sind die Plätze jedoch leer geblieben. Im Gegensatz zum Mausoleum in Liegnitz befinden sich in der Oelser Gruftkapelle die Särge im Untergeschoß, sie sind also für den normalen Besucher unsichtbar. Die Versenkungsöffnung ist heute noch mit dem ursprünglichen Deckstein versehen, auf dem eine lateinische Inschrift die Entstehung

110. Gruftkapelle des Hauses Württemberg in Oels (Oleśnica)

der Kapelle schildert. Das Kuppelgewölbe, das allerdings erst in den dreißiger Jahren des 18. Jahrhunderts ausgemalt wurde, zeigt in acht Feldern die Leidensgeschichte Christi. Da die kaum zwei Jahrzehnte zuvor angeregte Stuttgarter Gruftkapelle nicht zur Ausführung gelangt ist und alle übrigen Bestattungen des Hauses Württemberg innerhalb vorhandener Kirchenräume stattfanden, stellt der Neubau in Oels die einzige barocke Grabkapelle des Hauses Württemberg dar.

Am 12. Mai 1698 hatte Herzog Christian Ulrich (I.) den Grundstein zu der Kapelle gelegt und nach ihrer Fertigstellung zwei Jahre später zuerst seine Eltern aus der alten Chorgruft hierher überführen lassen. Das Mausoleum diente fortan bis 1761 als Grablege der Linie Württemberg-Oels. Die Särge von Herzog Silvius Friedrich und dreier jung verstorbener Kinder des Gründerpaares sind damals allerdings in der alten münsterbergischen Gruft verblieben.

Nachdem der älteste Sohn von Silvius Nimrod, Carl Ferdinand, bereits am 23. Dezember 1668 (alter Kalenderstil) im Alter von knapp 19 Jahren auf der Kavaliersreise in Kassel gestorben war und in der dortigen Martinskirche begraben liegt, waren es 1673 nur noch drei Söhne, die ihr Erbteil forderten. In jenem Jahre entschloß sich die Witwe Silvius Nimrods, Herzogin Elisabeth Marie, das Land in drei gleiche Teile aufzuteilen, da eine gemeinschaftliche Regierung fehlgeschlagen war. Neben dem Stammsitz in Oels, den Silvius Friedrich erhielt, wurden nun zwei weitere Residenzen in Bernstadt (poln. Bierutów) und in Juliusburg (poln. Dobroszyce) eingerichtet.

Herzog Christian Ulrich (I.) zog damals nach Bernstadt und der jüngste der Brüder, Herzog Julius Sigismund (1653–1684), kurz darauf nach Dreske, das nun den Namen Juliusburg erhielt.

Als im Juli 1674 der erste Sohn Christian Ulrichs im Alter von nur vier Monaten gestorben ist, richtete

111. Ehem. Deckplatte über der Gruft in Bernstadt (Bierutów) mit dem Allianzwappen Württemberg und Anhalt-Bernburg von 1674

der Herzog in der Bernstädter Katharinenkirche eine Gruft ein. In ihr wurden bis zum Bau der Gruftkapelle in Oels acht seiner Kinder und drei seiner insgesamt vier Gemahlinnen beigesetzt. Die ehemals über dem Grufteingang angebrachte Steinplatte steht heute an der nördlichen Choraußenwand. Sie ist stark abgetreten, das Allianzwappen Christian Ulrichs und seiner ersten Gemahlin Anna Elisabeth von Anhalt-Bernburg (1647–1680) ist jedoch noch gut zu erkennen.

Durch den kinderlosen Tod von Silvius Friedrich am 3. Juni 1697 wurde eine der Residenzen überflüssig und aufgegeben, worauf Christian Ulrich nach Oels und die Witwe von Julius Sigismund mit ihrem noch minderjährigen Sohn Karl nach Bernstadt übersiedelten. Im September 1678 hatte Herzog Julius Sigismund beim Tode seines ersten Kindes unter dem Chor der Schloßkirche in Juliusburg ebenfalls eine Grablege eingerichtet, in der 1681 noch sein einjähriger Sohn Leopold Friedrich und 1684 er selbst beigesetzt wurden. Als letzter Sarg fand derjenige seiner Witwe Anna Sophia von

Mecklenburg-Schwerin (1647–1726) in dem Gewölbe seine Aufstellung. Nach dem Zweiten Weltkrieg wurde die bis dahin mit einer Steinplatte verschlossene Gruft geplündert und die schlichten, nur mit Inschriften versehenen Zinnsärge aufgebrochen. Durch den Abbruch der ungenutzten Kirche in den siebziger Jahren des 20. Jahrhunderts ist die Grablege verschwunden.

Die am 13. August 1700 eingeweihte Gruftkapelle in Oels, in die Christian Ulrich (I.) auch die elf Särge aus Bernstadt hat übertragen lassen, sollte nur dreieinhalb Jahre später den Erbauer selbst auf-

112. Blick ins Untergeschoß der Oelser Gruftkapelle mit den Särgen (von rechts) von Herzog Christian Ulrich (I.) von Württemberg-Oels († 1704) sowie seiner beiden ersten Gemahlinnen Anna Elisabeth von Anhalt-Bernburg († 1680) und Sibylla Maria von Sachsen-Merseburg († 1693)

nehmen. Er starb am 5. April 1704 in Oels und erhielt einen der bedeutendsten Barocksärge des
Hauses Württemberg. Aus Kupfer gearbeitet steht
dieser auf sechs fliegenden Adlern, in deren Leibern
die Flügel in Kugeln auslaufen, so daß sie bewegt
werden konnten. Die Sargoberfläche ist größten-
teils versilbert und vergoldet, so vor allem die
reliefartig ausgearbeiteten acht fürstlichen Tugenden sowie das plastische Kruzifix und der Herzogs-
hut. Interessant ist zudem, daß architektonische
Ziermotive aus der Gruftkapelle am Sarg ihres Er-
bauers wiederkehren.

Da bisher keine Darstellungen von Begräbniszere-
monien dieses Familienzweiges bekannt geworden
sind, bildet die Sterbemedaille Christian Ulrichs (I.)
eine bemerkenswerte Ausnahme. Auf ihr sieht man
den Sarg des Herzogs unter einem einfachen Castrum doloris aufgebahrt, was in Württemberg zu jener Zeit in dieser Form nicht nachgewiesen werden
kann.

Wie in Stuttgart bricht auch in Oels in den dreißiger
Jahren des 18. Jahrhunderts die Tradition der Metallsärge plötzlich ab. Das letzte Beispiel stellt der
Sarg von Herzogin Juliane Sibylle Charlotte
(1690–1735) dar. Ihr Gemahl, Herzog-Administrator Carl Friedrich, war von 1738–1744 als Vormund für den jungen Carl Eugen Regent in Württemberg. Er fand 1761 als letzter aus dieser Familie
im Oelser Mausoleum seine Ruhestätte. Insgesamt
sind dort 24 Angehörige des Hauses Württemberg
bestattet.

Die seit 1700 leerstehende Gruft in Bernstadt wurde
schließlich zur Grabstätte des letzten im dortigen
Schloß residierenden Herzogspaares. Herzog Karl
starb am 8. Februar 1745, seine Gemahlin Wilhelmine Luise von Sachsen-Meiningen am 5. Oktober
1753. Beide wurden in mit rotem Samt bespannten
Holzsärgen in die Gruft gesenkt, jedoch ist der Sarg
des Herzogs bereits seit 1822 verschollen. Diese
Gruft wurde ebenso wie die Juliusburger Grablege

113. Medaille auf den Tod Herzog Christian Ulrichs (I.) von Württemberg-Oels mit
der Darstellung seines Trauergerüsts von 1704

114. Blick auf die Särge von Juliane Sibylle Charlotte von Württemberg-Weiltingen
(† 1735, rechts) und ihres Gemahls, des Herzog-Administrators Carl Friedrich von
Württemberg-Oels († 1761, links). Während die Herzogin noch eine prunkvolle Sarghülle aus Metall erhalten hat, steht ihr Gemahl nur vom schwarzen Innensarg umgeben
»hüllenlos« in der Gruft, da inzwischen auch in Schlesien die Zeit der Zinnsärge zu
Ende gegangen war

115. Die Ceslaus-Kapelle an der Adalbertkirche in Breslau (Wrocław), Grabstätte zweier württembergischer Herzoginnen

1713 selig gesprochenen ersten Breslauer Dominikanerpriors Ceslaus aufzunehmen.

Das Begräbnis dieser beiden Herzoginnen in Breslau ist der einzige Fall im Hause Württemberg, wo ganz bewußt eine Grablege an bevorzugter Stelle in unmittelbarer Nähe eines besonders verehrten Geistlichen gewählt wurde. Aller Wahrscheinlichkeit nach sind hierbei die Parallelen in Trebnitz zu suchen. Dort wählte sich die ebenfalls konvertierte letzte Piastin, Herzogin Charlotte (1652–1707), zu Füßen des Hochgrabes der heiligen Hedwig ihre Begräbnisstätte.

Carlsruhe/Oberschlesien

Der Sohn des in Stuttgart beigesetzten Herzogs Christian Ulrich (II.) (s. S. 91), Carl Christian Erdmann von Württemberg-Oels (1716–1792), vereinigte nach dem Rücktritt seines Oheims Carl Friedrich 1744 wieder alle Landesteile des schlesischen Herzogtums in einer Hand. Durch das Erbe seiner Mutter in den Besitz großer Waldgebiete in Oberschlesien gekommen, gründete er dort 1747 seine spätere Sommerresidenz Carlsruhe O. S. (poln. Pokój). Dieser vom Oelser Herzogtum staatsrechtlich unabhängige Besitzkomplex ist bis zum Ende des Zweiten Weltkriegs beim Hause Württemberg geblieben.

Während die beiden 1742 und 1759 jung verstorbenen Söhne Carl Christian Erdmanns noch in der angestammten Gruftkapelle seines Hauses in Oels ihre Ruhestätte gefunden haben, ließ dieser beim Bau der Sophienkirche in Carlsruhe ab 1765 drei räumlich voneinander unabhängige Begräbnisgewölbe in deren Untergeschoß einrichten. Die östliche Gruft bestimmte er zu seinem eigenen Begräbnis, die westliche wurde später zur Familiengruft der Zweiten Schlesischen Linie und die nördliche Grabkammer diente als Grabstätte für den

1945 geplündert. Bei einer grundlegenden Renovierung der Kirche in den achtziger Jahren wurde das durchwühlte Gewölbe zugeschüttet und vermauert.

Die Adalbertkirche (K. Sw. Wojciecha) in Breslau (poln. Wrocław) birgt die Särge von zwei Töchtern des Herzogs Georg II. von Württemberg-Mömpelgard, Hedwig (1667–1715) und Eleonore Charlotte (1656–1743). Letztere hatte 1672 Herzog Silvius Friedrich von Württemberg-Oels geheiratet und war als Witwe im Jahre 1702 gemeinsam mit ihrer Schwester zum Katholizismus übergetreten. Auf eigene Kosten haben sie sich unter der in den Jahren 1711–1730 südlich an das Kirchenschiff angebauten Ceslauskapelle eine Gruft anlegen lassen. Der barocke Bau war dazu bestimmt, die Gebeine des

Freiherrn von Seidlitz († 1778), Hofjägermeister von Wägern († 1788) sowie von 1789 für zwei Jahre für den Grafen von Schwerin.

Mit der Einsenkung des Sarges von Herzog-Administrator Carl Friedrich im Jahre 1761 in der Oelser Gruft mußte diese als belegt angesehen werden. Die Schaffung einer neuen Grablege war deshalb für Carl Christian Erdmann eine vordringliche Aufgabe. Allerdings war zu jener Zeit bereits abzusehen, daß die Linie Württemberg-Oels aller Wahrscheinlichkeit nach mit diesem Herzog erlöschen würde und das Oelser Land an dessen künftigen Schwiegersohn Herzog Friedrich August von Braunschweig fallen würde. König Friedrich II. von Preußen hat Friedrich August 1765 mit dem Herzogtum mitbelehnt, nachdem er sich zuvor mit der Tochter Carl Christian Erdmanns verlobt hatte. Die Planung eines großräumigen Familienbegräbnisses in Oels oder Carlsruhe war für den letzten Oelser Herzog aus dem Hause Württemberg nicht notwendig, da es im allgemeinen unüblich war, daß verschiedene aufeinander folgende Besitzerfamilien in einer gemeinsamen Gruft ihr Begräbnis wählten. Vielleicht geht auf derartige Überlegungen die Anlage von drei unabhängigen Grüften unter der Carlsruher Sophienkirche zurück.

Als Carl Christian Erdmanns einzige Tochter Friederike Sophie nach 21jähriger Ehe mit dem Herzog von Braunschweig am 4. November 1789 in Berlin an einer »Pockenkrankheit« verstarb, fand sie vorübergehend in der Gruft unter der sogenannten Neuen Kirche auf dem Gendarmenmarkt, dem heutigen Deutschen Dom, eine Ruhestätte. Man beabsichtigte zwar, den Sarg mit der Leiche bei eintretendem Frost nach Schlesien zu bringen, tatsächlich erfolgte die Überführung jedoch erst zu Beginn des Jahres 1791. Herzogin Friederike Sophie wurde daraufhin Ende Januar als erste in der Gruft unter der Sakristei der Carlsruher Sophienkirche beige-

setzt. Bereits am 14. Dezember 1792 starb ihr Vater Herzog Carl Christian Erdmann, am 25. März des darauffolgenden Jahres auch ihre Mutter Sophie von Solms-Laubach. Damit war die Linie Württemberg-Oels, häufig auch als Erste Schlesische Linie bezeichnet, erloschen.

Der Eingang zur Gruft wurde nach der Bestattung der Herzogin vermauert und nicht wieder geöffnet. Die drei Särge sind von nahezu gleicher Gestalt. Sie stehen auf vergoldeten Löwenklauen und werden von Pastor Regehly d. J. als mit rotem Samt überzogen und »mit goldnen Borten und vergoldeten Handheben« verziert geschildert.

116. Blick vom ev. Friedhof auf die Sophienkirche in Carlsruhe/Oberschlesien (Pokój), in der Mitte des Weges das Grab von Herzogin Luise († 1834) und ihren beiden Söhne

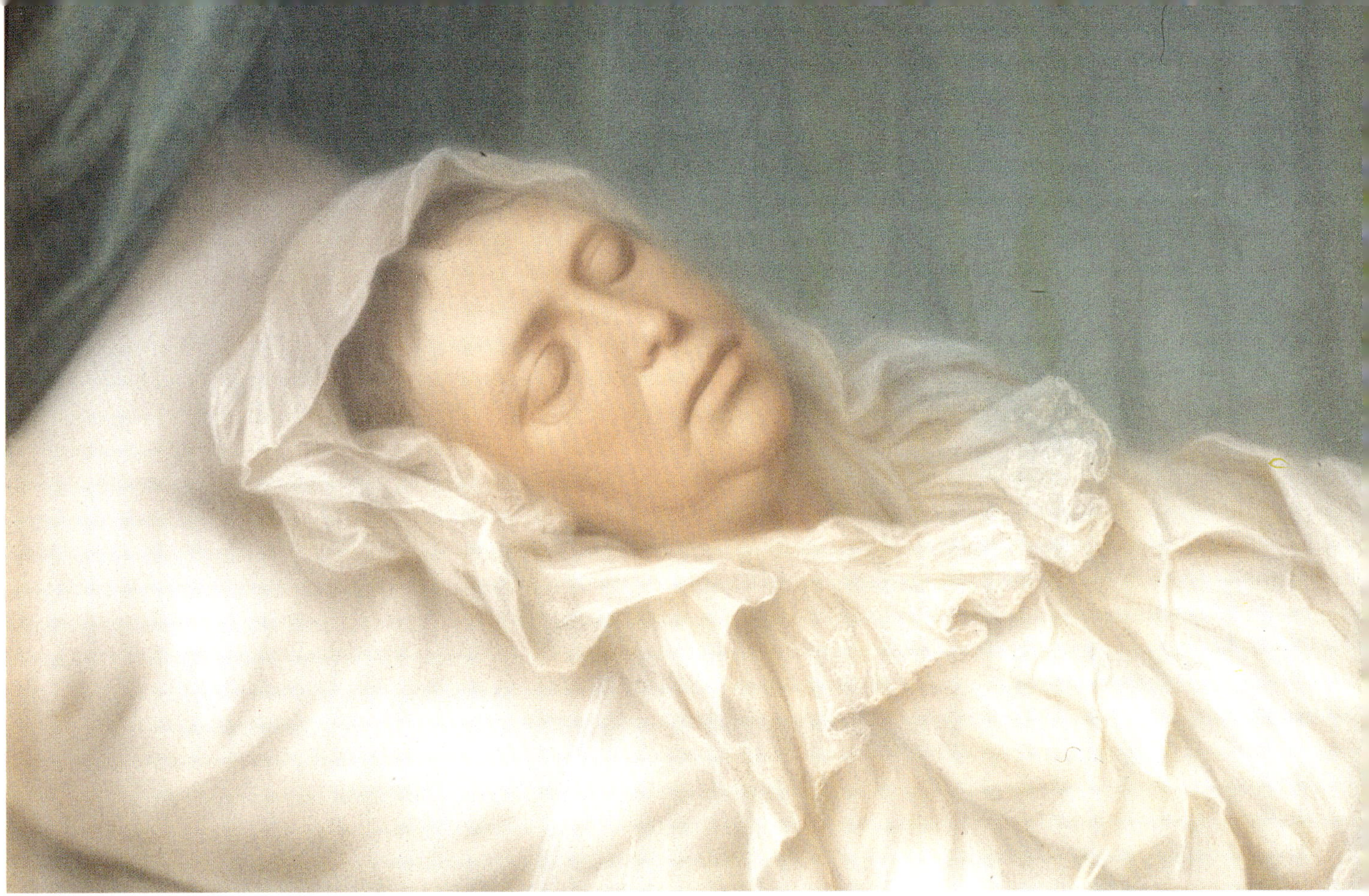

Tafel 5a
Friederike Sophie Dorothee von Brandenburg-Schwedt († 1798), Gemahlin Herzog Friedrich Eugens, auf dem Totenbett, Pastellzeichnung von Johann Lorenz Kreul

Tafel 5b
Die Särge der Herzöge Ludwig Eugen († 1795), Carl Eugen († 1793) und Carl Alexander († 1737) in der Ludwigsburger Gruft

Tafel 6a
Aufbahrung Königin
Katharinas in der Stutt-
garter Stiftskirche am
14. Januar 1819, kol.
Stich nach einer Zeich-
nung Giovanni Saluccis

Tafel 6b
Von Herzog Friedrich II.
im Jahre 1801 für seinen
verstorbenen Freund
Johann Carl Reichsgraf
von Zeppelin auf dem
Ludwigsburger Friedhof
errichtetes Mausoleum,
kol. Lithographie von
Friedrich Weber

117. Grabstein des Herzogs Eugen († 1822) auf dem ehem. Alten Friedhof in Meiningen

Zweite Schlesische Linie

Nach dem Tode Herzog Carl Christian Erdmanns fiel das Herzogtum Oels, gemäß der Vereinbarung von 1765, an Herzog Friedrich August von Braunschweig, der sich fortan »von Braunschweig-Oels« nannte. Er starb 1805 in Weimar bei seiner Schwester, Herzogin Anna Amalia, und wurde im Chor der Stadtkirche St. Peter und Paul vor dem Altar beigesetzt.

Die Herrschaft Carlsruhe hingegen hatte Carl Christian Erdmann in seinem Testament zu einem Fideikommiß erklärt und einem schon seit 1782 in Oels wohnenden Bruder des späteren Königs Friedrich, Herzog Eugen Friedrich Heinrich, vererbt. Damit wurde die sogenannte Zweite Schlesische Linie des Hauses Württemberg begründet.

Herzog Eugen Friedrich Heinrich und seine Gemahlin Luise von Stolberg-Gedern lehnten die Gruftbestattung für sich strikt ab. Schon beim Tode ihres erst sechsjährigen Sohnes Ferdinand im Dezember 1796 sowie im darauffolgenden November, als der gerade vierjährige Heinrich starb, veranlaßten die Eltern deren Bestattung in gewöhnlichen Erdgräbern auf dem öffentlichen Gemeindefriedhof in Carlsruhe.

Als der Herzog 1822 während eines Besuches in Meiningen überraschend verstorben ist, fand er sein Begräbnis ebenfalls unter freiem Himmel auf dem damals bereits in den Englischen Garten einbezogenen Alten Friedhof. Der klassizistische Grabstein für Herzog Eugen Friedrich Heinrich befindet sich noch heute an seiner ursprünglichen Stelle über dem Grab. Die Inschrift lautet schlicht »Eugen Herzog zu Württemberg gest. d. 20ten Juny 1822« und auf der Rückseite »geboren den 21. November 1758«. Als Herzogin Luise 1834 im Alter von fast 70 Jahren verstarb, wollte sie neben ihren beiden Söhnen auf dem Carlsruher Friedhof bestattet werden. Die mächtige Sandsteinplatte über den Gräbern trägt die Inschrift:

»Louise
Herzogin v. Würtemberg
Pr. v. Stollberg-Gedern
geb. d. 13. Oct. 1764
gest. d. 24. Mai 1834
ruhet hier
an der Seite ihrer Kinder
Ferdinand und Heinrich.
Sie lebt fort in unseren
Herzen«

Herzog Eugen und Herzogin Luise sind die ersten Angehörigen des Hauses Württemberg, die ganz bewußt mit einer jahrhundertealten Begräbnistradition brachen und ein für jedermann zugängliches Grab auf dem öffentlichen Gemeindefriedhof wählten. Die beiden anderen noch ins 18. Jahrhundert zurückreichenden Beispiele dieser Art beruhen dagegen nicht auf dem freien Willen der Bestatteten, sondern sind das Ergebnis zufälliger Entscheidung anderer. Es handelt sich dabei zum einen um das Grab der am 3. Oktober 1784 nach nur neun Lebensmonaten in St. Petersburg verstorbenen Tochter von Herzog Friedrich, dem späteren König, und Herzogin Auguste auf dem dortigen Wolkowo-Friedhof. Ein einfaches Postament trug die Inschrift:

»Hier ruht
die Asche
von
Sophie Dorothea Marie Auguste,
Prinzessin von Württemberg-Stuttgart,
geboren den XVI. December MDCCXXXIII,
gestorben den III. October MDCCXXXIV.
Edle Blume, frühe verblüht, um herrlicher wieder
aufzublühen – jenseits des Grabes.«

Die andere Grabstätte befindet sich in Cherson und birgt den Leichnam von Herzog Karl (1770–1791), einem Bruder des späteren Königs Friedrich. Sein Grabmal ist in einer Entwurfszeichnung von unbekannter Hand überliefert. Obwohl die Ausführung eher zweifelhaft erscheint, verdient es als erstes im Freien aufzustellendes Monumentaldenkmal des Hauses Beachtung.
Der Sohn des Begründers der Zweiten Schlesischen Linie hieß ebenfalls Eugen (1788–1857) und bevorzugte im Gegensatz zu seinen Eltern die überkommene Gruftbestattung. Er bestimmte das westliche der drei Grabgewölbe unter der Sophienkirche in Carlsruhe zur Grablege seiner Familie. Schon 1825 hat er dort seine erst vierundzwanzigjährig im Kindbett verstorbene Gemahlin Mathilde von Waldeck und Pyrmont zusammen mit dem auf den Namen des württembergischen Königs Wilhelm getauften Säugling beisetzen lassen. Insgesamt sie-

118. Grabmalentwurf von unbekannter Hand für Herzog Karl († 1791)

ben Särge fanden in dieser Gruft ihre Aufstellung. Bemerkenswert ist dabei, daß in die Wände der über dieser Gruft gelegenen Eingangshalle der Kirche weiße Marmortafeln mit den Namen und Lebensdaten der Bestatteten eingelassen sind. Dieser an die Funktion von Epitaphien erinnernde Brauch ist im Hause Württemberg in keiner anderen Familiengrablege zu finden. Überall sonst sind die Toten seit dem Ausgang der Renaissance in unterirdischen Gruftgewölben ohne öffentlich sichtbare Erinnerung verschwunden. Waren die Erdbestattungen der ersten Generation in Carlsruhe noch wesentlich von der Aufklärung bestimmt, so ist der Rückgriff auf die Gruftbestattung und die Anfertigung von Epitaphien ein Ausdruck von offensichtlich historistischer Gesinnung.

Die letzte Beisetzung in dieser Gruft erfolgte 1913, als mit Herzogin Alexandrine Mathilde die letzte in Carlsruhe wohnhafte Angehörige dieser Linie gestorben ist. Einer ihrer Brüder, Herzog Wilhelm (1828–1896), war von 1891 bis zu seinem Tode Thronfolger im Königreich Württemberg. Er hatte bestimmt, daß er an jenem Ort, wo er sterben werde, auch begraben sein wolle. Er starb am 5. November 1896 in Obermais bei Meran und wurde in einer Gruftanlage des protestantischen Friedhofs in Meran bestattet.

Ein weiterer Bruder, Herzog Nikolaus

119. Marmorepitaph für Herzogin Alexandrine Mathilde († 1913) in der Carlsruher Sophienkirche

(1833–1903), der zugleich der letzte evangelische Kronprinz Württembergs war, hatte bereits 1892 beim Tode seiner Gemahlin Wilhelmine (1844–1892) wiederum den Carlsruher Friedhof zum Begräbnisort gewählt. Im Jahre 1903 fand er an ihrer Seite seine Ruhestätte. Vorbild für die Entscheidung von Herzog Nikolaus dürfte einerseits das bereits auf dem Carlsruher Friedhof vorhandene Grab der Herzogin Luise gewesen sein, andererseits hatte der damalige württembergische König Wilhelm II. seine erste Gemahlin und zwei seiner Kinder ebenfalls auf einem öffentlichen Friedhof beerdigen lassen (s. S. 152 f.).

Nach dem Tode von Herzog Nikolaus ist Carlsruhe an den württembergischen König Wilhelm II. gefallen, der sich gerne in Schlesien aufhielt. Als er 1921 starb, wurde der Besitz des Hauses Württemberg kurz darauf geteilt. Die schlesischen Güter erhielt Herzog Albrecht Eugen (1895–1954), der 1930 alle drei Grüfte unter der Sophienkirche in Carlsruhe fest vermauern ließ. Da vor dem Verlust des Besitzes 1945 diese Dritte Schlesische Linie von Todesfällen verschont geblieben ist, endet die württembergische Sepulkralgeschichte in Schlesien noch vor dem Ersten Weltkrieg. Herzog Albrecht Eugen und seine Gemahlin Nadejda von Bulgarien fanden in der heutigen Zentralgruft in Altshausen ihr Begräbnis.

Neuenstadt

In dem bereits erwähnten Fürstbrüderlichen Vergleich von 1617 war die neugeschaffene Nebenresidenz Neuenstadt an der Linde an den vierten der Brüder, Herzog Friedrich Achilles (1591–1631), gefallen. Eine neue Seitenlinie wurde damals jedoch nicht begründet, da dieser unverheiratet geblieben ist. Friedrich Achilles starb am 20. Dezember 1631 in Neuenstadt, seine Ruhestätte fand er in der Stuttgarter Stiftskirche. Nachdem das Haus Württemberg nach der Schlacht von Nördlingen das Land verlassen hatte, wurde Neuenstadt im darauffolgenden Jahr 1635 vom Kaiser dem Grafen Max von Trautmannsdorf übergeben. Die Stadt mußte immer wieder Truppeneinquartierungen über sich ergehen lassen und bei Kriegsende ist das Schloß völlig ausgeplündert zurückgeblieben.

Im September 1649 trat Herzog Eberhard III. die Ämter Weinsberg, Möckmühl und Neuenstadt an seinen nächstjüngeren Bruder Friedrich zum Unterhalt ab. Nach gründlicher Renovierung des Schlosses nahm dieser in Neuenstadt seinen Wohnsitz. Vier Jahre später vermählte sich Herzog Friedrich in Wolfenbüttel mit Clara Augusta (1632–1700), der Tochter des Herzogs August von Braunschweig-Lüneburg.

In Ermangelung eines Erbbegräbnisses in Neuenstadt wurden die beiden 1655 und 1656 nach nur wenigen Tagen verstorbenen Söhnchen Ulrich und Eberhard in der Gruft unter dem Stuttgarter Stiftschor beigesetzt. Sie ruhen in qualitätvollen, bei Centurio Mühlbayer in Heilbronn angefertigten Zinnsärgen. Als schließlich im April 1664 ein weiteres Kind des Herzogspaares, Barbara Augusta, im Alter von nur einem Jahr verstorben ist, müssen sich die Eltern zum Bau eines eigenen Familienbegräbnisses entschlossen haben. Denn in jenem Jahr erbaute der fürstliche Werkmeister Jakob Ehemand südlich der evangelischen Stadtkirche eine tonnengewölbte Gruft. Sein in den frischen Verputz eingeritztes Meisterzeichen mit der Jahreszahl 1664 findet man an der südlichen Längswand. Die im Gewölbe um das sogenannte »Seelenloch« angebrachten Schlußsteine tragen neben der Inschrift »Gott allein die Ehr« ebenfalls die Zahl 1664.

Mit 5,45 Metern Länge und 2,65 Metern Breite ist die Gruft verhältnismäßig klein, und offensichtlich war sie zunächst nur für eine oder zwei Generationen vorgesehen. Heute liegt der unterirdische Raum teils unter der Sakristei, teils unter der Gehwegfläche. Ob sich einst darüber eine Seitenkapelle der Kirche befand oder ob das Gewölbe unter freiem Himmel lag – wie zum Beispiel in Ingelfingen oder Schleiz –, ist nicht bekannt. Als am 24. März 1682 Herzog Friedrich im Alter von 66 Jahren starb, standen in der Gruft bereits neun Zinnsärge, davon sieben von Kleinkindern. Die Mühlbayersche Werkstatt in Heilbronn hat bis 1670 für die Neuenstädter Fürstenfamilie mindestens fünf Särge geliefert, die mit Inschriften, Wappen und Emblemen graviert sind. Seit 1680 jedoch stammten die Särge von Martin Pschorn aus Öhringen, so auch derjenige Herzog Friedrichs. Die Begräbnisfeier am 12. Mai 1682 wurde in der kleinen Residenz mit zeittypischem Aufwand und Zeremoniell vollzogen. Der die Trauerfeier in der Kirche zeigende Kupferstich ist die einzige Darstellung einer Begräbnisfeier des Hauses Württemberg im 17. Jahrhundert. Allerdings dürfte die gezeigte Architektur nicht den tatsächlichen Kirchenraum wiedergegeben haben.

Friedrichs ältester Sohn und Besitznachfolger in Neuenstadt war Herzog Friedrich August, der seine Grabstätte in Gochsheim wählte (s. S. 131). Waren schon bei Herzog Friedrich und seiner Gemahlin Clara Augusta von zwölf Kindern sechs nach weniger als drei Lebensjahren verstorben, so setzte sich diese verheerende Kindersterblichkeit auch bei Friedrich August und seiner Gemahlin Albertine Sophie Esther fort. Von 14 Nachkommen starben elf im Säuglingsalter, nur drei Töchter überlebten. Diese fortwährenden Todesfälle veranlaßten den Herzog, die Leichen seiner Kinder von Ärzten sezieren zu lassen. Auf diese Weise erhoffte er sich Aufschlüsse über die Ursachen ihres Sterbens. Sektionen sind in Fürstenhäusern an sich nichts Ungewöhnliches, die systematische Untersuchung der Leichen Neugeborener findet man aber seltener.

120. Kupferstich der Trauerfeier für Herzog Friedrich von Württemberg-Neuenstadt († 1682)

Obwohl die Berichte außerordentlich genau abge-
faßt sind, lassen sich die Ursachen eines Kindstodes
heute nur noch erahnen. Unsauberkeit, verdorbene
Nahrung und vor allem Fehler bei der Geburtshilfe
dürften in den meisten Fällen das Lebensende herbeigeführt haben. Nach Meinung der Hofärzte waren die Todesfälle zumeist auf eine »widernatür-
liche Säure zurückzuführen«. So heißt es in einem
Sektionsbericht von 1689: »Solche Säure wo sie
sich einmahl in dem Magen angesponnen, multipli-
cirt sich nachmahlen immer mehr und mehr, darzu
die Milch das bequemste Subjectum ist, alß welche
bei Berührung der Säure sich zertheilet, gerinnt und
gleichmäßig sauer, wie ein Wein in einem Essigge-
schirr auch zu Essig wird.« Bei einigen Kindern
waren die Köpfchen von den rohen Händen der
Hebammen allzu kräftig in eine Form gedrückt
worden, was bald den Tod herbeigeführt hat. An
anderer Stelle ist von welken und verzehrten Glied-
lein sowie von absonderlichen Veränderungen an
den Organen die Rede.

In den Aufschriften auf den kleinen Särgen wurde
dem Schmerz der Eltern in barocker Manier Ausdruck gegeben. Als Beispiel sei hier der noch guter-
haltene Zinnsarg von Herzog Adam (1690) ange-
führt. An seinen Längsseiten befinden sich Schrift-

◁ 121. Bemalter Zinnsarg Friedrich Casimirs (✝ 1680), des ersten Sohnes von Herzog Friedrich August von Württemberg-Neuenstadt

◁ 122. Kupferstich mit allegorischer Darstellung auf den Tod Herzog Friedrichs von Württemberg-Neuenstadt (✝ 1682)

123. Allegorische Gartendarstellung am Kopfende des Sarges von Herzog Adam (✝ 1690)

bänder und daneben auf kleinen Gemälden inmitten von Ruinenlandschaften die trauernden Eltern. Die dazugehörigen Texte lauten:

»Ach mich unbeglückte Mutter,
deren thut verlohren gehen
nun das achte theure kleinod,
weil ichs mus so vor mihr sehen
gantz erblaset und ertödet,
in die gruft gesencket ein.
doch so werden wir dereinst,
frölich gnug beisamen sein.«
und
»Meine liebe Fürstenkinder,
hatt gott von mier weggenomen
vnd an deren letze stell,
ist printz Adam wider kommen.
weil die Zeitten aber böß,
darumb rufft ihm gleichfals gott.
Ich sein vatter thu ihm gönnen,
die befreiung aus der noht.«

Eine allegorische Darstellung am Kopfende des Sarges zeigt den Blick in einen barocken Garten, in dessen Mitte ein Springbrunnen plätschert. Im Vordergrund fällt eine Tulpe ins Auge, deren Stengel durch die Buchstaben »AHZW« (Adam Herzog zu Württemberg) gebildet wird. Zu beiden Seiten des Bildes ist ebenfalls auf Schriftbändern ein zeittypisches Gedicht aus der Feder des damaligen Hofpredigers in Neuenstadt, Johann Ludwig Hochstetter, zu lesen:

»Waß ausder erden wächst
mus wider innen werden,
das nach des Schöpffers raht,
eß kommen mus zur erden.
Ich zarte erdenblum
erfahr es in der that.
Weil mich so bald allhier,
der Tod abgrißen hatt.«

In ähnlicher Weise waren auch die anderen Kindersärge gestaltet, jedoch sind die meisten Inschriften inzwischen nicht mehr erkennbar oder zerstört. Während bei den 1680 zum ersten Mal vorkommenden Sargmalereien noch der in Neuenstein/Hohenlohe ansässige Maler Siegfried Wolfgang Stichling (1640–1690) als ausführender Künstler betrachtet werden muß, dürfte bereits gegen Ende der achtziger Jahre dessen Sohn Johann Wolfgang Stichling (✱ 1666) als selbständiger Hofmaler am herzoglichen Hof in Neuenstadt gewirkt haben. Die außerordentlich feinen und phantasievollen Gemälde auf dem Sarg Adams sind von ihm mit vollem Namen signiert.

War in Stuttgart nur zwischen 1628 und 1631 die Bemalung von Zinnsärgen üblich, so sind die Neuenstädter Särge ganz von der damals in Hohenlohe herrschenden Sepulkralkultur geprägt. Ähnliche Beispiele findet man unter anderem in den Grüften von Öhringen, Neuenstein und Weikersheim.

124. Kopfende des Sarges von Herzog Ferdinand Wilhelm von Württemberg-Neuenstadt († 1701)

125. Herzog Ferdinand Wilhelm vor dem Hintergrund seines Sterbeortes Sluis, Gemälde J. W. Stichlings am Kopfende des Sarges

Höhepunkte im Schaffen J. W. Stichlings stellen zweifellos die Särge von Herzogin Clara Augusta († 1700) und von Herzog Ferdinand Wilhelm († 1701) dar. In beiden Fällen sind sämtliche Flächen mit Inschriften, Wappen und Allegorien bemalt. Bemerkenswert sind vor allem die Darstellungen auf den Stirnseiten der Särge, wo Stichling Clara Augusta und Ferdinand Wilhelm in reizvoller Lebendigkeit vor dem Hintergrund ihrer Sterbeorte Weinsberg (Weißenhof) und Sluis in Flandern abgebildet hat.

Beim Tode von Herzogin Clara Augusta am 6. Oktober 1700 war die Gruft von 1664 derart mit Särgen angefüllt, daß an weitere Bestattungen nicht zu denken war. Insgesamt 14 Personen hatten dort inzwischen ihre Ruhestätte gefunden.

Herzog Friedrich August wandte sich daher am 24. November 1700 an den regierenden Herzog Eberhard Ludwig mit der Bitte, er möge seinen Baumeister nach Neuenstadt entsenden, damit dieser die Situation in Augenschein nehme. Dies müsse jedoch bald geschehen, da nach Fertigstellung des Zinnsarges für Clara Augusta die Gruft wieder verschlossen werde. Sogleich bekam der Baumeister Matthias Weiß in Stuttgart den Auftrag, nach Neuenstadt zu reisen und Vorschläge für eine Erweiterung der Grablege zu machen. Dies geschah noch vor Weihnachten, worauf er am 13. Februar 1701 einen Plan mit Kostenvoranschlag vorlegen konnte. Dieser sah eine völlig neue Gruft unter dem Chor der Kirche vor. Sowohl die Maßverhältnisse als auch das auf einem Mittelpfeiler ruhende Kreuzgewölbe erinnern in verblüffender Weise an die alte Stuttgarter Chorgruft von 1608. Offensichtlich war Matthias Weiß dieser Begräbnisraum noch aus der Zeit in Erinnerung, als er 1683 die Stuttgarter Grufterweiterung geleitet hatte (s. S. 81).

Herzog Friedrich August war der festen Überzeugung, daß der Kirchenrat die von Weiß veranschlagten Kosten in Höhe von 400 Gulden übernehmen werde »wie in dergleichen fällen anderwärts und zwar zu Weiltingen auch geschehen«. Dies stellte sich jedoch als Irrtum heraus. Die Finanzierung war noch nicht geklärt, da starb am 7. Juni 1701 in Sluis in Flandern ein Bruder Friedrich Augusts, Herzog Ferdinand Wilhelm, an den Folgen eines bereits 1685 im Türkenkrieg erlittenen Schusses in die Stirn. Als einer der bedeutendsten Feldherrn seiner Zeit hatte er an zahllosen europäischen Kriegsschauplätzen gekämpft. Zuletzt war er als Gouverneur von holländisch Flandern hochgeachtet.

Eine erneute dringende Eingabe in Stuttgart, die Gruft müsse nun endlich erweitert werden, da man nicht wisse, wo der jüngst verstorbene Herzog bestattet werden solle, ließ die Rentkammer Grundsätzliches entscheiden. Im Bescheid vom 15. Juni 1701 heißt es unter anderem, daß jeder Angehörige des Hauses ohne eigene Grablege das Recht auf die Bestattung in der Stuttgarter Zentralgruft habe. Sei jedoch eine Gruft vorhanden, so solle diese gefälligst mit Mitteln aus dem Nachlaß des Verstorbenen erweitert werden. Im übrigen sei »Herzog Ferdinandts Verlassenschaft schon darnach beschaffen, daß dergleichen Sumptus darauß bestritten werden können«.

Eine erneute Besichtigung durch den Baumeister Weiß in Neuenstadt im Juli hat schließlich ergeben, daß die Kosten um 100 Gulden gesenkt werden könnten, wenn man nur zwei Drittel des Chores ausgrub. So geschah es dann auch, so daß die Beisetzung Ferdinand Wilhelms bereits am 12. September in der neuen Gruft stattfinden konnte. Sein Leichnam war auf einem Schiff von Flandern den Rhein und den Neckar herauf bis Jagstfeld gebracht worden, von wo der Sarg in feierlichem Zuge nach Neuenstadt geleitet und bis zur Bestattung im Schloß abgestellt wurde.

Da zuletzt die Baukosten doch von Neuenstadt allein übernommen werden mußten, wurden über dem Eingang zur neuen Grablege die Initialen der beiden Bauherren Friedrich August (»FA1701HZW«) und Carl Rudolf (»17C.R.H.Z.W.01«) angebracht. Seit der damals erfolgten Neuordnung ruhen im alten Gewölbe nur noch die vor September 1680 verstorbenen Angehörigen, die anderen wurden in den neuen Raum übertragen. Ähnlich wie in Stuttgart sind beide Grabkammern durch einen gewölbten Gang miteinander verbunden.

In der alten Gruft steht unter anderem der Zinnsarg von Herzogin Anna Johanna, einer Schwester Herzog Friedrichs von Württemberg-Neuenstadt. Selbst hochgebildet – sie übersetzte theologische Werke vom Lateinischen ins Deutsche und wirkte als Festungsbaumeisterin – hielt sie sich immer wieder für längere Zeit in der geistig anregenden Atmosphäre des Neuenstädter Hofes auf. Hier ist sie sechzigjährig am 5. März 1679 kurz nach der Vermählungsfeier Herzog Friedrich Augusts mit Albertine Sophie Esther von Eberstein gestorben. Sechs Wochen später wurde Anna Johanna in der Gruft bestattet.

Zwei ursprünglich in der Neuenstädter Gruft beigesetzte Kinder, Christoph (1666) und Friedrich (1701), wurden 1706 von einem gewissen Türmer und Musikanten Franz Dübner eingeäschert. Bei einem Einbruch in der Gruft hatte dieser aus Bodenfliesen einen Schmelzofen gebaut und darin das Sargzinn verkaufsgerecht eingeschmolzen. Die Reste des Ofens sowie verkohlte Knochen und Sargtrümmer liegen noch heute in der Gruft. Gleichzeitig hatte Dübner auch nach Wertsachen gesucht und mehrere Särge von Erwachsenen durchstöbert. So soll er den Körper des erst fünf Jahre zuvor beigesetzten Herzogs Ferdinand Wilhelm »herumgerißen und aller Orten visitirt« haben. Dübners Frevel wurde entdeckt und der Täter hingerichtet. Nach dem Tode Friedrich Augusts im Jahre 1716 war dessen jüngster Bruder Herzog Carl Rudolf (1667–1742) der Erbe von Neuenstadt. Auch er

seine Ruhestätte. Die geschwungenen Formen des Sarges, die sechs Löwen, auf denen er ruht, sowie die in Gestalt verschlungener Schlangen gearbeiteten Trageringe machen ihn zu einem der bemerkenswertesten Alt-Württembergs. Der späteste Zinnsarg im Hause Württemberg wurde für eine Tochter Friedrich Augusts, Eleonore Wilhelmine Charlotte (1694–1751) angefertigt. Seine als Rocaillen geformten Tragehalterungen weisen ihn als seltenes Beispiel eines Rokokosarges aus. Der Kupfersarg für die am 8. Mai 1781 als letzte Angehörige dieser Linie verstorbene Herzogin Friederike ist schon 1777 angefertigt worden und steht im Stil außerhalb der württembergischen Tradition.

Nach der Beisetzung Friederikes wurde die Gruft in Neuenstadt noch einmal renoviert und dann zugemauert. Erst mehr als hundert Jahre danach wurde sie in Zusammenhang mit einer 1891 durchgeführten Kirchenrenovierung wieder geöffnet und durch eine Nebentreppe zugänglich gemacht. Der Hauptzugang im Kirchenschiff ist jetzt mit gewendeten spätgotischen Grabplatten bedeckt.

126. Kopfende des Sarges von Herzog-Administrator Carl Rudolf von Württemberg-Neuenstadt († 1742)

Gochsheim

Die ehemals ebersteinische Herrschaft Gochsheim im Kraichgau war 1679 durch die Heirat des Herzogs Friedrich August von Württemberg-Neuenstadt (1654–1716) mit der Tochter des letzten Grafen von Eberstein, Albertine Sophie Esther (1661–1728), in den Besitz des Hauses Württemberg gekommen. Als 1682 der Vater Friedrich Augusts, Herzog Friedrich, starb, zog das nunmehr »regierende« Herzogspaar aus der angestammten Residenz in Neuenstadt am Kocher nach Gochsheim und nahm dort seinen ständigen Aufenthalt. Schon sechs Jahre später mußte der Herzog jedoch vor den heranrückenden französischen Truppen

war ein in ganz Europa bekannter und geachteter Feldherr, dessen Leben die Sargaufschrift in Versform erzählt. In der Landesgeschichte erlangte er Bedeutung, als er nach dem Tode des Herzogs Carl Alexander bis zum Sommer 1738 ein Jahr lang die Vormundschaft für den minderjährigen Carl Eugen ausübte. In seine Regentschaft fiel beispielsweise der Prozeß um Jud Süß Oppenheimer, dessen Todesurteil Carl Rudolfs Unterschrift trägt.

Er starb fünfundsiebzigjährig am 17. November 1742 in seiner Residenz und fand in einem Zinnsarg

127. Die Grabplatten von Herzog Friedrich August von Württemberg-Neuenstadt († 1716) und seiner Gemahlin Albertine Sophie Esther von Eberstein († 1728) vor dem Altar der Gochsheimer Martinskirche

fliehen und nach Neuenstadt zurückkehren. Gochsheim wurde in der Folge bis auf drei Häuser restlos niedergebrannt. Auch die Martinskirche, in der schon die Eltern der Herzogin ihre letzte Ruhe gefunden hatten, wurde ein Raub der Flammen. Sofort nach dem Friedensschluß von Rijswijk im Jahre 1697 ließ Herzog Friedrich August die Gochsheimer Kirche auf eigene Kosten wiedererrichten, so daß sie am 15. Juni 1704 eingeweiht werden konnte. Vor dieser Zeit hat der Herzog wohl kaum die Errichtung eines Erbbegräbnisses in Gochsheim erwogen, stand doch in Neuenstadt eine Familiengruft zur Verfügung, die er im Jahre 1701 hat

großzügig erweitern lassen. Dort sind auch alle Kinder – sogar die in Gochsheim verstorbenen – beigesetzt worden. Ob es tatsächlich der Wille Friedrich Augusts war, nach seinem Tode vor dem Altar der Gochsheimer Martinskirche bestattet zu werden, wissen wir nicht, da sein Testament verschollen ist. Nur die Leichenpredigt erwähnt einen diesbezüglichen Wunsch und beruft sich auf eine entsprechende »Disposition«. Herzogin Albertine Sophie Esther starb zwölf Jahre nach ihrem Gemahl am 24. Mai 1728 und wurde an dessen Seite beigesetzt.

Beide Gräber sind mit einfachen Steinplatten bedeckt, die neben dem Wappen, den Lebensdaten und dem »selbsterwehlten Leichtext« nur wenig ornamentalen Schmuck zeigen. Die Einzelformen sind von ziemlich grober und auffallend unkünstlerischer Hand gearbeitet. Man muß daher annehmen, daß ein örtlicher Steinmetz mit der Ausführung beauftragt war. Zudem mutet es seltsam altertümlich an, daß zu einer Zeit, als im Hause Württemberg ausschließlich die Gruftbestattung ohne sichtbares Grabmal Anwendung fand, hier auf eine Bestattungsform zurückgegriffen wurde, die zuletzt am Ende des 16. Jahrhunderts – läßt man den etwas anders gearteten Fall Herzog Manfreds außer acht – in Gebrauch war. Als unmittelbares Vergleichsbeispiel kann nur der Wappengrabstein des 1596 verstorbenen jungen Herzogs August in der Stuttgarter Stiftskirche herangezogen werden. Alle weiteren denkbaren Vorbilder wären in vorreformatorischer Zeit zu suchen.

Da die Grabplatten schon bald durch einen neuen Fußboden überdeckt wurden, ist die Existenz dieser Grablege lange vergessen gewesen. Erst seit 1908 ist sie wieder freigelegt und offen zugänglich. Damals wurden in Zusammenhang mit einem Heizungseinbau die Gräber geöffnet. Dabei hat man festgestellt, daß die Leichname in hölzernen Doppelsärgen ohne jeden Schmuck bestattet und inzwischen fast vollständig zerfallen waren.

Tafel 7a
Überführung König Wilhelms I. in die Grabkapelle auf dem Württemberg am Morgen des 30. Juni 1864, Ölgemälde von Albert Wagner

Tafel 7b
Giovanni Saluccis erster Entwurf zur Grabkapelle auf dem Württemberg, kol. Federzeichnung

Tafel 8a
Sarkophag König Karls
(† 1891) von Adolf
Donndorf

Tafel 8b
Sarkophag Königin Ol-
gas († 1892) von Adolf
Donndorf

19. Jahrhundert bis zur Gegenwart

Die Grabkapelle auf dem Württemberg

Auf dem Hügel beim Stuttgarter Stadtteil Rotenberg, wo heute die Grabkapelle König Wilhelms I. und seiner Gemahlin Katharina steht, erhob sich vom 11. Jahrhundert bis ins Spätjahr 1819 die Stammburg des Hauses Württemberg. Einziger Überrest dieses Vorgängerbaus, der freilich im Laufe der Zeit zahlreiche Veränderungen erfahren hatte, ist ein Steinblock mit der Weiheinschrift der ersten Burgkapelle vom 7. Februar 1083. Seit 1928 steht er auf Veranlassung des Landesamts für Denkmalpflege in der Rotunde des Mausoleums, nachdem er zuvor in der für Nichtgeistliche unzugänglichen Sakristei eingemauert gewesen war. Es handelt sich dabei um eine der ältesten, fest datierbaren Steininschriften im gesamten deutschsprachigen Raum. Das Niveau des Burghofes entsprach fast genau der jetzigen Fußbodenhöhe des Kapellenraums.

Völlig überraschend war am 9. Januar 1819 nach nur kurzer Erkrankung die erst dreißigjährige Königin Katharina gestorben und fünf Tage später in der Hauptgruft unter der Stuttgarter Stiftskirche beigesetzt worden. Unmittelbar darauf muß sich ihr hinterbliebener Gemahl König Wilhelm I. Gedanken um eine andere Begräbnisstätte gemacht haben, denn bereits am 20. Januar ließ er die Burg Württemberg in die Krongutsausstattung überfüh-

ren. Offensichtlich war dies eine erste vorbereitende Maßnahme für den wohl schon damals ins Auge gefaßten Abbruch der Stammburg. Nachdem dann im Laufe des Frühjahrs zur Errechnung der Abbruchkosten ein maßstabgerechter Plan der Anlage gezeichnet worden war, erklärte der König schließlich am 2. Mai in einem Erlaß seine Absicht, »das Stammschloß Württemberg mit den daran befindlichen Nebengebäuden unter sorgfältiger Sammlung der eigentlichen Reste der Vorzeit abbrechen und an dessen Stelle mit bewahrender Wiederverwendung dieser Reste eine Kapelle erbauen zu lassen«. Da zu dieser Zeit über die Gestalt des Neubaus noch nicht entschieden worden war, wurde der außerordentliche Gesandte des Königs beim Vatikan, Philipp Moritz Freiherr von Schmitz-Grollenburg (1765–1849) von Wilhelm I. beauftragt, unter den in Rom weilenden Künstlern diejenigen zu benennen, die für den Entwurf einer Grabkapelle geeignet seien. Nach Beratungen mit Martin von Wagner (1777–1854), der selbst einen Entwurf liefern wollte, teilte Schmitz-Grollenburg am 19. Juni 1819 dem König die empfohlenen Architekten mit. Es waren dies unter anderem François Mazois (1783–1826), Augustin Nicolas Caristie (1783–1862), Peder Malling (1781–1865), Leo Klenze (1784–1864) sowie Gustav Friedrich Hetsch (1788–1864), der Sohn des in Stuttgart bekannten gleichnamigen Malers. Ferner meldete er, daß der

Stuttgarter Johann Michael Knapp (1793–1856) bereits an einer Zeichnung arbeite, nun aber die Frage geklärt werden müsse, »welchem Stil Ew. K. Majestät den Vorzug geben, ob dem deutsch-gotischen, dem vorgotischen oder dem altrömischen«.

Der damals ebenfalls in Rom weilende Biberacher Historienmaler Johann Friedrich Dieterich (1787–1846) ging unaufgefordert in einem Aufsatz bereits auf Detailprobleme ein und schlug unter anderem vor, mitten in der Kapelle einen Sarkophag aufzustellen, »auf welchem ihre [der Königin Katharina] Statue von weißem Marmor in schlummernder Stellung liegt . . .«. Offensichtlich nahm Dieterich, dessen Text weiter keine Aufmerksamkeit geschenkt wurde, dabei die erst vier Jahre vorher von Christian Daniel Rauch vollendete Grabfigur der Königin Luise von Preußen im Charlottenburger Mausoleum zum Vorbild.

Am 4. Juli 1819 war die Entscheidung König Wilhelms I. in der Stilfrage endlich dahingehend gefallen, »die Kapelle in teutsch-gotischem Geschmack erbauen und den erwähnten Riß nur von einem teutschen Künstler entwerfen zu lassen, von der Wahl aber alle Ausländer auszuschließen«.

In bezug auf die Auswahl des Künstlers hatte Schmitz-Grollenburg außergewöhnlich umfassende Vollmacht, denn er sollte »demjenigen teutschen Architekten in Rom, welchen er für den geschicktesten erachten werde, den Auftrag zur Entwerfung eines Rißes« erteilen. Es bedurfte nicht einmal einer Rücksprache mit dem König, denn dieser wollte nur von der in Rom getroffenen Wahl »in Kenntnis« gesetzt werden. Parallel dazu mußte der württembergische Gesandte in Berlin, Karl Aug. Fr. von Phull (1767–1840), den ursprünglich ebenfalls in die engere Wahl gezogenen Architekten Liemann auf seine Fähigkeiten überprüfen. Obwohl darüber nichts Näheres bekannt ist, zeigt dies doch deutlich, auf welch breiter Grundlage eine Entscheidung getroffen werden sollte.

Am 8. September 1819 berichtete Schmitz-Grollenburg dem König, er habe unter den ihm empfohlenen Architekten Josef Thürmer (1789–1833), Franz Heger (1792–1836) und Heinrich Hübsch (1795–1863) nur den erstgenannten um einen Entwurf gebeten. Er kündigte an, daß in Kürze diese sowie Knapps Arbeit in Stuttgart vorliegen würden.

Bei seiner Rückkehr nach Stuttgart im November hat Schmitz-Grollenburg jedoch nur Thürmers Zeichnungen mitgebracht. Diese zeigen eine neugotische Grabkapelle über kreuzförmigem Grundriß mit Vierungsturm und Eingangshalle. Offensichtlich in der Nachfolge des 1811 von Karl Friedrich Schinkel entworfenen Luisendenkmals in Gransee/Preußen wollte Thürmer den Sarkophag der Königin Katharina inmitten der Vierung unter einem gußeisernen Baldachin plaziert wissen. Da wesentliche Elemente des bereits erwähnten Aufsatzes von Dieterich in Thürmers, später auch in Knapps Entwurf zu finden sind, muß von einer engen Zusammenarbeit dieser Künstler in Rom ausgegangen werden. Doch Thürmers Kapellenentwurf, der einer der frühesten und reinsten in neugotischer Formensprache ist, fand keine Beachtung mehr: die Entscheidung war schon ein Vierteljahr zuvor gefallen.

Ungeachtet dieser umfangreichen Bemühungen und der ausdrücklichen Bedingung, nur ein deutscher Architekt dürfe den Auftrag zum Bau der Kapelle erhalten, stammt der heute vor uns stehende Bau von einem Italiener. Noch während Schmitz-Grollenburg in Rom über die Entwürfe verhandelte, hatte König Wilhelms I. Hofbaumeister Giovanni Salucci (1769–1845) seine Überlegungen zu Papier gebracht. Da dieser bereits im Januar 1819 mit der Trauerdekoration Katharinas in der Stuttgarter Stiftskirche beauftragt worden war, fühlte er sich berufen, ebenfalls einen Entwurf zu liefern. Dieser »Fremdentwurf« hatte schon im Sommer

die »Gotiker« in höchste Unruhe versetzt, war der Klassizist Salucci unter seinen schwäbischen Kollegen doch seit längerer Zeit herber Kritik ausgesetzt. In diesem Zusammenhang muß auch die Abhandlung des Biberachers Dieterich gesehen werden, der dem italienischen Hofbaumeister ebenfalls ablehnend gegenüber stand.

Das nach Saluccis Plänen zum Preis von fast 600 Gulden angefertigte Modell scheint den König stark beeindruckt zu haben. Trotzdem fand die endgültige Entscheidung eher unter praktischen Gesichtspunkten statt. Denn am 28. August stellte der Oberhofmeister dem König in Aussicht, vor Ablauf des Jahres noch mit dem Abbruch der Burg zu Ende zu kommen. Die Gebäude sollten durch Handwerker bis zum Beginn der Weinlese beseitigt sein, die restlichen Mauern anschließend von Weingärtnern aus der Umgebung gegen billigen Taglohn abgetragen werden.

Ein Abgraben des Hügels auf das Niveau der späteren Fundamente, was gleich im Anschluß erfolgen könne, sei jedoch nur möglich, wenn der König schnellstmöglich die Pläne Saluccis genehmige. Offensichtlich waren sie die einzigen, die zu diesem Zeitpunkt vorlagen. Ein Warten auf die Entwürfe aus Rom hätte die Verwirklichung des Projektes nur verzögert, was Wilhelm I. unter allen Umständen vermeiden wollte. Daher entschied er sich bereits am folgenden Tag, dem 29. August, endgültig für Saluccis Vorschlag. Aller Wahrscheinlichkeit nach hat Schmitz-Grollenburg davon gar nichts erfahren, da seine Bemühungen in Rom unvermindert weitergingen.

Gleichzeitig mit der Auftragserteilung an Salucci befahl König Wilhelm I., »daß mit dem Abbruch der gegenwärtig auf dem Rothenberg befindlichen Gebäude sogleich der Anfang gemacht« werden solle. Um Kosten zu sparen, wurde nicht nur das Abbruchmaterial, sondern auch die Obstbäume im Burggraben verkauft. Bereits im November waren

128. Entwurf Giovanni Saluccis für das Innere der Grabkapelle auf dem Württemberg

129. Entwurf Saluccis für das Gruftgeschoß

alle Burggebäude beseitigt, und sofort begann man mit dem Abbruch der Ringmauern. Den ganzen Winter hindurch, wann immer die Witterung es zuließ, wurden die Arbeiten fortgesetzt, so daß am 1. April 1820 der Oberhofmeister König Wilhelms I. mitteilen konnte, daß »der Platz worauf eine Kirche und Grabmal . . . gebaut werden soll, von Stein und Schutt befreit ist und nunmehr bei eingetretener günstiger Jahreszeit mit dem Bauwesen selbst und zwar zuvörderst mit Ausgrabung der Fundamente der Anfang gemacht werden kann«.

Etwa um dieselbe Zeit trafen in Stuttgart die Entwürfe J. M. Knapps ein, denen jedoch ebensowenig Aufmerksamkeit geschenkt wurde wie seinerzeit denjenigen Thürmers. Ein weiterer, deutlich von der französischen Revolutionsarchitektur Boullées beeinflußter Vorschlag konnte bisher keinem Architekten zweifelsfrei zugeschrieben werden. Dieser kommt jedoch nach Grundriß und Großform dem ausgeführten Salucciplan am nächsten.

Am 17. März verlautete offiziell, »daß die Form des von Hofbaumeister Salucci projektierten Gebäudes auf dem Rothenberg den allerhöchsten Beyfall erhalten habe und das Bauwesen nach dem vorgelegten Plan ausgeführt werden soll«. Wie jedermann beim Vergleich des ersten Entwurfs und des tatsächlich Gebauten leicht feststellen kann, mußte der Architekt die ursprünglich vorgesehene Baumasse erheblich reduzieren. Für das ganze Unternehmen einschließlich aller Nebenanlagen hatte König Wilhelm I. eine Summe von 300 000 Gulden ausgesetzt, Saluccis erstes Projekt hätte jedoch mindestens das Doppelte, wenn nicht gar das Dreifache verschlungen.

Die Grundsteinlegung zur Grabkapelle war eigentlich für den 22. Mai, dem Geburtstag von Königin Katharina vorgesehen. Da Wilhelm I. jedoch von einer Unpäßlichkeit befallen war, mußte die Feier auf den 29. Mai 1820 verschoben werden. Bereits am Ende des Sommers war das Gruftgeschoß ein-

gewölbt. Dieses enorme Arbeitstempo war aber nur möglich, weil zunächst 100, später gar 120 Arbeiter gleichzeitig auf der Baustelle arbeiteten. Ein Jahr später war der Bau äußerlich fertiggestellt, so daß die Innengestaltung in Angriff genommen werden konnte.

Um Kosten einzusparen, hatte Salucci zunächst nur eine Holzkuppel mit Schieferbedeckung vorgesehen, die Gebäudekonstruktion jedoch von Anfang an auf eine Steinkuppel ausgerichtet. Der König genehmigte schließlich den Bau einer massiven und mit Kupfer bedeckten Kuppel einzig aus dem Grunde, da dieser eine längere Lebensdauer vorausgesagt werden konnte. Wilhelm I. ließ sich diese zusätzlichen Kosten jedoch dadurch versichern, daß die Kupferschmiede eine »Garantie von 15 Jahren für die Dauerhaftigkeit der Arbeit unter Verpfändung ihres ganzen Vermögens« zu leisten hatten.

Es mutet seltsam an, daß König Wilhelm beim Grabbau für seine verstorbene Gemahlin fast ausschließlich nach Zweckmäßigkeitsüberlegungen gehandelt und ästhetische Komponenten weitestgehend unberücksichtigt gelassen hat.

Auch im Innern wurde aus Ersparnisgründen Saluccis endgültiger Entwurf nur teilweise ausgeführt, so daß der Kuppelraum um so klassizistisch kühler wirkt. Auf einige der vorgeschlagenen Verzierungen wurde dagegen nicht aus Geldmangel verzichtet, sondern weil sie »für einen religiösen Zweck nicht ganz passend zu seyn« schienen, war doch festgestellt worden, daß sie »in dem gewöhnlichen Speisesaal im hiesigen Residenzschloß« beinahe in derselben Form angebracht waren.

In den Wandnischen der Kapelle stehen seit 1825 vier Evangelistenfiguren. Die Johannesstatue ist ein Werk Johann Heinrich Danneckers, Lukas dagegen stammt von dessen Schüler Theodor Wagner aus Rom. Für die Standbilder von Markus und Matthäus wollte man eigentlich Bertel Thorvaldsen gewinnen, der sich jedoch nur zur Anfertigung von

130. König Wilhelm I.
auf dem Sterbebett im
Schloß Rosenstein am
25. Juni 1864

Skizzen bereitfand. Die Ausführung übernahmen dann seine damals ebenfalls in Rom weilenden Schüler Johann Nepomuk Zwerger (1796–1868) und Johannes Leeb (1790–1863).

Da sich der von Legationsrat Kölle gemachte Vorschlag, in Rom die Kopie eines antiken Sarkophags herstellen zu lassen, als zu kostspielig und langwierig herausgestellt hatte, wurde schließlich in Florenz bei Bonelli ein Sarkophag aus weißem Carrara-Marmor in Auftrag gegeben. Den Entwurf dazu

hat Salucci selbst geliefert, indem er auf die Form seines schon im Januar 1819 zur Begräbnisfeier Katharinas in der Stuttgarter Stiftskirche errichteten Trauergerüst zurückgriff. Allerdings forderte auch in diesem Fall die Sparsamkeit des Königs einige Vereinfachungen. Nachdem im Frühsommer 1824 der Sarkophag in Stuttgart eingetroffen war, konnte am 5. Juni die Überführung der Königin in die Grabkapelle stattfinden.

Obwohl neben den zwölf Sargträgern, den Hand-

werkern, zwei Sängern, dem »griechischen« Prie-
ster und der Stiftsgeistlichkeit nur fünf weitere Personen, aber kein Mitglied der königlichen Familie,
anwesend waren, vollzog sich an jenem frühen
Morgen ab 2 Uhr ein stilles, aber dem Rang der Toten entsprechendes Zeremoniell. Der Mittelgang
der Stiftskirche war zu beiden Seiten mit schwarzem Tuch drapiert, der Kirchenraum von 115 Zy-
linderlampen beleuchtet. Auf dem Altar, der ebenfalls schwarz verkleidet war, standen vier Doppel-
armleuchter. Auch der Gang vom Altar bis zur
Grufttreppe war mit schwarzen Tüchern belegt
und von acht Postamenten mit brennenden Leuchtern gesäumt. Nachdem sich alle anwesenden Personen in der Gruft versammelt hatten, wurde nach
griechischem Ritus unter Gesang und Gebet der
Sarg erhoben und in stillem Zuge zur Grabkapelle
gebracht. Diese war ebenfalls durch eine Anzahl
von Leuchtern und große Kerzen erhellt. Vor einer
Estrade, auf welcher der Sarg kurz niedergesetzt
wurde, lag auf einem Goldstoffkissen die Königs-
krone. Unmittelbar nach der Versenkung wurde
der Sarkophag verschlossen und die Anwesenden
kehrten nach Stuttgart zurück.

Damit war der zwar später oft genannte, aber nirgends zeitgenössisch belegbare Wunsch Katharinas
erfüllt: Ihr Leichnam ruhte an der Stelle der Stammburg des Hauses Württemberg hoch über dem
Neckartal.

Genau vierzig Jahre nach der Überführung seiner
zweiten Gemahlin ist König Wilhelm I. am 25. Juni
1864 nicht im Stuttgarter Neuen Schloß, sondern in
seinem Landhaus Rosenstein – wie angeblich eine
Zigeunerin vorausgesagt hatte – gestorben. Für die
Begräbnisfeier hatte er in seinem Testament genaue
Anordnungen getroffen. Es heißt dort: »Da mir
während meines Lebens nichts widerwärtiger war,
als Ceremonien und Etikette, so wünsche ich weder
feierlich ausgestellt zu werden, noch irgend ein Ge-
pränge bei meinem Leichenbegängnis; die mich

kannten werden dies natürlich finden, die Neugie-
rigen werden mir aber verzeihen, sie um das Begaf-
fen eitler Ceremonien gebracht zu haben!« Unter
Mißachtung dieses Wunsches sollte König Wilhelm im Marmorsaal des Stuttgarter Neuen
Schlosses im geöffneten Sarg aufgebahrt werden,
was allerdings der außerordentlich rasch und heftig
einsetzende Verwesungsprozeß verhinderte. Der
Sarg mußte daher bereits auf dem Rosenstein endgültig verschlossen werden, so daß der Tote bei der
dennoch veranstalteten öffentlichen Ausstellung
am 28. Juni nicht zu sehen war.

Der Sarg war aus Eichenholz verfertigt und mit rotem Samt überzogen. Nur eine Inschriftplatte und
das Königswappen waren auf dem Deckel angebracht.

Für die Überführung hatte der König gewünscht,
daß sein Leichnam »in nächtlicher Stille das Schloß
verlassen« soll und daß »diese Fahrt so eingerichtet
werde, daß ich mit dem ersten Sonnenstrahl auf
dem Rothenberg ankomme, ein einziger Kanonen-
schuß soll das Ende des Begräbnisses andeuten, nur
ein kurzes Gebet bei Einsenkung des Sarges gespro-
chen werden. Ich will ruhen in dem schon vor Jahren erbauten Grab neben meiner verewigten Gemahlin Katharina, wie Ich es Ihr versprochen
hatte«. Und so geschah es auch. Außer dem Sohn
und Nachfolger König Karl waren in der Grabkapelle bei der Versenkung, die zwischen 3 und 4 Uhr
morgens stattfand, nur der Stiefsohn Prinz Peter
von Oldenburg, die Schwiegersöhne Prinz Hermann
von Sachsen-Weimar und Prinz Friedrich
von Württemberg sowie der Enkel und spätere König Wilhelm (II.) zugegen.

Sofort wurde der Marmorsarkophag wieder geschlossen, in dem seither die Särge des Königspaares unmittelbar nebeneinander stehen.

In erster, 1814 jedoch für ungültig erklärter Ehe ist
Wilhelm I. mit der bayrischen Königstochter Charlotte (1792–1873) verheiratet gewesen. Da diese

131. Aufbahrung König
Wilhelms I. am 28. Juni
1864 im Marmorsaal des
Stuttgarter Neuen
Schlosses

sich zwei Jahre später mit Kaiser Franz I. von Österreich wiedervermählte, ruht sie heute in der Kapuzinergruft in Wien. Ganz in ihrer Nähe steht auch der Sarg der ersten Gemahlin des Kaisers, Elisabeth Wilhelmine von Württemberg (1767–1790), einer Schwester König Friedrichs.

Die dritte Ehefrau Wilhelms und Mutter König Karls, Pauline (1800–1873), fand ihr Begräbnis in der Gruft unter der Ludwigsburger Schloßkirche. Als Tochter des Herzogs Ludwig von Württemberg (1756–1817) war sie eine direkte Cousine ihres Gemahls.

Da König Wilhelm I. das Bestattungsrecht in der Grabkapelle auf die Kinder aus seiner Ehe mit Königin Katharina beschränkt hat, kamen dafür nur seine Töchter Marie und Sophie in Frage. Die jüngere Sophie (1818–1877), die 1839 den späteren König Wilhelm III. der Niederlande geheiratet hat, fand ihr Begräbnis in einem Kupfersarg in der königlichen Gruft zu Delft; die am Sterbetag König Friedrichs 1816 geborene Prinzessin Marie dagegen wünschte ihr Grab an der Seite ihrer Eltern. Seit 1840 mit Alfred Graf Neipperg verheiratet, wohnte sie weiterhin bis zu ihrem Tode am 4. Januar 1887 im Stuttgarter Wilhelmspalais. In ihrem Testament hat sie mit beispielloser Genauigkeit jede Einzelheit ihrer Beisetzung festgelegt. Ausdrücklich verbot sie die Zeichnung oder fotografische Aufnahme ihrer Leiche, auch sollten die Begräbniskosten nicht mehr als 7000 Mark betragen. Außer der Geistlichkeit und ihren Bediensteten durfte niemand, nicht einmal die königliche Familie an der Einsenkung des Sarges in der Grabkapelle teilnehmen. Unter anderem schrieb sie: »Sollte H. v. Gerock leidend sein, das Wetter schlecht, so ersuche Ich den verehrten Herrn Oberhofprediger dringend, mich nicht auf den Rothenberg zu geleiten, er würde sich erkälten.«

Obwohl sie gewünscht hatte, in der Gruft neben ihrem Vater zur Ruhe gebettet zu werden, wurde sie

132. Marmorsarkophag König Wilhelms I. († 1864) und seiner zweiten Gemahlin Katharina von Rußland († 1819) von 1824

in der Nische bei ihrer Mutter beigesetzt. Sobald der von Bildhauer Viktor Cappeller (1831–1904) »in antikem Style« aus weißem Carrara-Marmor geschaffene Sarkophag vollendet war, wurde der schwarze Samtsarg Maries am 24. Juni 1890 hineingestellt und verschlossen. Damit waren die eigentlichen Särge unsichtbar, so daß erstmals in einer württembergischen Grablege dem Wunsche aus der Bevölkerung entsprochen werden konnte, die Gruft der Allgemeinheit zu öffnen. Seit dem Beginn des Jahres 1907 ist das Untergeschoß der Kapelle für jedermann zugänglich.

Im gleichen Jahr, am 22. Februar 1907, wurde die Bergkuppe von König Wilhelm II. offiziell in »Württemberg« umbenannt, da der Geologe Prof. Endriss kurz zuvor erklärt hatte, dies sei der eigentlich historische Name und nicht die übliche Bezeichnung »Rotenberg«. Aber so wie jahrhundertelang nur vom Rotenberg die Rede war, so ist bis auf

133. Marmorsarkophag der Prinzessin Marie († 1887), der Gemahlin des Grafen Alfred von Neipperg, von 1890

Gotha

Eine weitgehend unbekannte Grablege des Hauses Württemberg befindet sich unter der Kirche des Schlosses Friedenstein in Gotha, wo seit 1851 vier Angehörige beigesetzt sind.

Im September des Jahres 1800 hatte Zar Paul I. von Rußland seinem Schwager Herzog Alexander von Württemberg (1771–1833) Schloß Grünhof in Kurland geschenkt, das fortan zum Hauptwohnsitz von dessen Familie wurde. Nachdem schon 1802 und 1815 zwei Söhne Alexanders im Kindesalter verstorben und in Grünhof bestattet worden waren, wurde 1824 beim Tode seiner Gemahlin Antoinette von Sachsen-Coburg-Saalfeld (1779–1824) mit großer Wahrscheinlichkeit in der Grünhofer Dorfkirche eine Familiengruft eingerichtet. Im Mai desselben Jahres konnte dann die Herzogin aus der Annenkirche in Petersburg nach Grünhof überführt werden. Auch die beiden Kinder fanden damals an der Seite ihrer Mutter eine neue Ruhestätte.

Herzog Alexander starb 1833 in Gotha, wo er sich seit der Heirat seiner Tochter Marie (1799–1860) mit Herzog Ernst I. von Sachsen-Coburg und Gotha im Jahr zuvor aufgehalten hatte. Er wurde im Vorraum der herzoglichen Gruft unter der Kirche des Schlosses Friedenstein beigesetzt.

Als 1850 die beiden überlebenden Söhne des Herzogspaares, Alexander (1804–1881) und Ernst (1807–1868), Grünhof verkauften, ließen sie die Särge ihrer Mutter und Brüder nach Gotha überführen, wo sie seither neben Herzog Alexander aufgestellt sind. Der Sohn Alexander, der Stammvater aller heute lebenden Herzöge von Württemberg, ruht in einer Gruftkapelle auf dem Alten Friedhof von Bayreuth, sein jüngerer Bruder Ernst fand im Herzoglichen Mausoleum in Coburg sein Grab. Dort befindet sich auch der Sarkophag ihrer Schwester Marie von Sachsen-Coburg und Gotha.

den heutigen Tag dieser Name weit gebräuchlicher als die historische Bezeichnung Württemberg.

In den achtziger Jahren unseres Jahrhunderts gab es zeitweilig Überlegungen, die Grabkapelle zum zentralen Königsmausoleum in Württemberg zu machen. Einer Überführung von König Friedrich und König Karl standen jedoch sowohl konservatorische Bedenken als auch die Einschränkung des Begräbnisrechtes durch König Wilhelm I. entgegen. Stattdessen wurden 1983 aus Anlaß des Jubiläums »900 Jahre Haus Württemberg« in der leer gebliebenen Sargnische die Büsten der drei anderwärts begrabenen württembergischen Könige Friedrich, Karl und Wilhelm II. aufgestellt.

Stuttgart, Altes Schloß

An der Außenwand der Stuttgarter Schloßkirche befindet sich im Arkadenhof im ersten Obergeschoß – sieht man von den anders gearteten Beispielen aus dieser Zeit in Gochsheim und Ludwigsburg ab – das einzige hochbarocke Grabdenkmal des Hauses Württemberg. Es steht heute allerdings nicht mehr in Zusammenhang mit einer Begräbnisstätte und kann deshalb unter funktionalen Gesichtspunkten nur noch als Epitaph bzw. Kenotaph bezeichnet werden. Es erinnert an einen jüngeren Bruder Herzog Carl Alexanders, Herzog bzw. »Prinz« Maximilian Emanuel von Württemberg-Winnental (1689–1709). Auf eigenen Wunsch war dieser 1703 im Alter von gerade 14 Jahren ins Feldlager des schwedischen Königs Karl XII. bei Warschau gekommen, den bald eine innige Freundschaft mit dem jungen Mann aus Württemberg verbinden sollte. Jahrelang lebte Maximilian Emanuel nun an der Seite des Königs, bis er 1709 in der Schlacht von Pultawa in russische Gefangenschaft geriet. Zar Peter der Große gestattete ihm unter gewissen Bedingungen, sich zurück nach Württemberg zu begeben.

Auf dieser Reise jedoch ist Maximilian Emanuel am 25. September 1709 in Dubno in Wolhynien an einem »hitzigen Fieber« gestorben. Während seine Eingeweide im Sarge eines damals ebenfalls verstorbenen Leibknechts beerdigt wurden, bestattete man den einbalsamierten Leichnam drei Tage nach dem Tod vorläufig in der Gruft des Kapuzinerklosters in Dubno. Schon bald aber wurde der Sarg auf Befehl des Zaren nach Krakau überführt und im dortigen Dominikanerkloster beigesetzt. Zunächst wollte man die Mutter des Verstorbenen, Herzogin Eleonora Juliana (1663–1724) befragen, was mit der Leiche ihres Sohnes geschehen solle. Zu diesem Zweck sandte Zar Peter einen Botschafter nach Stuttgart, der auch das Herz Maximilian Emanuels

mit sich führte. In Ansbach übergab dieser die Herzurne der Schwester des Toten, Christiane Charlotte (1694–1729), die erst seit wenigen Wochen mit Markgraf Wilhelm Friedrich von Brandenburg-Ansbach vermählt war. Das Herz ruht heute in einem kleinen Zinnsarg in der Gruft unter der Gumbertuskirche zu Ansbach unmittelbar neben der Schwester.

Herzogin Eleonora Juliana wünschte, da die Überführung nach Württemberg zu unsicher sei, die Beisetzung in einer der grenznächsten protestantischen Kirchen in Schlesien, am liebsten in Kreuz-

134. Herzurne Maximilian Emanuels († 1709) in der Gruft der Ansbacher Gumbertuskirche

135. Grabdenkmal Maximilian Emanuels aus Pitschen/Oberschlesien (Byczyna), seit 1888 an der Außenwand der Stuttgarter Schloßkirche aufgestellt

burg oder Pitschen. Am 17. April 1710 endlich traf der mit rotem Tuch bespannte Sarg in Pitschen ein, worauf die feierliche Einsenkung in einer Einzelgruft hinter dem Altar der Nikolaikirche erfolgte. Wenig später wurde ein im Auftrag der Mutter in Breslau hergestelltes Grabdenkmal über der Ruhestätte Maximilian Emanuels errichtet.

Als nun in den Jahren 1887/88 die Nikolaikirche in Pitschen im neugotischen Stil restauriert werden sollte, wurde das barocke Grabdenkmal als störend empfunden und in Stuttgart König Karl angeboten, freilich in der Hoffnung, eine Spende zur Kirchenrenovierung zu erhalten. Der König sandte auf Anregung von Prälat Gerok schließlich 300 Mark nach Pitschen und befahl, das Denkmal nach einem Vorschlag des Hofbaudirektors Joseph Egle im Hof des Alten Schlosses einzumauern. Der Pfarrer in Pitschen beabsichtigte daraufhin, in Stuttgart bei Kunstschreiner Carl Zundler einen neuen Altar für seine Kirche anfertigen zu lassen. Da von seiten des Königlichen Hofes jedoch sein Gesuch um Übernahme der Transportkosten von Stuttgart nach Pitschen negativ beschieden wurde, nahm der Pfarrer von diesem Vorhaben Abstand.

Weder beim Schloßbrand 1931 noch bei den Zerstörungen im Zweiten Weltkrieg wurde das Grabmal beschädigt, dennoch ist es heute völlig in Vergessenheit geraten. Versuche von schwedischer Seite, das Denkmal nach Pitschen zurückzuführen scheiterten zunächst am Ausbruch des Ersten Weltkriegs und später an der unnachgiebigen Haltung des württembergischen Staatspräsidenten. Schließlich wurde mit Spenden aus Schweden über dem Grab ein neues Denkmal errichtet, das 1923 enthüllt werden konnte und noch heute in Pitschen die Grabstätte des Herzogs Maximilian Emanuel bezeichnet.

Das Grabmal im Stuttgarter Schloßhof ist knapp vier Meter hoch und mehr als zwei Meter breit. Die beiden Inschrifttafeln aus Rotmarmor tragen die langatmige Lebensbeschreibung Maximilian Emanuels in lateinischer Sprache. Sie sind von einem Sandsteinrahmen mit Trophäen und dem Herzogswappen umgeben.

Zwei Geschosse unter diesem Grabdenkmal befindet sich die Ruhestätte von fünf Angehörigen des Hauses Württemberg, die ebenfalls längere Zeit in Vergessenheit geraten war, jedoch seit 1983 wieder der Öffentlichkeit zugänglich ist. Auch ihre Entstehungsgeschichte sei hier geschildert.

Nachdem die Grufterweiterungspläne für die Stuttgarter Stiftskirche an der schroffen Ablehnung König Wilhelms I. gescheitert waren (s. S. 94), blieb einzig die Familiengrablege unter der Schloßkirche in Ludwigsburg für künftige Beisetzungen offen. In ihrer protestantischen Abteilung war zu jener Zeit noch für etwa sechs bis acht Särge Raum vorhanden, die Belegungspläne für die katholische Abteilung kommen dabei nicht in Betracht.

Seit dem Beginn des Jahres 1864 trug sich König Wilhelm I. mit dem Gedanken, die bisher als Hofkirche eingerichtete sogenannte Akademiekirche im Festsaal der einstigen Hohen Carlsschule großzügig im historistischen Stil umgestalten zu lassen. Die diesbezüglichen Pläne wurden im Mai ausgearbeitet, die erhaltene Entwurfzeichnung trägt allerdings das Datum »26. Juni 1864«, war also erst am Tage nach dem Tode König Wilhelms I. fertiggestellt worden. Inzwischen hatte der König etwa zehn Tage vorher noch den Architekten Alexander Tritschler damit beauftragt, statt der Akademiekirche die seit 1810 zunächst als Weingärtner-Bibliothek und wenig später als Hofapotheke dienende Schloßkirche im Stuttgarter Alten Schloß wieder als Gottesdienstraum einzurichten. Mit größter Wahrscheinlichkeit dachte König Wilhelm I. damals nicht an die gleichzeitige Einrichtung einer Gruft im Untergeschoß, da seine eigene Grabstätte im Sarkophag der Grabkapelle auf dem Württemberg schon lange vorbereitet war.

Erst sein Sohn und Nachfolger König Karl dürfte den Wunsch nach einer Begräbnisstätte in seiner Residenzstadt als dringlich empfunden haben, stand ihm doch die Grabkapelle seines Vaters nach dessen Testament nicht zur Beisetzung zur Verfügung, da diese ausschließlich auf die Nachkommen aus dessen Ehe mit Katharina von Rußland beschränkt war. Gleich in den ersten Monaten seiner Regierung muß sich König Karl mit diesem Problem befaßt haben, denn schon am 7. Dezember 1864 stattete er der Gruft unter der Stiftskirche einen Besuch ab. Offensichtlich hatte sich dabei die Meinung durchgesetzt, daß im dortigen Grabgewölbe keine dauerhafte Erweiterung erfolgen könne. Vielmehr mußte an anderer Stelle in Stuttgart eine neue Begräbnismöglichkeit für das königliche Haus geschaffen werden. Wahrscheinlich wurde unmittelbar darauf der Entschluß zur Einrichtung einer Gruft unter der Kirche des Alten Schlosses gefaßt. Bereits am 26. November 1865 konnte die wiederhergestellte Kirche mit der neuen Grablege eingeweiht werden.

Der älteste Sarg in der Gruft ist der des 1875 im Alter von nur sieben Monaten verstorbenen Herzogs Karl Eugen aus der letzten Generation der Zweiten Schlesischen Linie in Carlsruhe in Oberschlesien. Sein Vater Herzog Wilhelm Eugen (1846–1877) war schon bald nach Württemberg gekommen und hat hier 1874 Großfürstin Wera von Rußland geheiratet. Diese war als Kind von ihrer Tante, der späteren Königin Olga von Württemberg, nach Stuttgart gebracht worden und zu einer mit dem Land eng verbundenen Frau herangewachsen. Da ihr Gemahl nur zwei Jahre nach dem Sohn 1877 in Düsseldorf gestorben war, lebte Herzogin Wera 35 Jahre als Witwe in Stuttgart. Sie nahm in dieser Zeit regen Anteil am kulturellen Leben der Stadt, eines ihrer Hauptanliegen war die Rekonstruktion des Großen Lusthauses. Sie war es auch, die 1902 die Marmorsarkophage gestiftet hat.

136. Trauerzug König Karls auf dem Schloßplatz am 9. Oktober 1891

Mehr als drei Jahrzehnte blieb das Gewölbe ein schlichter schmuckloser Raum, wie es alle anderen Grablegen des Hauses Württemberg immer waren. Erst nach dem Tode des Königspaares Karl und Olga 1891/92 machte man sich Gedanken über eine etwas würdigere Ausgestaltung des Gewölbes. Wohl zu Beginn des Jahres 1897 hatten der Stuttgarter Kirchenmaler Georg Loosen beziehungsweise die Königliche Bau- und Gartendirektion Entwürfe für die Ausmalung ausgearbeitet, die König Wilhelm II. am 4. Februar genehmigte. Gleichzeitig sicherte er die Übernahme der Kosten in Höhe von 4000 Mark zu. Im folgenden Jahr wurden die Arbeiten abgeschlossen. Gurtartig im Gewölbe angebrachte Ornamentbänder mit Wappen gliederten den Raum, Rankenwerk bedeckte die übrigen Flächen. Unterhalb der Gewölbeansätze waren an den Wänden schwere Brokatteppiche aufgehängt, die dem Raum eine düstere Würde verliehen. Über dem Eingang zur Gruft standen die Verse: »Der Tod ist nicht das Ende, Nicht die Vergänglichkeit, Der Tod ist nur die Wende, Beginn der Ewigkeit.«

Standen bisher die Särge von König Karl, Königin Olga, Herzog Wilhelm Eugen und des jung verstorbenen Karl Eugen – wie es im Hause Württemberg seit den dreißiger Jahren des 18. Jahrhunderts stets üblich war – ohne repräsentative Hülle in der Grablege, so sann Herzogin Wera von Württemberg um 1898/99 auf eine Veränderung.

Ein Jahrzehnt vorher hatte der Bildhauer Reinhold Begas für den Sarkophag Kaiser Friedrichs III. im Mausoleum neben der Potsdamer Friedenskirche bereits auf ältere Traditionen zurückgegriffen, die nun auch in Stuttgart zum Vorbild genommen werden sollten. Ausgangspunkt für das Werk Begas' und aller anderen vergleichbaren Arbeiten war die im Jahre 1814 von Daniel Rauch geschaffene Liegefigur der Königin Luise von Preußen im Mausoleum beim Charlottenburger Schloß.

Auf die Figur Friedrichs III. folgten 1894 die Sarkophage für Kaiser Wilhelm I. und Kaiserin Augusta aus der Werkstatt des Berliner Bildhauers Erdmann Encke. Zahlreiche weitere wurden noch bis weit in unser Jahrhundert hinein in ganz Europa geschaffen, von denen nur der Doppelsarkophag für die ebenfalls aus dem Hause Württemberg stammende Mary von Teck (1867–1953) und ihren Gemahl, König Georg V. von Großbritannien, in der St. Georges Chapel in Windsor hier erwähnt werden soll. Zu der Zeit, als in Stuttgart die Sarkophage für die Schloßgruft in Auftrag gegeben wurden, kann man geradezu von einer diesbezüglichen »Mode« sprechen.

1899 erteilte Herzogin Wera dem Bildhauer Adolf Donndorf den Auftrag, für König Karl, Königin Olga und ihren eigenen Gemahl Herzog Wilhelm Eugen Liegefiguren aus Carrara-Marmor anzufertigen. Nach drei Jahren war der Auftrag erfüllt. Vor der Aufstellung war im Stuttgarter Atelier Donndorfs vom 21.–23. Juni 1902 der Sarkophag Wilhelm Eugens für jedermann öffentlich zu besichtigen.

Was damals mit den eigentlichen Särgen geschehen ist, war bis vor kurzem weitgehend unbekannt. Manche Gerüchte waren zu hören und von offizieller Seite wurde die Meinung vertreten, unter dem Gewölbe mit den Sarkophagen befinde sich ein weiteres Gruftgeschoß, wo die Särge ruhen. Dies ging sogar so weit, daß dem Verfasser zur Ausräumung seiner Zweifel von der verantwortlichen staatlichen Stelle eine kostenaufwendige Grabung außerhalb der Schloßkirche nahegelegt wurde, um dann durch die Außenmauer einen Zugang in das vermeintliche Untergeschoß mit den Königssärgen zu brechen. Erst ein 1988 im Archiv des Hauses Württemberg in Altshausen wiedergefundenes Aktenstück brachte wie folgt endgültige Aufklärung. Um aufzuzeigen, wie kompliziert sich manche Arbeiten im Zusammenhang mit den Gräbern des

137. Die Sarkophage von
Herzog Wilhelm Eugen
(† 1877) und seiner Ge-
mahlin Wera von Ruß-
land († 1912) in der
Gruft unter der Schloß-
kirche

Umseitig:
138. Königin Olga
(† 1892)
139. König Karl († 1891)

Hauses Württemberg erwiesen, sei mir gestattet, an
dieser Stelle etwas ausführlicher auf die Einzelheiten einzugehen. Bevor die Arbeiten Donndorfs in
die Gruft transportiert werden konnten, gab es dort
Aufregung und Ratlosigkeit. Man hatte nämlich
festgestellt, daß die eigentlichen Särge mit den
Leichnamen keinen Platz in den Sarkophagsockeln
fanden. Die von Heinrich Halmhuber (1852–1908)
entworfenen und in hellem Heilbronner Sandstein
angefertigten Unterbauten waren in ihren Propor-
tionen auf die Figuren Donndorfs, nicht aber auf die
Größe der Särge abgestimmt. Man entschied sich

daher für die Herstellung von Versenkungsgruben
unter jedem einzelnen Sarkophag. Während für
Herzog Wilhelm Eugen und später für Herzogin
Wera eine nur durch eine 25 Zentimeter starke
Mauer getrennte Doppelgrube vorgesehen war,
sollte das Königspaar voneinander getrennte Ein-
zelgruben erhalten. Die größte der Gruben hatte
Adolf Donndorf entsprechend der Abmessungen
der Sockel in der Weise vorgesehen, daß diese nicht
auf dem Hohlraum, sondern auf den Rahmenfun-
damenten zu stehen kämen.
Damit war eine Breite von 90 Zentimeter vorgege-

ben. Gerade noch rechtzeitig vor Aufnahme der Bauarbeiten bemerkte man aber, daß nur der Sarg Herzog Wilhelm Eugens in eine so schmale Versenkung passen würde, die beiden Königssärge wegen ihres mit rotem Samt bespannten hölzernen Übersarges jedoch zu breit waren. Es wurde nun der Vorschlag gemacht, diese prächtige Sarghülle einfach zu beseitigen. In Unkenntnis dieser Sachlage genehmigte König Wilhelm II. am 4. Februar 1902 die Ausführung der Arbeiten im Sinne Donndorfs. Man wagte aber nicht, beim König die nachträgliche Genehmigung zur Entfernung der Übersärge einzuholen und suchte nach einer anderen Lösung. Hofkammerrat Alfred Wiedersheim setze sich im Juni mit Hofbauinspektor Adolf Linck ins Benehmen, um zu erfahren, ob nicht die Gruben so tief und breit zu machen wären, daß die Königssärge ohne Entfernung der Hüllen versenkt werden könnten. Bei einer Besichtigung der Gruft am 18. Juni 1902 durch den Hofmarschall der Herzogin Wera, Paul von Baldinger-Seidenberg, Hofkammerrat Wiedersheim, Adolf Donndorf und Hofbauinspektor Linck hielt der zuletzt Genannte eine Planveränderung zur Erhaltung der äußeren Königssärge für möglich, wobei etwa 60 Mark an Mehrkosten entstünden. Nachdem Linck ausdrücklich versichert hatte, daß durch Verstärkungen ein Zusammenbrechen der Trägerkonstruktion unter der Last der Sarkophage ausgeschlossen sei, äußerte Wiedersheim schwere Bedenken, die »aus Gründen der Pietät gegen die Entfernung und Vernichtung der dritten äußersten Sarghüllen sprechen«. Er wies dabei auf die »nicht unerheblichen Umständlichkeiten« hin, wenn die genannten Maßnahmen urkundlich vorgenommen würden. Schließlich sprach er seine Zweifel darüber aus, ob denn »durch die Abnahme der dritten Umhüllung das Platzbedürfnis für die Särge so sehr viel verringert würde«. Schließlich einigten sich die Anwesenden darauf, daß »die fraglichen Veränderungen

[an den Särgen] womöglich vermieden werden sollten«. Hofmarschall Baldinger schlug vor, die Angelegenheit Herzogin Wera vorzutragen und deren Genehmigung für die größeren Gruben einzuholen.

Nicht nur in bezug auf die Särge des Königspaares, auch mit der Anordnung deren Sarkophage gab es schwerwiegende Probleme. In dem Protokoll der oben genannten Gruftbesichtigung heißt es ferner: »Hinsichtlich der Aufstellung der Särge bzw. Sarkophage wurde bemerkt, daß, abweichend von der Skizze, die Königin Olga links von König Karl zu legen sein wäre, da sie vom Künstler mit nach rechts gewendetem Kopf dargestellt sei, wie umgekehrt König Karl den Kopf nach links gedreht habe. Bei dieser Darstellungsweise würde die übliche Aufstellung, wonach der Sarkophag einer Königin rechts von dem des Königs zu liegen kommt, dazuführen, daß sich beide voneinander abkehren, was selbstverständlich vermieden werden müsse.« Bisher standen die Särge im Zuge der Kirchenlängsachse, d. h. parallel zur Dorotheenstraße, mit dem Blick nach Südosten in der oben erwähnten »üblichen Aufstellung« nebeneinander. Die beabsichtigte Anordnung der Königssarkophage zog jedoch noch weitere Veränderungen nach sich, weil dies eine Veränderung der am Gewölbe angebrachten Wappen mit sich bringen müsse, »da sonst das russische auf der Seite des Königs und das württembergische auf der Seite der Königin wäre«. Hofbauinspektor Linck schätzte die Bauzeit auf vier Wochen und plante die Ausführung der Vorhaben für September.

Bereits am folgenden Tage, dem 19. Juni 1902, genehmigte Herzogin Wera die besprochenen Maßnahmen und gab der Hoffnung Ausdruck, daß »keine Hindernisse für die Trauerfeier im Oktober eintreten, d. h. daß die Sarkophage sämtlich aufgestellt sein werden«.

Am 2. Juli macht Prof. Halmhuber nach Rücksprache mit Hofmarschall Baldinger dem Hofbauinspektor den Vorschlag, die Särge noch im Monat Juli zu versenken. Er meinte, »daß es sicherer wäre, jetzt zu beginnen, bevor Sie [Linck] in Urlaub gehen, damit wenn irgend ein Anstand sich ergeben sollte, derselbe rechtzeitig behoben werden kann«. Schon fünf Tage später wurde mit den Arbeiten begonnen und die Särge des Königspaares in den Vorraum gebracht, wo sie hinter einem Lattenverschlag und mit Tüchern verdeckt abgestellt wurden. Sie hatten sich auch in diesem Fall als zu breit erwiesen, um mit den beiden anderen Särgen und der übrigen Gruftausstattung in den südöstlichen Nebenraum (die einstige Grablege der Gräfin Taubenheim – s. u.) gebracht zu werden. Bereits am 19. Juli konnte Hofbauinspektor Linck die Fertigstellung der Gruben melden, worauf schon drei Tage später die Versenkung der Särge in die betonierten Vertiefungen erfolgte. Einzig der Sarg des kleinen Herzogs Karl Eugen (1875) befindet sich unmittelbar innerhalb des Marmorsarkophags, dessen Gestaltung wohl ebenfalls auf einen Entwurf Halmhubers zurückgehen dürfte. Vergleiche stilistischer Einzelheiten lassen diese Vermutung wahrscheinlich erscheinen, wenn auch die Formensprache der großen Sarkophagsockel eher der Romanik entnommen ist, der Kindersarkophag jedoch auf antiken bzw. frühchristlichen Traditionen beruht.

Am 30. Oktober 1902, dem 10. Todestag von Königin Olga, fand im Rahmen eines Gedenkgottesdienstes die Einweihung der neugestalteten Gruft durch das Haus Württemberg statt. Vom folgenden Tage an war die Grablege versuchsweise sonntags, dienstags und freitags sowie an bürgerlichen Feiertagen von 11–12 Uhr vormittags für die interessierte Öffentlichkeit zugänglich. Herzogin Wera, deren Sarkophag erst nach ihrem Tod 1912 von Adolf Donndorf geschaffen und in der Gruft aufgestellt wurde, hatte die Verbreitung der Öffnungszeiten dem Verein für Fremdenverkehr überlassen.

Diese Öffnung einer Gruft für jedermann war im Hause Württemberg etwas völlig Neues. Bisher war der Zutritt zu Grabgewölben ausschließlich den nächsten Angehörigen vorbehalten gewesen. Es mag mit ausschlaggebend gewesen sein, daß nach der Aufstellung der Donndorfschen Sarkophage die eigentlichen Särge nicht mehr sichtbar waren. Nur wenige Jahre später wurde auch das Gruftgeschoß der Grabkapelle bei Stuttgart-Rotenberg interessierten Besuchern geöffnet, wo die Särge ebenfalls in Marmorsarkophagen vor den Blicken der Besucher verborgen sind.

Die Gruft unter der Schloßkirche blieb, abgesehen von zeitweiligen Unterbrechungen, bis zum Zweiten Weltkrieg für Interessierte zugänglich, diente dann jedoch als Notmagazin. Sowohl während des Schloßbrandes 1931 als auch im Kriege, als weite Teile des Gebäudekomplexes zerstört wurden, ist diese Grablege unversehrt geblieben. Nach 1945 verfiel sie in einen Dornröschenschlaf und wurde vergessen. Erst aus Anlaß des Jubiläums »900 Jahre Haus Württemberg« wurden die Gruft und der Vorraum renoviert und 1983 dem Publikum geöffnet. Leider wurde damals ein für eine Grabkammer ungewöhnlicher Putz an Wänden und Gewölbe angebracht sowie der Eingangsraum mit Erläuterungstafeln ausgestattet, so daß das einst düstere Gewölbe nurmehr musealen Charakter hatte und der Eindruck einer Grablege völlig verloren gegangen war. Dies änderte sich erst 1989, als der kurz zuvor wiederaufgefundene originale Wandbehang restauriert und bei den Sarkophagen wieder angebracht wurde.

Eine erste Beisetzung in der Gruft unter der Stuttgarter Schloßkirche hatte bereits am 2. Januar 1867 stattgefunden, als die drei Tage zuvor verstorbene Gräfin Marie von Taubenheim in das Gewölbe hinabgelassen wurde. Sie war die Tochter des Herzogs

Wilhelm von Württemberg (1761–1830), dessen Kinder aus seiner morganatischen Ehe mit Wilhelmine Rhodis von Tunderfelt nur den gräflichen Titel von Württemberg tragen durften. Einer ihrer Brüder war der Dichter Graf Alexander (1801–1844), der in der Gruft unter der Stuttgarter Stiftskirche seine Ruhestätte gefunden hat. Ein weiterer Bruder, Graf Wilhelm (1810–1869), wurde 1867 zum Herzog von Urach erhoben und begründete damit diese bis heute fortbestehende Nebenlinie.

Es ist anzunehmen, daß der Sarg der Gräfin Marie eine Zeitlang im Hauptraum unter dem Altar aufgestellt war. Offensichtlich wurde jedoch im Zusammenhang mit späteren Beisetzungen eine räumliche Trennung zwischen den Särgen der erbberechtigten Mitglieder des Hauses Württemberg und der nicht ebenbürtigen Gräfin Marie vollzogen, da auf einem Gruftplan von 1891 ihr Sarg in einer Nische des östlich anschließenden und heute vermauerten Nebenraumes eingezeichnet ist. Nach ihrer Beisetzung hätte die Gruft wie die anderen Familiengrablegen verschlossen und der Schlüssel versiegelt auf der Oberhofratskanzlei aufbewahrt werden müssen. Zwei Gründe veranlaßten die Verantwortlichen in diesem Falle zu einem anderen Verhalten. Zum einen war das Oberhofmarschallamt in unmittelbarer Nähe innerhalb des Schloßkomplexes untergebracht, eine unversiegelte Schlüsselaufbewahrung dort also unbedenklich möglich, zum anderen bestand der Witwer, der Oberstallmeister und spätere Oberhofratspräsident Graf Wilhelm von Taubenheim darauf, einen eigenen Schlüssel zu erhalten, um jederzeit am Sarg seiner Gemahlin beten zu können. Da dieser jedoch kein Angehöriger des Hauses Württemberg war, konnte er nicht neben seiner Gattin bestattet werden. Er ließ daher auf dem Pragfriedhof eine besondere Familiengruft anlegen, in der er zwei Tage nach seinem Tode am 6. Januar 1894 beigesetzt

wurde. Am frühen Morgen des 16. April desselben Jahres erfolgte dann die Überführung von Gräfin Marie aus der Gruft des Alten Schlosses an die Seite ihres Gemahls.

Auf dem Pragfriedhof ruht auch eine Schwester König Karls, Prinzessin Auguste (1826–1898), die seit 1851 mit dem im Stuttgarter Kulturleben überaus engagierten Prinzen Hermann von Sachsen-Weimar-Eisenach verheiratet war. An das Ehepaar erinnern in Stuttgart gleich drei Straßennamen: die Augusten-, Hermann- und die Weimarstraße.

Alter Friedhof Ludwigsburg

Die Entscheidung des späteren Königs Wilhelm II., seinen im Jahre 1880 nach nur fünf Monaten verstorbenen Sohn Ulrich nicht in einer Gruft, sondern auf dem Friedhof in Ludwigsburg bestatten zu lassen, hat in Württemberg die Erdbestattung unter freiem Himmel für das Königshaus eingeführt. Die Beerdigung eines totgeborenen jüngeren Bruders von Wilhelm II. im Herbst 1850 auf dem Friedhof

140. Grab König Wilhelms II. und seiner Familie auf dem Alten Friedhof in Ludwigsburg

141. Denkmal des Prinzen Ulrich († 1880) im Park von Marienwahl

in Baden-Baden war schon bald in Vergessenheit geraten, obwohl der mächtige Findlingsgrabstein bis weit in unser Jahrhundert hinein das Kindergrab bezeichnet hat.

Am 30. April 1882 verstarb die noch nicht einmal fünfundzwanzigjährige Gemahlin Wilhelms, Prinzessin Marie von Waldeck und Pyrmont, nach der Entbindung von einer toten Tochter. Sie fanden ebenfalls in Ludwigsburg auf dem Alten Friedhof ihre letzte Ruhe.

Da er seit seiner Abreise am 9. November 1918 seine ehemalige Residenz nie mehr betreten hat, war es sein ausdrücklicher Wunsch, daß auch sein Leichnam den Boden Stuttgarts nicht berühre. Aus diesem Grunde wurde der Trauerzug bei der Überführung vom Sterbeort Bebenhausen zum Ludwigsburger Friedhof in einem weiten Bogen um die württembergische Hauptstadt herumgeführt. Sein mit rotem Samt bespannter und mit Goldborten versehener Sarg steht zwar nicht mehr in einer traditionellen Gruft, aber auch nicht in der bloßen Erde – sondern in einem aus Ziegeln gemauerten einfachen Grab. 1936 wurde dort noch ein im Säuglingsalter verstorbener Urenkel des Königs beerdigt sowie 1946 seine zweite Gemahlin, Königin Charlotte aus dem Hause Schaumburg-Lippe. Die schlichte Grabstätte ziert ein hohes Kreuz aus weißem Marmor, dessen Sockel die Namen der Toten trägt.

Bereits 1881, im Jahr nach dem Tode des Prinzen Ulrich fertigte Adolf Donndorf im Auftrag der Eltern für diesen ein Denkmal, das sich heute auf dem Gelände des Schlößchens Marienwahl in Ludwigsburg befindet. Eine zweite, identische Ausführung wird in Neuwied aufbewahrt. Die zwei Jahrzehnte später ebenfalls von der Hand Donndorfs geschaffenen Sarkophage in der Stuttgarter Schloßkirche ähneln im Aufbau verblüffend dem Ulrichsdenkmal. Allerdings ist der Prinz nicht im Tode, sondern mit lebendigem, ja fröhlichem Gesichtsausdruck und spielerisch erhobenen linkem Arm dargestellt, was offensichtlich dem Wunsch der Eltern entsprochen hat. Dennoch liegt die Vermutung nahe, daß eine der beiden Ausführungen ganz zu Anfang für das Kindergrab auf dem Ludwigsburger Friedhof vorgesehen war, während die andere der Privatwohnung des späteren Königs Wilhelm II. und dessen erster Gemahlin nahe sein sollte.

Einer der eigentümlichsten Bestattungsplätze befindet sich in Ludwigsburg auf einer Pferdekoppel beim Schlößchen Marienwahl. Das einzige überlebende Kind König Wilhelms II. von Württemberg, Prinzessin Pauline (1877–1965), lebte als verwitwete Fürstin zu Wied bis zu ihrem Tode im von ihrem Vater ererbten Elternhaus Marienwahl. Ihrer besonderen Vorliebe für Pferde gab sie letzten Ausdruck durch den Wunsch, auch im Tode unter ihren Tieren zu ruhen. Sie bestimmte daher auf einer Pferdekoppel in unmittelbarer Nähe ihres Wohnsitzes die Grabstelle. Ihrem Willen gemäß wurde

142. Grab von Pauline Fürstin zu Wied († 1965), der Tochter König Wilhelms II., auf der Pferdekoppel bei Marienwahl

nach der Versenkung des Sarges ein Gatter geöffnet, so daß die Pferde um die Trauergemeinde herumgaloppieren konnten und so gleichsam ebenfalls zu Teilnehmern der Beisetzung wurden. Das Grab bezeichnet heute ein Kreuz aus Granit mit Namen, Lebensdaten und Leichentext. Im Falle von Baumaßnahmen oder sonstiger Veränderungen auf dem heute freien Koppelgelände ist die Überführung des Sarges ins elterliche Grab auf dem Alten Friedhof in Ludwigsburg vorgesehen.

Die im 19. Jahrhundert begründeten Nebenlinien Teck und Urach waren in Württemberg nicht thronfolgeberechtigt, da sie auf morganatische Ehen zurückgingen. Die Linie der Herzöge von Teck, der auch Queen Mary von Großbritannien entstammte, hatte zunächst ihre Grablege in der Königlichen Gruft der St. Georges Chapel in Windsor. Dort ruht gegenwärtig jedoch nur noch Herzog Franz (1837–1900) mit seiner Gemahlin Marie Adelaide (1833–1897), da alle übrigen Familien-

143. Aufbahrung Marie Amelies, einer Tochter Herzog Albrechts, am 17. August 1923 in der Schloßkirche Altshausen

mitglieder im Jahre 1928 auf den Königlichen Begräbnisplatz (»Frogmore Burial Ground«) beim Victoria- und Albert-Mausoleum überführt worden sind. Dieser Privatfriedhof dient seit jener Zeit der Familie Teck als bevorzugte Ruhestätte. Während des Ersten Weltkrieges wurde dem Oberhaupt der Familie vom englischen König der Titel Marquess of Cambridge verliehen, der jüngere Sohn nannte sich Earl of Athlone. Mit dem Tode Georgs (1895–1981), des 3. Herzogs von Teck und 2. Mar-

ques of Cambridge ist die Linie Teck im Mannesstamm erloschen.

Die Herzöge von Urach fanden zunächst in der Ludwigsburger Schloßgruft, seit 1928 jedoch an verschiedenen Orten ihre letzte Ruhe. Als besondere Grablege kann das Familienbegräbnis auf dem Großengstinger Friedhof angesprochen werden, da dort inzwischen vier Angehörige dieser Linie begraben wurden.

Altshausen

Das ehemalige Deutschordensschloß Altshausen ist
seit 1918 der Wohnsitz der nunmehr erbberechtigten katholischen Linie des Hauses Württemberg.
Da von allen Hausgrablegen nur diejenige unter der
Ludwigsburger Schloßkirche eine Abteilung für
die Beisetzung katholischer Familienmitglieder besitzt, bestattete dieser Zweig seine verstorbenen
Angehörigen zunächst in der dortigen Gruft. Schon
Herzog Philipp (I.) (1838–1917) hatte erkannt, daß
die Grablege in Ludwigsburg niemals seiner ganzen
Familie Raum zur Bestattung würde bieten können. Er faßte deshalb den Entschluß, ein eigenes
Erbbegräbnis errichten zu lassen. Sein Tod im Jahre
1917 und wenig später das Ende der Monarchie in
Württemberg haben das Vorhaben zu dieser Zeit
nicht über ein erstes Stadium hinaus gedeihen lassen.

Die nach der Übersiedelung der Familie nach Altshausen verstorbenen Angehörigen wurden in der
alten Deutschordensgruft bestattet, die 1630 der
Landkomtur Johann Jakob von Stein unter der
nördlichen Seitenkapelle der Schloßkirche eingerichtet hatte. Da der Zugang zu dieser Gruft bei jeder Beisetzung erneut aufgegraben werden mußte
und auch diese Grabstätte nur für insgesamt drei
Särge Platz geboten hat, griff Herzog Albrecht
(1865–1939) bald nach dem Tode seiner Mutter
Maria Theresia (1845–1927) den Gedanken seines
Vaters wieder auf, eine neue und für Generationen
Raum bietende Familiengrablege zu schaffen. Er
beauftragte den in Kirchenbaufragen erfahrenen
Stuttgarter Architekten Hugo Schlösser mit der
Ausarbeitung der Pläne. Diese sahen schließlich
den oberirdischen Anbau einer großzügigen Gruftkapelle im Westen der Schloßkirche vor. Im No-
vember 1928 war die neue Grablege vollendet, so
daß die Särge der in Ludwigsburg und in der alten
Deutschordensgruft Bestatteten in die neue Kapelle

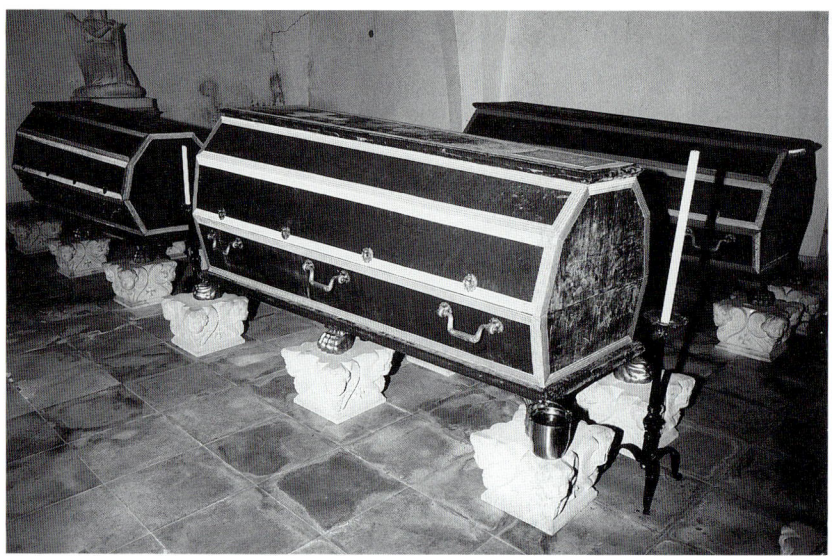

144. Sarg Herzog Phil-
ipps († 1975) in der Kö-
niglichen Gruft des
Schlosses Altshausen

übertragen werden konnten. Eine 1883 in Gmun-
den beigesetzte Zwillingsschwester Herzog Albrechts (Marie Amelie, 1865–1883) fand nun ebenfalls in Altshausen ihre neue Ruhestätte. Seit dieser
Zeit werden alle Angehörigen dieser Linie des Hauses Württemberg in Altshausen begraben. Nur die
in den geistlichen Stand getretenen Familienmitglieder ruhen auf den Friedhöfen ihrer Orden. Es
sind dies Herzog Carl Alexander (Pater Odo,
1896–1964), der in Weingarten begraben liegt, sowie Herzogin Marie Therese (Domina Maria Benedicta, 1898–1928) in Kloster Eibingen im Rhein-
gau. Die Toten in Altshausen ruhen in drei Särgen,
deren äußerster mit rotem Samt und Goldborten
bespannt auf Löwenfüßen steht. Diese Sargform ist
seit der Zeit König Wilhelms II. unverändert beibehalten worden und geht in ihren Wurzeln gar in die
Epoche König Friedrichs I. zurück.

Anhang

Zusammenstellung der Grablegen sämtlicher Angehöriger des Hauses Württemberg (Stand: März 1989)

Bemerkungen: Die Grablegen sind mit römischen, die Personen mit arabischen Zahlen durchnumeriert. Die jeweilige Kombination aus beiden weist auf Eltern und Ehegatten hin. Durch []-Klammern sind frühere oder abgegangene Bestattungsplätze gekennzeichnet.
Abkürzungen: To. v. = Tochter von, So. v. = Sohn von, Gem. v. = Gemahl/Gemahlin von

(I) Altshausen

Schloßkirche (Gruftkapelle)
(1) Marie Amelie 1865–1883, To. v. (I,3/4) [bis 1928 in Gmunden/Österreich beigesetzt]
(2) Marie Elisabeth 1899–1900, To. v. (I,6/7) [bis 1928 in der Katholischen Gruft in Ludwigsburg beigesetzt]
(3) Hzg. Philipp (I.) 1838–1917, So. v. (XIX,16/29), Gem. v. (I,4) [bis 1928 in der Katholischen Gruft in Ludwigsburg beigesetzt]
(4) Maria Theresia Erzherzogin von Österreich 1845–1927, Gem. v. (I,3)
(5) Marie Amelie 1897–1923, To. v. (I,6/7)
(6) Hzg. Albrecht 1865–1939, So. v. (I,3/4), Gem. v. (I,7)
(7) Margarethe Sophie Erzherzogin von Österreich 1870–1902, Gem. v. (I,6) [bis 1928 in der Katholischen Gruft in Ludwigsburg beigesetzt]
(8) Ulrich 1877–1944, So. v. (I,3/4)
(9) Margarethe 1902–1945, To. v. (I,6/7)
(10) Robert 1873–1947, So. v. (I,3/4), Gem. v. (I,11)
(11) Maria Immakulata Raineria Erzherzogin von Österreich 1878–1968, Gem. v. (I,10)
(12) Hzg. Albrecht Eugen 1895–1954, So. v. (I,6/7), Gem. v. (I,13)
(13) Nadejda Prinzessin von Bulgarien 1899–1958, Gem. v. (I,12)
(14) Hzg. Philipp (II.) 1893–1975, So. v. (I,6/7), Gem. v. (I,15) und (I,16)
(15) Helene Erzherzogin von Österreich-Toskana 1903–1924, erste Gem. v. (I,14)
(16) Rosa Erzherzogin von Österreich-Toskana 1906–1983, zweite Gem. v. (I,14)
sowie
(17) Erzherzog Maximilian von Österreich 1894–1952
(18) Prinzessin Eudoxie von Bulgarien 1898–1985

(II) Bernstadt (Bierutów/Polen)

Schloß- und Stadtkirche St. Katharina (Chorgruft)
[1700 wurden drei Gemahlinnen und acht Kinder von Hzg. Christian Ulrich (I). nach Oels überführt]
(1) Hzg. Karl 1682–1745, So. v. (VIII,3/4), Gem. v. (II,2) [Sarg verschollen]
(2) Wilhelmine Luise Herzogin von Sachsen-Meiningen 1686–1753, Gem. v. (II,1)

Beutelsbach

[zeitgenössische Quellen über die in der Stiftskirche beigesetzten Mitglieder des Hauses Württemberg sind nicht bekannt, jedoch waren dort bis zur Überführung nach Stuttgart zweifelsfrei die unter (XIV,1–4) aufgeführten Personen bestattet.]

(III) Carlsruhe / Oberschlesien (Pokój/Polen)

Sophienkirche Sakristeigruft
(1) Friederike Sophie 1751–1789, To. v. (III,2/3) verm. mit Herzog Friedrich August von Braunschweig-Lüneburg

(2) Hzg. Carl Christian Erdmann 1716–1792, So. v. (XIII,25/XIV,82), Gem. v. (III,3)
(3) Marie Sophie Wilhelmine Gräfin von Solms-Laubach 1721–1793, Gem. v. (III,2)
Gruft unter der Eingangshalle
(4) Wilhelm Alexander 1825, So. v. (III,5/6)
(5) Hzg. Eugen 1788–1857, So. v. (III,13/XIX,77), Gem. v. (III,6) und (III,7)
(6) Mathilde Prinzessin von Waldeck und Pyrmont 1801–1825, erste Gem. v. (III,5)
(7) Helene Prinzessin von Hohenlohe-Langenburg 1807–1880, zweite Gem. v. (III,5)
(8) Hzg. Eugen Erdmann 1820–1875, So. v. (III,5/6), Gem. v. (III,9)
(9) Mathilde Prinzessin von Schaumburg-Lippe 1818–1891, Gem. v. (III,8)
(10) Alexandrine Mathilde 1829–1913, To. v. (III,5/7)
Friedhof
(11) Ferdinand 1790–1795, So. v. (III,13/XIX,77)
(12) Heinrich 1792–1797, So. v. (III,13/XIX,77)
(13) Luise Prinzessin zu Stolberg-Gedern 1764–1834, Gem. v. (XIX,77)
(14) Hzg. Nikolaus 1833–1903, So. v. (III,5/7), Gem. v. (III,15)
(15) Wilhelmine Hzgin. von Wttbg. 1844–1892, To. v. (III,8/9), Gem. v. (III,14)

[(IV) St. Peterstift auf dem Einsiedel (abgebrochen)

(1) Graf/Herzog Eberhard im Bart 1445–1496, So. v. (XVII,1/2), Gem. v. (XIX,58), seit 1537 in der Tübinger Stiftskirche beigesetzt, siehe (XVII,3)]

(V) Gochsheim/Kraichgau (Gde. Kraichtal)

Martinskirche (Fußbodengräber vor dem Altar)
(1) Hzg. Friedrich August 1654–1716, So. v. (XII,10/11), Gem. v. (V,2)
(2) Albertine Sophie Esther Gräfin von Eberstein 1661–1728, Gem. v. (V,1)

(VI) Gotha (DDR)

Schloß Friedenstein (Gruft unter der Schloß-kirche)
(1) Paul 1800–1802, So. v. (VI,3/4) [bis 1851 in Grünhof in Kurland]
(2) Friedrich 1810–1815, So. v. (VI,3/4) [bis 1851 in Grünhof in Kurland]
(3) Hzg. Alexander 1771–1833, So. v. (IX,4/24), Gem. v. (VI,4)
(4) Antoinette Herzogin von Sachsen-Coburg-Saal-feld 1779–1824, Gem. v. (VI,3) [bis 1851 in Grünhof in Kurland]

(VII) Güterstein bei Urach

[Kartause abgebrochen]
(1) Andreas 1443, So. v. (VII,2/3)
(2) Graf Ludwig I. 1412–1450, So. v. (XI,1/XIV,18), Gem. v. (VII,3) [seit 1554 in der Tübinger Stifts-kirche beigesetzt, siehe (XVII,1)]
(3) Mechtild von der Pfalz 1419–1482, Gem. v. (VII,2) [seit 1554 in der Tübinger Stiftskirche beigesetzt, siehe (XVII,2)]
(4) Graf Ludwig II. 1439–1457, So. v. (VII,2/3)
(5) Barbara 1475, To. v. (XVII,3/XIX,58)
(6) Anna 1513–1530, To. v. (XVII,5/6) [seit 1554 in der Tübinger Stiftskirche beigesetzt, siehe (XVII,4)]

(VIII) Juliusburg (Dobroszyce/Polen)

[Schloß- und Stadtkirche/Chorgruft (ab-gebrochen)
(1) Marie Sophie 1678, To. v. (VIII,3/4)
(2) Leopold Friedrich 1680–1681, So. v. (VIII,3/4)
(3) Hzg. Julius Sigismund 1653–1684, So. v. (XIII,5/6), Gem. v. (VIII,4)
(4) Anna Sophia Herzogin von Mecklenburg-Schwerin 1647–1726, Gem. v. (VIII,3]

(IX) Ludwigsburg (Schloßkirche)

Gruft (Protestantische Abteilung)
(1) Friedrich Ludwig 1698–1731, So. v. (IX,2/3), Gem. v. (XIX,60)
(2) Herzog Eberhard Ludwig 1676–1733, So. v. (XIV,67/68), Gem. v. (IX,3)
(3) Johanna Elisabeth Markgräfin von Baden-Durlach 1680–1757, Gem. v. (IX,2)
(4) Friederike Sophie Dorothee Markgräfin von Brandenburg-Schwedt 1736–1798, Gem. v. (IX,24)
(5) Karl 1809–1810, So. v. (IX,10/25)
(6) König Friedrich 1754–1816, So. v. (IX,4/24), Gem. v. (XIX,40) und (IX,7)
(7) Charlotte Auguste Mathilde Prinzessin von Großbritannien 1766–1828, Gem. v. (IX,6)
(8) totgeborene Tochter 1798 v. (IX,6/7) [ihr Sarg befand sich bis 1812 in der Gruft der Stuttgarter Stiftskirche]
(9) Katharina 1783–1835, To. v. (IX,6/XIX,40), ihr Herz im Invalidendom in Paris beigesetzt, siehe (XIX,90a), Gem. v. Jérôme Bonaparte (1807–1813 König von Westphalen)
(10) Katharina Charlotte Prinzessin von Sachsen-Hildburghausen 1787–1847, Gem. v. (IX,25)

(11) Friedrich 1808–1870, So. v. (IX,10/25), Gem. v. (IX,12)
(12) Katharina 1821–1898, To. v. (IX,13/XV,1), Gem. v. (IX,11)
(13) Pauline 1800–1873, To. v. (XIV,87/88), dritte Gem. v. (XV,1)
(14) August 1813–1885, So. v. (IX,10/25)
(15) Maximilian 1828–1888, So. v. (IX,26/XIV,96), Gem. v. (IX,16)
(16) Hermine Prinzessin zu Schaumburg-Lippe 1845–1930, Gem. v. (IX,15)
Gruft (Katholische Abteilung)
(17) Herzog Carl Alexander 1684–1737, So. v. (XIV,75/76), Gem. v. (IX,18)
(18) Marie Auguste Prinzessin von Thurn und Taxis 1706–1756, Gem. v. (IX,17)
(19) Friederike 1750–1751, To. v. (IX,21/XIX,15)
(20) Augusta Elisabeth 1734–1787, To. v. (IX,17/18), Gem. v. Fürst Karl Anselm von Thurn und Taxis
(21) Herzog Carl Eugen 1728–1793, So. v. (IX,17/18), Gem. v. (XIX,15) und (XIX,59)
(22) Herzog Ludwig Eugen 1731–1795, So. v. (IX,17/18), Gem. v. (IX,23)
(23) Sophie Albertine Gräfin von Beichlingen 1728–1807, Gem. v. (IX,22)
(24) Herzog Friedrich Eugen 1732–1797, So. v. (IX,17/18), Gem. v. (IX,4)
(25) Paul 1785–1852, So. v. (IX,6/XIX,40), Gem. v. (IX,10)
(26) Sophie Dorothee Prinzessin von Thurn und Taxis, 1800–1870, Gem. v. (XIV,96)
(27) Wilhelm (Urach) 1810–1869, So. v. (XIV,90/91), Gem. v. (IX,28) und (IX,29)
(28) Theodolinde Prinzessin von Leuchtenberg 1814–1857, erste Gem. v. (IX,27)
(29) Florestine Prinzessin von Monaco 1833–1897, zweite Gem. v. (IX,27)
(30) Eugenie (Urach) 1848–1867, To. v. (IX,27/28)
(31) Marie Gabriele (Urach) 1893–1908, To. v. (IX,33/34)
(32) Karl (Urach) 1865–1925, So. v. (IX,27/29)
(33) Dr. Wilhelm (Urach) 1864–1928, So. v. (IX,27/29), Gem. v. (IX,34) und (XIX,46)
(34) Amalie Herzogin in Bayern 1865–1912, erste Gem. v. (IX,33)
sowie
(35) Prinz Friedrich Johann von Thurn und Taxis 1772–1805, So. v. (IX,20)

(X) Ludwigsburg (Alter Friedhof)

Erdgrabanlage mit Einzelgewölben
(1) Ulrich 1880, So. v. (X,2/3)

(2) König Wilhelm II. 1848–1921, So. v. (IX,11/12), Gem. v. (X,3) und (X,4)
(3) Marie Prinzessin von Waldeck und Pyrmont 1857–1882, erste Gem. v. (X,2)
(4) Charlotte Prinzessin zu Schaumburg-Lippe 1864–1946, zweite Gem. v. (X,2)
(5) totgeborene Tochter 1882 v. (X,2/3) sowie
(6) Prinz Wilhelm zu Wied 1937

(XI) Mömpelgard (Montbéliard/Frankreich)

[Schloß- und Stiftskirche St. Maimboeuf (an unbekannter Stelle)
(1) Henriette Gräfin von Mömpelgard nach 1383–1444, Gem. v. (XIV,18)
(2) Ulrich 1556–1557, So. v. (XIX,83/146)
(3) Elisabeth 1585, To. v. (XIV,34/35)
(4) Joachim Friedrich 1587, So. v. (XIV,34/35)
(5) Philipp Friedrich 1589, So. v. (XIV,34/35) sowie zahlreiche weitere Personen
Chorgruft
(6) Christoph 1620–1621, So. v. (XI,8/9)
(7) Heinrich 1627–1628, So. v. (XI,8/10)
(8) Hzg.-Administrator Ludwig Friedrich 1586–1631, So. v. (XIV,34/35), Gem. v. (XI,9) und (XI,10)
(9) Elisabeth Magdalena Landgräfin von Hessen-Darmstadt 1600–1624, erste Gem. v. (XI,8)
(10) Anna Eleonora Gräfin von Nassau-Saarbrücken 1602–1685, zweite Gem. v. (XI,8) [bis 1701 vorübergehend in der Kirche in Reichenweier bestattet]
(11) Otto Friedrich 1650–1653, So. v. (XI,15/16)
(12) Conrad Ludwig 1658–1659, So. v. (XI,15/16)
(13) Hzg. Leopold Friedrich 1624–1662, So. v. (XI,8/9), Gem. v. (XIV,78)
(14) Henriette 1654–1680, To. v. (XI, 15/16)
(15) Hzg. Georg II. 1626–1699, So. v. (XI,8/10), Gem. v. (XI,16)
(16) Anna Gräfin von Coligny 1624–1680, Gem. v. (XI,15)
(17) Hzg. Leopold Eberhard 1670–1723, So. v. (XI,15/16)
(18) Anna 1660–1733, To. v. (XI,15/16)]

(XII) Neuenstadt am Kocher

Stadtkirche (Grüfte unter Chor und Sakristei)
(1) Barbara Augusta 1663–1664, To. v. (XII,10/11)
[(2) Christoph 1666, So. v. (XII,10/11) Sarg 1706 eingeschmolzen]
(3) Eleonore Charlotte 1664–1666, To. v. (XII,10/11)
(4) Anna Eleonora 1669–1670, To. v. (XII,10/11)

(5) Albrecht 1657–1670, So. v. (XII,10/11)
(6) Anna Johanna 1619–1679, To. v. (XIV,40/41)
(7) Anton Ulrich 1661–1680, So. v. (XII,10/11)
(8) Friedrich Casimir 1680, So. v. (V,1/2)
(9) Ludwig Friedrich 1681, So. v. (V,1/2)
(10) Hzg. Friedrich 1615–1682, So. v. (XIV,40/41), Gem. v. (XII,11)
(11) Clara Augusta Herzogin von Braunschweig-Lüneburg 1632–1700, Gem. v. (XII,10)
(12) Friedrich Samuel 1684, So. v. (V,1/2)
(13) August Friedrich 1687, So. v. (V,1/2)
(14) Carl 1688–1689, So. v. (V,1/2)
(15) Adam 1690, So. v. (V,1/2)
(16) Ferdinand Wilhelm 1659–1701, So. v. (XII,10/11)
[(17) Friedrich 1701, So. v. (V,1/2) Sarg 1706 eingeschmolzen]
(18) Hzg.-Administrator Carl Rudolf 1667–1742, So. v. (XII,10/11), Gem. v. (XIX,82)
(19) Eleonore Wilhelmine Charlotte 1694–1751, To. v. (V,1/2)
(20) Friederike 1699–1781, To. v. (V,1/2)

(XIII) Oels (Oleśnica/Polen)

Schloß- und Stadtkirche St. Johannis (Chorgruft)
(1) Cunigunde Juliane 1655, To. v. (XIII,5/6)
(2) Silvius 1660, So. v. (XIII,5/6)
(3) Anna Sophia 1648–1661, To. v. (XIII,5/6)
(4) Hzg. Silvius Friedrich 1651–1697, So. v. (XIII,5/6), Gem. v. (XIX,20)
Gruftkapelle
(5) Hzg. Silvius Nimrod 1622–1664, So. v. (XIV,45/46), Gem. v. (XIII,6)
(6) Elisabeth Marie Herzogin von Münsterberg-Oels 1625–1686, Gem. v. (XIII,5)
(7) Hzg. Christian Ulrich (I.) 1652–1704, So. v. (XIII,5/6), Gem. v. (XIII,8), (XIII,9), (XIII,10) und (XIII,11)
(8) Anna Elisabeth Prinzessin von Anhalt-Bernburg 1647–1680, erste Gem. v. (XIII,7) [bis 1700 in Bernstadt]
(9) Sibylla Maria Herzogin von Sachsen-Merseburg 1667–1693, zweite Gem. v. (XIII,7) [bis 1700 in Bernstadt]
(10) Sophie Wilhelmine Prinzessin von Ostfriesland 1659–1698, dritte Gem. v. (XIII,7) [bis 1700 in Bernstadt]
(11) Sophie Herzogin von Mecklenburg-Güstrow 1662–1738, vierte Gem. v. (XIII,7)
(12) Christian Ulrich 1674, So. v. (XIII,7/8) [bis 1700 in Bernstadt]
(13) Leopold Viktor 1675–1676, So. v. (XIII,7/8) [bis

1700 in Bernstadt]
(14) Friederike Christine 1676, To. v. (XIII,7/8) [bis 1700 in Bernstadt]
(15) Eleonore Amoene 1678–1679, To. v. (XIII,7/8) [bis 1700 in Bernstadt]
(16) Theodosia 1680, To. v. (XIII,7/8) [bis 1700 in Bernstadt]
(17) Christiane Marie 1685–1686, To. v. (XIII,7/9) [bis 1700 in Bernstadt]
(18) Eleonore Hedwig 1687, To. v. (XIII,7/9) [bis 1700 in Bernstadt]
(19) Ulrike Erdmuthe 1689–1690, To. v. (XIII,7/9) [bis 1700 in Bernstadt]
(20) Elisabeth Sophie Charlotte 1714–1716, To. v. (XIII,25/XIV,82)
(21) Wilhelmine Philippine 1719, To. v. (XIII,25/XIV,82)
(22) Augusta Luise 1698–1739, To. v. (XIII,7/10), Gem. v. Herzog Georg Albrecht von Sachsen-Barby
(23) Christian 1742, So. v. (III,2/3)
(24) Ulrike Luise 1715–1748, To. v. (XIII,25/XIV,82)
(25) Charlotte Philippine Gräfin von Redern 1691–1758, Gem. v. (XIV,82)
(26) Friedrich Christian Karl 1757–1759, So. v. (III,2/3)
(27) Hzg.-Administrator Carl Friedrich 1690–1761, So. v. (XIII,7/9), Gem. v. (XIII,28)
(28) Juliane Sibylle Charlotte 1690–1735, To. v. (XIV,81/XVIII,7)

(XIV) Stuttgart (Stiftskirche)

Sammelgrab in der Gruft
(1) Graf Ulrich mit dem Daumen nach 1220–1265, wahrscheinlich So. v. Hermann von Württemberg, Gem. v. (XIV,2) und (XIV,3) [ursprünglich in Beutelsbach]
(2) Mechtild Markgräfin von Baden nach 1225–nach 1258, erste Gem. v. (XIV,1) [ursprünglich in Beutelsbach]
(3) Agnes Herzogin von Schlesien nach 1242–1265, zweite Gem. v. (XIV,1) [ursprünglich in Beutelsbach]
(4) Graf Ulrich II. nach 1253–1279, So. v. (XIV,1/2) [ursprünglich in Beutelsbach]
(5) Graf Eberhard I. der Erlauchte 1265–1325, So. v. (XIV,1/3), wahrscheinlich dreimal vermählt, u. a. mit Irmengard Markgräfin von Baden vor 1285–nach 1320
(6) Ulrich nach 1284–1315, So. v. (XIV,5)
(7) Graf Ulrich III. nach 1291–1344, So. v. (XIV,5), Gem. v. (XIV,8)

(8) Sophie Gräfin von Pfirt vor 1312–1344, Gem. v. (XIV,7)

(9) Graf Eberhard II. der Greiner nach 1315–1392, So. v. (XIV,7/8), Gem. v. (XIV,10)

(10) Elisabeth Gräfin von Henneberg 1319–1384, Gem. v. (XIV,9)

(11) Graf Ulrich IV. nach 1315–1366, So. v. (XIV,7/8), Gem. v. Katharina Gräfin von Helfenstein [Begräbnisstätte ungewiß (Stiftskirche Stuttgart oder St. Cyriacus in Wiesensteig)]

(12) Ulrich nach 1340–1388, So. v. (XIV,9/10), Gem. v. (XIV,13)

(13) Elisabeth Herzogin von Bayern 1329–1402, Gem. v. (XIV,12)

(14) Sophie nach 1340–1369, To. v. (XIV,9/10), Gem. v. Herzog Johann I. von Lothringen

(15) Graf Eberhard III. der Milde nach 1362–1417, So. v. (XIV, 12/13), Gem. v. (XIV,16) und (XIV,17)

(16) Antonia Visconti von Mailand nach 1350–1405, erste Gem. v. (XIV,15)

(17) Elisabeth Burggräfin von Nürnberg 1391/92–1429, zweite Gem. v. (XIV,15)

(18) Graf Eberhard IV. der Jüngere 1388–1419, So. v. (XIV,15/16), Gem. v. (XI,1)

(19) Graf Ulrich V. der Vielgeliebte 1413–1480, So. v. (XI,1/XIV,18), Gem. v. (XIV,20), (XIV,21) und (XIV,22)

(20) Margarethe Herzogin von Cleve 1416–1444, erste Gem. v. (XIV,19)

(21) Elisabeth Herzogin von Bayern 1419–1451, zweite Gem. v. (XIV,19)

(22) Margarethe Herzogin von Savoyen 1420–1479, dritte Gem. v. (XIV,19)

(23) Graf Heinrich nach 1445–1519, So. v. (XIV,19/21), Gem. v. (XIX,97) und (XIX,98)

(24) Elisabeth Markgräfin von Brandenburg 1451–1524, Gem. v. (XIX,50) sowie

(25) Graf Eberhard von Werdenberg (†1383)

(26) Markgräfin Elisabeth von Baden (†1518) und weitere Personen
Gräber im Chorfußboden

(27) Georg Friedrich 1583–1591, So. v. (XIV,34/35)

(28) Elisabeth 1548–1592, To. v. (XVII,10/11), Gem. v. Graf Georg Ernst von Henneberg [das in Schleusingen (DDR) vorbereitete Grab blieb unbenutzt] und v. Pfalzgraf Georg Gustav von Veldenz-Lauterecken

(29) August 1596, So. v. (XIV,34/35)
[Manfred 1626–1662, siehe (XIV,56) heute im Gruftgewölbe]

(30) Antonia 1613–1679, To. v. (XIV,40/41), ihr Herz in Teinach begraben, siehe (XIX,116a) sowie

(31) Graf Albrecht von Hohenlohe (†1575)

(32) Pfalzgräfin Johanna Elisabeth von Veldenz-Lauterecken (†1601)

(33) Gräfin Anna Amalia zu Stolberg-Gedern (†1671) und weitere Personen
Gruftgewölbe

(34) Herzog Friedrich 1557–1608, So. v. (XIX,83/146), Gem. v. (XIV,35)

(35) Sibylle Fürstin von Anhalt 1564–1614, Gem. v. (XIV,34)

(36) Friedrich 1612, So. v. (XIV,40/41)

(37) Magnus 1594–1622, So. v. (XIV,34/35)

(38) Heinrica 1610–1623, To. v. (XIV,40/41)

(39) Eberthal 1623–1624, So. v. (XIV,40/41)

(40) Herzog Johann Friedrich 1582–1628, So. v. (XIV,34/35), Gem. v. (XIV,41)

(41) Barbara Sophie Markgräfin von Brandenburg 1584–1636, Gem. v. (XIV,40) [bis 1655 in der Thomaskirche in Straßburg beigesetzt]

(42) Agnesa 1592–1629, To. v. (XIV,34/35), Gem. v. Herzog Franz Julius von Sachsen-Lauenburg

(43) Georgia Ludovica 1630, To. v. (XI,8/10)

(44) Friedrich Achilles 1591–1631, So. v. (XIV,34/35)

(45) Hzg.-Administrator Julius Friedrich 1588–1635, So. v. (XIV,34/35), Gem. v. (XIV,46) [bis 1640 im ehem. Kloster St. Nikolaus in Undis in Straßburg beigesetzt]

(46) Anna Sabina Herzogin von Schleswig-Holstein 1593–1659, Gem. v. (XIV,45)

(47) Ludwig Friedrich 1638–1639, So. v. (XIV,63/64)

(48) Christian Eberhard 1639–1640, So. v. (XIV,63/64)

(49) Eberhard 1640–1641, So. v. (XIV,63/64)

(50) Anna 1597–1640, To. v. (XIV,34/35)

(51) Dorothea Amalia 1643–1650, To. v. (XIV,63/64)

(52) Carl Christoph 1650, So. v. (XIV,63/64)

(53) Ulrich 1655, So. v. (XII,10/11)

(54) Eberhard 1656, So. v. (XII,10/11)

(55) Johann Friedrich 1637–1659, So. v. (XIV,63/64)

(56) Manfred 1626–1662, So. v. (XIV,45/46), Gem. v. (XVIII,5) [bis 1953 im Chorfußboden]

(57) Albrecht Christian 1660–1663, So. v. (XIV,63/65)

(58) Joachim Ernst 1662–1663, So. v. (XIV,63/65)

(59) Carl Ferdinand 1667–1668, So. v. (XIV,63/65)

(60) Philipp Sigmund 1663–1669, So. v. (XIV,63/65)

(61) Ulrich 1617–1671, So. v. (XIV,40/41), Gem. v. (XIX,88) und (XIX,13)

(62) Eberhard 1672, So. v. (XIV,63/65)

(63) Herzog Eberhard III. 1614–1674, So. v. (XIV,40/41), Gem. v. (XIV,64) und (XIV,65)

(64) Anna Catharina Wild- und Rheingräfin von Salm 1614–1655, erste Gem. v. (XIV,63)

(65) Maria Dorothea Sophia Gräfin von Öttingen 1639–1698, zweite Gem. v. (XIV,63)

(65a) totgeborener Sohn 1659 v. (XIV,63/65)

(66) Emanuel Eberhard 1674–1675, So. v. (XIV,63/65)

(67) Herzog Wilhelm Ludwig 1647–1677, So. v. (XIV,63/64), Gem. v. (XIV,68)

(68) Magdalena Sibylla Landgräfin von Hessen-Darmstadt 1652–1712, Gem. v. (XIV,67)

(69) Eleonora Dorothea 1674–1683, To. v. (XIV,67/68)

(70) Georg Friedrich 1657–1685, So. v. (XIV,63/65)

(71) Dorothea Charlotta 1685–1687, To. v. (XIV,75/76)

(72) Carl Maximilian 1654–1689, So. v. (XIV,63/64)

(73) Johann Friedrich 1669–1693, So. v. (XIV,63/65)

(74) Friedrich Carl 1686–1693, So. v. (XIV,75/76)

(75) Hzg.-Administrator Friedrich Carl 1652–1698, So. v. (XIV,63/64), Gem. v. (XIV,76)

(76) Eleonora Juliana Markgräfin von Brandenburg-Ansbach 1663–1724, Gem. v. (XIV,75)

(77) totgeborene Tochter 1692 v. (XIV,75/76)

(78) Sibylla 1620–1707, To. v. (XIV,40/41), Gem. v. (XI,13)

(79) Eberhardina Louisa 1675–1707, To. v. (XIV,67/68)

(80) Eberhard Friedrich 1718–1719, So. v. (IX,1/XIX,60)

(81) Elisabeth 1665–1726, To. v. (XI,15/16), Gem. v. (XVIII,7)

(82) Christian Ulrich (II.) 1691–1734, So. v. (XIII,7/9), Gem. v. (XIII,25)

(83) Alexander Eugen 1733–1734, So. v. (IX,17/18)

(84) Heinrich Friedrich 1687–1734, So. v. (XIV,75/76)

(85) Friedrich Ferdinand August 1805–1808, So. v. (XIV,90/91)

(86) Friedrich Alexander August 1811–1812, So. v. (XIV,90/91)

(87) Ludwig (»Louis«) 1756–1817, So. v. (IX,4/24), Gem. v. (XIX,90) und (XIV,88)

(88) Henriette Prinzessin von Nassau-Weilburg 1780–1857, zweite Gem. v. (XIV,87)

(89) Konstantin 1814–1824, So. v. (XIV,90/91)

(90) Wilhelm 1761–1830, So. v. (IX,4/24), Gem. v. (XIV,91)

(91) Wilhelmine von Tunderfeld 1777–1822, Gem. v. (XIV,90) [bis 1830 in Stetten i. Remstal beigesetzt]

(92) Ferdinand 1763–1834, So. v. (IX,4/24), Gem. v. (XIX,126) und (XIX,96)

(93) Heinrich 1772–1838, So. v. (IX,4/24), Gem. v. (XIX,11)

(94) Graf Alexander (Pseudonym u. a. »Sandor von S.«) 1801–1844, So. v. (XIV,90/91), Gem. v. Helene Gräfin Festetics von Tolna 1812–1886 (1845 wiedervermählt mit Baron Francisque Chollet du Bourget), begr. in Chambéry, cimetière charrière

neuve [bis 1952 c. du paradis]

(95) Adam 1792–1847, So. v. (XIV,87/XIX,90)

(96) Paul Wilhelm 1797–1860, So. v. (III,13/XIX,77), Gem. v. (IX,26)

sowie

(97) Johanna Julia von Sachsen-Lauenburg 1626, To. v. (XIV,42)

(98) Ferdinand Franz von Sachsen-Lauenburg 1628–1629, So. v. (XIV,42)

(99) Franz Ludwig von Sachsen-Lauenburg 1629, So. v. (XIV,42)

(XV) Stuttgart (Grabkapelle auf dem Württemberg)

Gruft

(1) König Wilhelm I. 1781–1864, So. v. (IX,6/XIX,40), Gem. v. (XIX,128), (XV,2) und (IX,13)

(2) Katharina Pawlowna Großfürstin von Rußland 1788–1819, To. v. (XIX,65), zweite Gem. v. (XV,1) [bis 1824 in der Gruft der Stuttgarter Stiftskirche beigesetzt]

(3) Marie 1816–1887, To. v. (XV,1/2), Gem. v. Graf Alfred von Neipperg

(XVI) Stuttgart (Altes Schloß)

Gruft unter der Schloßkirche

(1) Karl Eugen 1875, So. v. (XVI,2/3)

(2) Hzg. Wilhelm Eugen 1846–1877, So. v. (III,8/9), Gem. v. (XVI,3)

(3) Wera Constantinowna Großfürstin von Rußland 1854–1912, Gem. v. (XVI,2)

(4) König Karl 1823–1891, So. v. (XV,1/IX,13), Gem. v. (XVI,5)

(5) Olga Nikolajewna Großfürstin von Rußland 1822–1892, Gem. v. (XVI,4)

(XVII) Tübingen

Stiftskirche (Chor)

(1) Graf Ludwig I. 1412–1450, So. v. (XI,1/XIV,18), Gem. v. (XVII,2) [bis 1554 in Güterstein beigesetzt, siehe (VII,2)]

(2) Mechtild von der Pfalz 1419–1482, Gem. v. (XVII,1) [bis 1554 in Güterstein beigesetzt, siehe (VII,3)]

(3) Graf/Herzog Eberhard im Bart 1445–1496, So. v. (XVII,1/2), Gem. v. (XIX,58) [bis 1537 im St. Peterstift auf dem Einsiedel beigesetzt, siehe (IV,1)]

(4) Anna 1513–1530, To. v. (XVII,5/6) [bis 1554 in Güterstein beigesetzt, siehe (VII,6)]

(5) Herzog Ulrich 1487–1550, So. v. (XIV,23/XIX,97), Gem. v. (XVII,6)

(6) Sabina Herzogin von Bayern 1492–1564, Gem. v. (XVII,5)
(7) Maximilian 1556–1557, So. v. (XVII,10/11)
(8) Ulrich 1558, So. v. (XVII,10/11)
(9) Eberhard 1545–1568, So. v. (XVII,10/11)
(10) Herzog Christoph 1515–1568, So. v. (XVII,5/6), Gem. v. (XVII,11)
(11) Anna Maria Markgräfin von Brandenburg-Ansbach 1526–1568, Gem. v. (XVII,10)
(12) Eva Christina 1558–1575, To. v. (XIX,83/146)
(13) Herzog Ludwig 1554–1593, So. v. (XVII,10/11), Gem. v. (XVII,14) und (XVII,15)
(14) Dorothea Ursula Markgräfin von Baden 1559–1583, erste Gem. v. (XVII,13)
(15) Ursula Pfalzgräfin von Veldenz-Lauterecken 1572–1635, zweite Gem. v. (XVII,13)
sowie
(16) Herzog Johann Georg von Schleswig-Holstein 1594–1613
(17) Herzog Rudolf von Braunschweig-Lüneburg 1602–1616
(18) Graf Anton Heinrich von Oldenburg 1604–1622
(19) Pfalzgraf Georg Otto von Veldenz-Lützelstein 1614–1635

(XVIII) **Weiltingen**

Schloßkirche
Fußbodengrab im Chor
(1) Hzg. Roderich 1618–1651, So. v. (XIV,45/46) [Grabstätte vermutet]
Gruft
(2) Faustina Marianna 1624–1679, To. v. (XIV,45/46)
(3) Manfred 1658–1688, So. v. (XIV,56/XVIII,5)
(4) August 1656–1689, So. v. (XIV,56/XVIII,5)
(5) Juliane Gräfin von Oldenburg 1615–1691, Gem. v. (XIV,56)
(6) Georg Leopold Friedrich 1693, So. v. (XIV,81/XVIII,7)
(7) Hzg. Friedrich Ferdinand 1654–1705, So. v. (XIV,56/XVIII,5), Gem. v. (XIV,81)

(XIX) *Einzelgrabstätten von Angehörigen des Hauses Württemberg*

Adelberg

[Klosterkirche (abgebrochen)
(1) Katharina 1441–1497, To. v. (XIV,19/20)]

Altenburg/Thüringen (DDR)

Friedhof Sammelgrab
[ursprünglich in der heute abgetragenen Herzoglichen Gruftkapelle]

(2) Amelie 1799–1848, To. v. (XIV,87/88), Gem. v. Herzog Josef von Sachsen-Altenburg

Ansbach

Gruft unter der Gumbertuskirche
(3) Henriette Luise 1623–1650, To. v. (XI,8/9), Gem. v. Markgraf Albrecht von Brandenburg-Ansbach
(4) Christiane Charlotte 1694–1729, To. v. (XIV,75/76), Gem. v. Markgraf Wilhelm Friedrich von Brandenburg-Ansbach
(5) Herz von Maximilian Emanuel 1689–1709, So. v. (XIV,75/76) [Körper in Pitschen, siehe (XIX,95)]

Aufkirchen (Gde. Berg am Starnberger See)

Friedhof
(6) Eberhard (Urach) 1907–1969, So. v. (IX,33/34)

Aureolo Romano bei Rom (Italien)

Friedhof
(7) Mathilde (Urach) 1854–1907, To. v. (IX,27/28), Gem. v. Prinz Paolo Altieri

Aurich/Ostfriesland

Mausoleum auf dem Friedhof
[bis 1876 in der Gruft unter der Lambertikirche]
(8) Anna Katharina 1648–1691, To. v. (XIV,63/64)
(9) Christine Charlotte 1645–1699, To. v. (XIV,63/64), Gem. v. Fürst Georg Christian von Ostfriesland

Baden-Baden

Altstadtfriedhof
(10) totgeborener Sohn 1850 v. (IX,11/12) [das Grab wurde 1951 als verfallen abgeräumt]
(11) Christiane Caroline Alexei, »Baronin von Hochberg und Rottenburg«, seit 1825 »Gräfin von Urach« 1779–1853, Gem. v. (XIV,93) [Grab abgeräumt]
(12) Alexandrine (Urach) 1801–1884, To. v. (XIV,93/XIX,11), Gem. v. Graf Arpeau de Gallatin, gesch. 1843 [Grab abgeräumt]

Barbançon/Hennegau (Belgien)

Kloster [abgegangen]
(13) Isabella Prinzessin von Arenberg-Barbançon 1623–1678, zweite Gem. v. (XIV,61)

Bayreuth

Stadtkirche Gruft
(14) Sophie Luise 1642–1702, To. v. (XIV,63/64),
Gem. v. Markgraf Christian Ernst von Branden-
burg-Bayreuth
Schloßkirche Gruftkapelle
(15) Friederike Markgräfin von Brandenburg-
Bayreuth 1732–1780, erste Gem. v. (IX,21)
Mausoleum auf dem Alten Friedhof
(16) Hzg. Alexander 1804–1881, So. v. (VI,3/4),
Gem. v. (XIX,29)

Belgrad (Beograd, Jugoslawien)

an unbekanntem Ort
(17) Eugen Ludwig Adam 1729, So. v. (IX,17/18)

Blaubeuren

Klosterkirche
(18) Agnes vor 1315–1373, To. v. (XIV,6), Gem. v.
Graf Ulrich von Helfenstein und v. Graf Konrad
von Schlüsselberg

Breslau (Wrocław, Polen)

Adalbertkirche Ceslausgruft
(19) Hedwig 1667–1715, To. v. (XI,15/16)
(20) Eleonore Charlotte 1656–1743, To. v.
(XI,15/16), Gem. v. (XIII,4)
Städt. Friedhof
(20a) Pauline (»Fräulein von Kirbach«) 1854–1914,
To. v. (III,8/9), Gem. v. Dr. Melchior Willim

Budapest (Ungarn)

Gruft unter der Burgkapelle
(21) Maria Dorothea (1796–1855), To. v.
(XIV,87/88), Gem. v. Erzherzog Joseph von
Österreich (Palatin von Ungarn)

Cherson/Ukraine (UdSSR)

unbekannter Ort
(22) Karl 1770–1791, So. v. (IX,4/24)

Coburg

Mausoleum auf dem Friedhof
(23) Ernst 1807–1868, So. v. (VI,3/4)
(24) Marie 1799–1860, To. v. (VI,3/4), Gem. v.
Herzog Ernst I. von Sachsen-Coburg und Gotha

145. Sarg von Königin
Sophie der Niederlande
(† 1877), einer Tochter
König Wilhelms I., in
der Delfter Königsgruft

Darmstadt

Stadtkirche (Alte Gruft)
(25) Eleonore 1552–1618, To. v. (XVII,10/11),
Gem. v. Fürst Joachim Ernst von Anhalt und v.
Landgraf Georg I. von Hessen-Darmstadt

Delft (Holland)

Nieuwe Kerk (Königl. Gruft)
(26) Sophie 1818–1877, To. v. (XV,1/2), Gem. v.
König Wilhelm III. von Holland

Dresden (DDR)

Kreuzkirche
(27) Eva Christina 1590–1657, To. v. (XIV,34/35),
Gem. v. Herzog Johann Georg von (Branden-
burg-)Jägerndorf
Hofkirche (Neue Gruft)
(28) Marie Isabella 1871–1904, To. v. (I,3/4), Gem. v.
Prinz Johann Georg von Sachsen

Dreux (Frankreich)

Königliche Grabkapelle
(29) Marie Prinzessin von Orléans 1813–1839,
Gem. v. (XIX,16)

Eibingen im Rheingau

Friedhof des Klosters St. Hildegardis
(30) Marie Therese (Nonne Maria Benedicta)
1898–1928, To. v. (I,6/7)

Eisenach (DDR)

Georgenkirche (Ältere Gruft)
(31) Ludwig 1661–1698, So. v. (XIV,63/65)
(32) Sophie Charlotte 1671–1717, To. v. (XIV,63/65),
Gem. v. Herzog Johann Georg I. von Sachsen-
Eisenach

Erdö Szent György/Siebenbürgen (Rumänien, bis 1920 Ungarn)

Familiengruft der Rhedey
(33) Claudine Gräfin Rhedey von Kis Rhede (»Gräfin
von Hohenstein«) 1812–1841, Gem. v. (XIX,130)

Eutin/Schleswig-Holstein

Stadtkirche
(34) Julia Felicitas 1619–1661, To. v. (XIV,45/46),
Gem. v. Herzog Johann von Schleswig-Holstein-
Gottorp [vielleicht auch in einer Kapelle der
Kirche in Stendorf beigesetzt]

Féchy (Schweiz)

Friedhof [Grab abgeräumt]
(35) Karl Alexander 1839–1876, So. v. (XIV,94)

Forst/Lausitz (DDR)

Stadtkirche (Einzelgruft)
(36) Luise Elisabeth 1673–1736, To. v. (XIII,7/8),
Gem. v. Herzog Philipp von Sachsen-Merseburg

Freiberg/Sachsen (DDR)

Dom (Gruft unter dem Querschiff)
(37) Sibylla Elisabeth 1584–1606, To. v. (XIV,34/35),
Gem. v. Kurfürst Johann Georg I. von Sachsen

Gedern

Sammelgrab im Schloßpark
(38) Sophia Dorothea 1658–1681, To. v. (XII,10/11),
Gem. v. Graf Ludwig Christian zu Stolberg-
Gedern [bis 1912/13 im Gewölbe unter dem
Hauptaltar der Kirche zu Gedern]

Gnadental

Klosterkirche
(39) Adelheid vor 1300–1342, To. v. (XIV,5), Gem. v.
Kraft II. von Hohenlohe

Goldenbeck/Estland (UdSSR)

Einzelgruft in der Kirche
(40) Augusta Herzogin von Braunschweig-Lüneburg
1764–1788, erste Gem. v. (IX,6)

Graz (Österreich)

Friedhof St. Peter (evang. Teil)
(41) Amelie (Teck) 1828–1893, To. v. (XIX,33/130),
Gem. v. Graf Paul von Hügel
(42) Claudine (Teck) 1836–1894, To. v. (XIX,33/130)

Großengstingen

Friedhof
(43) Carola Hilda (Urach) 1896–1980, To. v.
(IX,33/34)
(44) Karl Gero (Urach) 1899–1981, So. v. (IX,33/34),
Gem. v. Gabriele Gräfin von Waldburg-Zeil
(*1910)
(45) Margarethe (Urach) 1901–1975, To. v.
(IX,33/34)
(46) Wiltrud Prinzessin von Bayern 1884–1975,
zweite Gem. v. (IX,33)

Harburg/Ries

Schloßkirche (Gruftkapelle St. Anna)
(47) Christiane Friederike 1644–1674, To. v.
(XIV,63/64), Gem. v. Graf (ab 1674 Fürst)
Albrecht Ernst I. von Öttingen-Öttingen
(48) Eberhardine Katharine 1651–1683, To. v.
(XIV,63/64), Gem. v. Fürst Albrecht Ernst I.
von Öttingen-Öttingen

Haynau (Chojnów, Polen)

Stadtkirche St. Maria (Einzelgruft)
(49) Anna 1561–1616, To. v. (XVII,10/11), Gem. v.
Herzog Johann Georg von Liegnitz und v. Herzog Friedrich IV. von Liegnitz

Heidelberg

Heilig-Geist-Kirche
(50) Graf/Herzog Eberhard VI./II. nach 1444–1504,
So. v. (XIV,19/21), Gem. v. (XIV,24)

Hirzenhain/Wetteraukreis

Klosterkirche
(51) Margarethe nach 1453–1470, To. v. (XIV,19/22),
Gem. v. Graf Philipp von Eppstein-Königstein

Hohenthurm bei Halle (DDR)

Gruftkapelle bei der Dorfkirche
(52) Pauline 1836–1911, To. v. (XIV,94), Gem. v.
Max von Wuthenau (–Hohenthurm)

Karlsruhe in Baden

Mausoleum im Schloßpark
[bis 1946 in der Gruft unter der Stadtkirche]
(53) Elisabeth 1802–1864, To. v. (XIV,87/88),
Gem. v. Markgraf Wilhelm von Baden

Kassel

Martinskirche (Chorgruft)
(54) Carl Ferdinand 1650–1668 alter Kalenderstil/1669
neuer K., So. v. (XIII,5/6)
(55) Sabina 1549–1581, To. v. (XVII,10/11), Gem. v.
Landgraf Wilhelm IV. von Hessen-Kassel

Kirchberg/Jagst

Gruft unter der Stadtkirche
(56) Auguste Sophie 1691–1743, To. v. (V,1/2),
Gem. v. Graf Friedrich Eberhard zu Hohenlohe-
Kirchberg
Friedhof
(57) Marie (Urach) 1802–1882, To. v.
(XIV,93/XIX,11), Gem. v. Fürst Karl zu Hohen-
lohe-Kirchberg

Kirchheim/Teck

[Klosterkirche (abgebrochen)
(58) Barbara Gonzaga von Mantua 1455–1503,
Gem. v. (XVII,3)]
Martinskirche Chorgruft
(59) Franziska Freiin von Bernerdin (»Reichsgräfin
von Hohenheim«) 1748–1811, zweite Gemahlin
von (IX,21)

Köpenick bei Berlin (DDR)

Schloßkirche
(60) Henriette Marie Markgräfin von Brandenburg-
Schwedt 1702–1782, Gem. v. (IX,1) [Sarg bis
1973 in der Gruft, dann eingeäschert und die
Urne hinter dem Grabdenkmal eingemauert]

Laudenbach

Grabkapelle an der Bergkirche
(61) Henriette Charlotte Friederike 1767–1817, To. v.
(IX,22/23), Gem. v. Fürst Karl Joseph zu Hohen-
lohe-Jagstberg

Lauingen

Martinskirche (Gruft)
(62) Dorothea Maria 1559–1639, To. v. (XVII,10/11),
Gem. v. Pfalzgraf Otto Heinrich von Sulzbach

Leitmeritz (Litomerice, Tschechoslowakei)

unbekannter Ort
(63) Ursula Katharina von Altenbockum (»Reichsgräfin von Teschen«) 1680–1743, Gem. v. (XIX,73)

Leningrad (UdSSR)

Wolkowo-Friedhof
(64) Auguste Sophie Dorothee Marie 1783–1784,
To. v. (IX,6/XIX,40) [Grab seit der Jahrhundertwende abgeräumt]
St.-Peter-und-Pauls-Kathedrale

146. Sarkophag Zarin
Maria Feodorownas von
Rußland († 1828), einer
Tochter Herzog Friedrich
Eugens, in der Kathe-
drale St. Peter und Paul
in Leningrad

(65) Sophie Dorothee (Maria Feodorowna) 1759–1828, To. v. (IX,4/24), Gem. v. Zar Paul I. von Rußland
(66) Charlotte (Helena Pawlowna) 1807–1873, To. v. (IX,10/25), Gem. v. Großfürst Michael von Rußland

Liebenau bei Worms

[Kloster (im 19. Jahrhundert beseitigt)
(67) Margarethe (Nonne) nach 1444–1479, To. v. (XIV,19/21)]

Ludwigsburg

Neuer Friedhof
(68) Olga 1876–1932, To. v. (XVI,2/3), Gem. v. Prinz Maximilian zu Schaumburg-Lippe
Pferdekoppel bei Marienwahl
(69) Pauline 1877–1965, To. v. (X,2/3), Gem. v. Fürst Friedrich Hermann zu Wied

Ludwigslust (DDR)

Gruft unter der Stadtkirche
(70) Luise Friederike 1722–1791, To. v. (IX,1/ XIX,60), Gem. v. Herzog Friedrich von Mecklenburg-Schwerin

Lyon (Frankreich)

[St. Maria (Kloster im 19. Jahrhundert abgerissen)
(71) Maria Anna (Nonne) 1652 alter Kalenderstil/1653 neuer K. – 1693, To. v. (XIV,61/ XIX,13)]

Maihingen/Ries

Fürstengruft in der Klosterkirche
(72) Wilhelmine Friederike 1764–1817, To. v. (IX,22/23), Gem. v. Fürst Kraft Ernst I. von Öttingen

Mantua (Italien)

St. Agnes
(73) Friedrich Ludwig 1690–1734, So. v. (XIV,75/76), Gem. v. (XIX,63)

Marburg/Lahn

Elisabethkirche (Landgrafenchor)
(74) Mechtild nach 1436–1495, To. v. (XVII,1/2),

Gem. v. Landgraf Ludwig II. von Hessen
Marienkirche (Chorgruft)
(75) Hedwig 1547–1590, To. v. (XVII,10/11), Gem. v. Landgraf Ludwig III. von Hessen-Marburg

Markgröningen

Stadtkirche
(76) Graf Hartmann von Württemberg-Grüningen (†1280)

Meiningen (DDR)

ehem. Gottesacker im Engl. Garten
(77) Hzg. Eugen Friedrich Heinrich 1758–1822, So. v. (IX,4/24), Gem. v. (III,13)

Meran (Merano, Italien)

Evang. Friedhof (Gruftbau)
(78) Hzg. Wilhelm 1828–1896, So. v. (III,5/7)

Merseburg (DDR)

Domgruft
(79) Christian Erdmann 1686–1689, So. v. (XIII,7/9)
(80) Elisabeth Sibylle 1693–1694, To. v. (XIII,7/9)

Monaco (Monaco)

Kathedrale (Chorgruft)
(81) Marie Josephine 1844–1864, To. v. (IX,27/28)

Neckarsulm

St. Dionysius
(82) Marie Therese de la Contry (»Reichsgräfin de la Contry«) ?–1748, Gem. v. (XII,18)

Netze

Klosterkirche (Waldecksche Grabkapelle)
(83) Barbara Landgräfin von Hessen 1536–1597, Gem. v. (XIX,146), wiedervermählt mit Graf Daniel zu Waldeck

Öhringen

Stiftskirche
Fußbodengrab vor dem Altar
(84) Helene nach 1453–1506, To. v. (XIV,19/22), Gem. v. Graf Kraft VI. von Hohenlohe
Gruft unter der Krypta

(85) Florianna Ernestine 1623–1672, To. v.
(XIV,45/46), Gem. v. Graf Friedrich Kraft von
Hohenlohe-Pfedelbach

Oldenburg i. Oldbg.

Mausoleum auf dem Gertrudenfriedhof
(86) Friederike Elisabeth 1765–1785, To. v. (IX,4/24),
Gem. v. Herzog Peter von Oldenburg

Ortenburg/Bayern

Schloßkirche
(87) Marie Katherine Charlotte 1648, To. v. (XIV,61/
XIX,88)
(88) Sophia Dorothea Gräfin von Solms-Sonnen-
walde, 1622–1648, erste Gem. v. (XIV,61)

Paris (Frankreich)

Kirche Saint Roch
(89) Antoinette Sophie 1763–1775, To. v. (IX,22/23)
poln. Friedhof in Montmorency
(90) Maria Anna Prinzessin Czartoryska 1768–1854,
erste Gem. v. (XIV,87), gesch. 1792/93
Invalidendom/Jérômekapelle
(90a) Herz von Katharina 1783–1835, To. v. (IX,6/
XIX,40), Gem. v. Jérôme Bonaparte (1807–1813
König von Westphalen)

Pfaffstätt (Österreich)

Dorffriedhof
(91) Elsa 1876–1936, To. v. (XVI,2/3), Gem. v. Prinz
Albert zu Schaumburg-Lippe

Pforzheim

Schloßkirche (Chorfußboden)
(92) Barbara 1593–1627, To. v. (XIV,34/35), Gem. v.
Markgraf Friedrich V. von Baden
Schloßkirche (Nordgruft)
(93) Magdalene Wilhelmine 1677–1742, To. v.
(XIV,67/68), Gem. v. Markgraf Karl Wilhelm
von Baden-Durlach

Philippsthal/Hessen

Parkanlage (ehem. Friedhof)
(94) Marie 1818–1888, To. v. (III,5/6), Gem. v. Landgraf Karl von Hessen-Philippsthal

Pitschen/Oberschlesien (Byczyna, Polen)

Evang. Kirche St. Nikolaus
(95) Maximilian Emanuel 1689–1709, So. v.

(XIV,75/76), Herz in Ansbach siehe (XIX,5)

Plass/Böhmen (Plasy, Tschechoslowakei)

Metternichsches Mausoleum
(96) Pauline Prinzessin von Metternich-Winneburg
1771–1855, zweite Gem. v. (XIV,92)

Reichenweier/Elsaß (Riquewihr, Frankreich)

*[Liebfrauenkirche (Chor nach der Franz. Revolution
abgerissen)*
(97) Elisabeth Gräfin von Zweibrücken-Bitsch nach
1464–1487, erste Gem. v. (XIV,23), Grabstein-
fragmente im Lapidarium am Schloß erhalten
(98) Eva Gräfin von Salm um 1468–1521, zweite
Gem. v. (XIV,23)]

Reinhardsbrunn/Thüringen (DDR)

*[Klosterkirche (im 19. Jahrhundert durch
Neubau ersetzt)*
(99) Julius Peregrinatius 1627–1645, So. v.
(XIV,45/46)]
an unbekanntem Ort
(100) Moritz (Teck) 1910, So. v. (XIX,139/140)

Römhild (DDR)

Stadtkirche
(101) Elisabeth 1450–1501, To. v. (XIV,19/21),
Gem. v. Graf Friedrich II. von Henneberg

Rottenburg-Ehingen

Moritzkirche
(102) Irmengard nach 1300–1329, To. v. (XIV,5),
Gem. v. Graf Rudolf I. von Hohenberg

Saarbrücken

Stiftskirche St. Arnual
(103) Kenotaph [während der ersten Ehe vorbereitetes,
aber unbenutzt gebliebenes Grab] für Elisabeth
1447–1505, To. v. (XVII,1/2), Gem. v. Graf
Johann III. von Nassau-Saarbrücken und v. Graf
Heinrich d. Ä. von Stolberg, begraben in Stol-
berg/Harz siehe (XIX,111)

Schleiz (DDR)

Bergkirche (Reußsches Erbbegräbnis)
(104) Agnes 1835–1886, To. v. (III,5/7), Gem. v. Fürst
Heinrich XIV. Reuß

Schleusingen (DDR)

Stadtkirche (Hennebergsche Grabkapelle)
(105) Kenotaph [während der ersten Ehe vorbereitetes, aber unbenutzt gebliebenes Grab] für Elisabeth 1548–1592, To. v. (XVII,10/11), Gem. v. Graf Georg Ernst von Henneberg und v. Pfalzgraf Georg Gustav von Veldenz-Lauterecken, begraben in der Stuttgarter Stiftskirche siehe (XIV,28)

Schwaz/Tirol (Österreich)

Friedhof
(106) Augustine Eugenie 1842–1916, To. v. (IX,27/28), Gem. v. Graf Rudolf von Enzenberg und v. Graf Franz von Thun und Hohenstein

Shipton Moyne/Gloucestershire (Großbritannien)

Friedhof
(107) Helene (Teck) 1899–1969, To. v. (XIX,137/138), Gem. v. John Ev. Gibbs

Simmern/Hunsrück

Stephanskirche (Alte Gruft)
(108) Emilie 1550–1589, To. v. (XVII,10/11), Gem. v. Pfalzgraf Reichard von Simmern

Slawentzitz/Oberschlesien (Sławięcice, Polen)

Mausoleum im Schloßpark
(109) Luise 1789–1851, To. v. (III,13/XIX,77), Gem. v. Fürst August zu Hohenlohe-Öhringen

Steterburg bei Wolfenbüttel

Klosterkirche
(110) [Maria 1496–1541, To. v. (XIV,23/XIX,98), Gem. v. Herzog Heinrich d. J. von Braunschweig-Wolfenbüttel, Leichnam 1542 von Aufständischen den Schweinen zum Fraß vorgeworfen]

Stolberg/Harz (DDR)

Martinskirche
(111) Elisabeth 1447–1505, To. v. (XVII,1/2), Gem. v. Graf Johann III. von Nassau-Saarbrücken [für Elisabeth vorbereitetes aber leer gebliebenes Grab in der Stiftskirche St. Arnual bei Saarbrükken, siehe (XIX/103] und v. Graf Heinrich d. Ä. von Stolberg

Straßburg (Strasbourg/Frankreich)

[*St. Nikolaus in Undis*
Hzg.-Administrator Julius Friedrich 1588–1635, So. v. (XIV,34/35), Gem. v. (XIV,46), seit 1640 in der Stuttgarter Stiftskirche beigesetzt, siehe (XIV,45)
Thomaskirche
[Barbara Sophie Markgräfin von Brandenburg 1584–1636, Gem. v. (XIV,40), seit 1655 in der Stuttgarter Stiftskirche beigesetzt, siehe (XIV,41)]

Stuttgart

Pragfriedhof
(112) Auguste 1826–1898, To. v. (XV,1/IX,13), Gem. v. Prinz Hermann von Sachsen-Weimar-Eisenach
(113) Marie 1815–1866, To. v. (XIV,90/91), Gem. v. Graf Wilhelm von Taubenheim
(114) Ute Waldschmidt 1922–1984, Gem. v. (XIX,122)
(115) Peter (Urach) 1944–1977, So. v. (XIX,114/122)
Waldfriedhof
(116) Wilhelm (Urach) 1897–1957, So. v. (IX,33/34)

Teinach

Kirche
(116a) Herz von Antonia 1613–1679, To. v. (XIV,40/41), Körper in Stuttgart, siehe (XIV,30)

Thorn (Torún, Polen)

Marienkirche (Schwedische Gruft)
(117) Sueno Martialis Edenolphus 1629–1656, So. v. (XIV,45/46)

Treptow/Rega (Trzebiatów, Polen)

unbekannter Ort
(118) Wilhelmine Friederike 1768, To. v. (IX,4/24)

Ulm/Donau

Münsterchor
(119) Amadea Fredonia 1631–1633, To. v. (XIV,45/46)

Vaduz (Liechtenstein)

Fürstl. Familiengruft
(120) Elisabeth (Urach) 1894–1962, To. v. (IX,33/34), Gem. v. Prinz Karl von Liechtenstein

Waiblingen

Michaelskirche (Marienkapelle)
(121) Anna 1408–1471, To. v. (XI,1/XIV,18), Gem. v.
Graf Philipp von Katzenelnbogen, gesch. 1456

Waldenburg/Hohenlohe

Friedhof
(122) Albrecht (Urach) 1903–1969, So. v. (IX,33/34),
Gem. v. (XIX,114)

Weert/Limburg (Holland)

Klosterkirche (Chor)
(123) Philippine nach 1453–1475, To. v. (XIV,19/22),
Gem. v. Graf Jakob II. von Horn

Weimar (DDR)

Stadtkirche St. Peter und Paul (Einzelgrab in der Sakristei)
(124) Sophie 1563–1590, To. v. (XII,10/11), Gem. v.
Herzog Friedrich Wilhelm I. von Sachsen-Altenburg

Weingarten/Württ.

Friedhof (Gräberfeld der Benediktiner)
(125) Karl Alexander (Pater Odo) 1896–1964, So. v.
(I,6/7)

Wetzlar

Friedhof »Rosengärtchen« Erdgrab mit Einzelgewölbe
(126) Albertine Wilhelmine Prinzessin von Schwarzburg-Sondershausen 1771–1829, erste Gem. v.
(XIV,92), gesch. 1801

Wiblingen/Ulm

Magdalenenkapelle in der Martinskirche
(127) Elisabeth 1805–1818, To. v. (XIV,93/XIX,11)

Wien (Österreich)

Kapuzinergruft
(128) Charlotte (Karoline Auguste) Prinzessin von
Bayern 1792–1873, erste Gem. v. (XV,1), gesch.
1814 (in zweiter Ehe mit Kaiser Franz I. von
Österreich verheiratet)
(129) Elisabeth Wilhelmine 1767–1790, To. v.
(IX,4/24), Gem. v. Erzherzog (seit 1792 Kaiser)
Franz

Prot. Friedhof Matzleinsdorf
(130) Alexander 1804–1885, So. v. (XIV,87/88),
Gem. v. (XIX,33)
Zentralfriedhof
(131) Wilhelmine (Nonne Wilma) 1834–1910, To. v.
(XIV,94)
(132) Eberhard 1833–1896, So. v. (XIV,94)

Wiesbaden

Einzelmausoleum auf dem Alten Friedhof (heute Parkanlage)
(133) Pauline 1810–1856, To. v. (IX,10/25), Gem. v.
Herzog Wilhelm von Nassau

Windsor *(Großbritannien)*

St. George's Chapel (Königl. Gruft)
(134) Franz (Teck) 1837–1900, So. v. (XIX,33/130),
Gem. v. (XIX,135)
(135) Marie Adelaide Prinzessin von Großbritannien,
1833–1897, Gem. v. (XIX,134)

147. Doppeltumba König Georgs V. von Großbritannien († 1936) und seiner Gemahlin Mary von Teck († 1953) in der St. George's Chapel in Windsor

(136) Mary (Teck) 1867–1953, To. v. (XIX,134/135), Gem. v. König Georg V. von Großbritannien
Frogmore Burial Ground
(137) Adolf (Teck) 1868–1927, So. v. (XIX,134/135), Gem. v. (XIX,138) [bis 1928 in der Kgl. Gruft der St. George's Chapel]
(138) Margaret Grosvenor 1873–1929, Gem. v. (XIX,137)
(139) Alexander (Teck) 1874–1957, So. v. (XIX,134/135), Gem. v. (XIX,140)
(140) Alice Prinzessin von Großbritannien 1883–1981, Gem. v. (XIX,139)
(141) Franz (Teck) 1870–1910, So. v. (XIX,134/135) [bis 1928 in der Kgl. Gruft der St. George's Chapel]
(142) Georg (Teck) 1895–1981, So. v. (XIX,137/138), Gem. v. Dorothee Hastings (*1899)
(143) Rupert (Teck) 1907–1928, So. v. (XIX,139/140)

Zeitz (DDR)

Krypta unter der Schloßkirche (»Dom«)
(144) Sophia Angelika 1677–1700, To. v. (XIII,7/8), Gem. v. Herzog Friedrich Heinrich von Sachsen-Zeitz

Zerbst (DDR)

Hofkirche St. Bartholomäi (Gruft) [bis 1945 in der Gruft der Schloßkirche]

(145) Hedwig Friederike 1691–1752, To. v. (XIV,81/XVIII,7) Gem. v. Fürst Johann August von Anhalt-Zerbst

Zweibrücken

Alexanderkirche
(146) Graf Georg 1498–1558, So. v. (XIV,23/XIX,98), Gem. v. (XIX,83) [Grab verschollen]

Grabstätten unbekannt

(147) Tochter 1653 v. (XIV,61/XIX,88) [vielleicht in Brüssel]
(148) totgeborene Tochter 1695 v. (V,1/2) [wahrscheinlich in Neuenstadt]
(149) totgeborene Sohn 1697 v. (V,1/2) [wahrscheinlich in Neuenstadt]
(150) Luise 1799–?, To. v. (XIV,93/XIX,11)
(151) Henriette 1801–?, To. v. (XIV,93/XIX,11)
(152) N. N. 1801–?, Kind v. (XIV,93/XIX,11)
(153) totgeborene Tochter 1802 v. (III,13/XIX,77)
(154) totgeborene Sohn 1841 v. (XIX,33/130)
(155) Friedrich (Teck) 1907–1940, So. v. (XIX,137/138), in Belgien verschollen

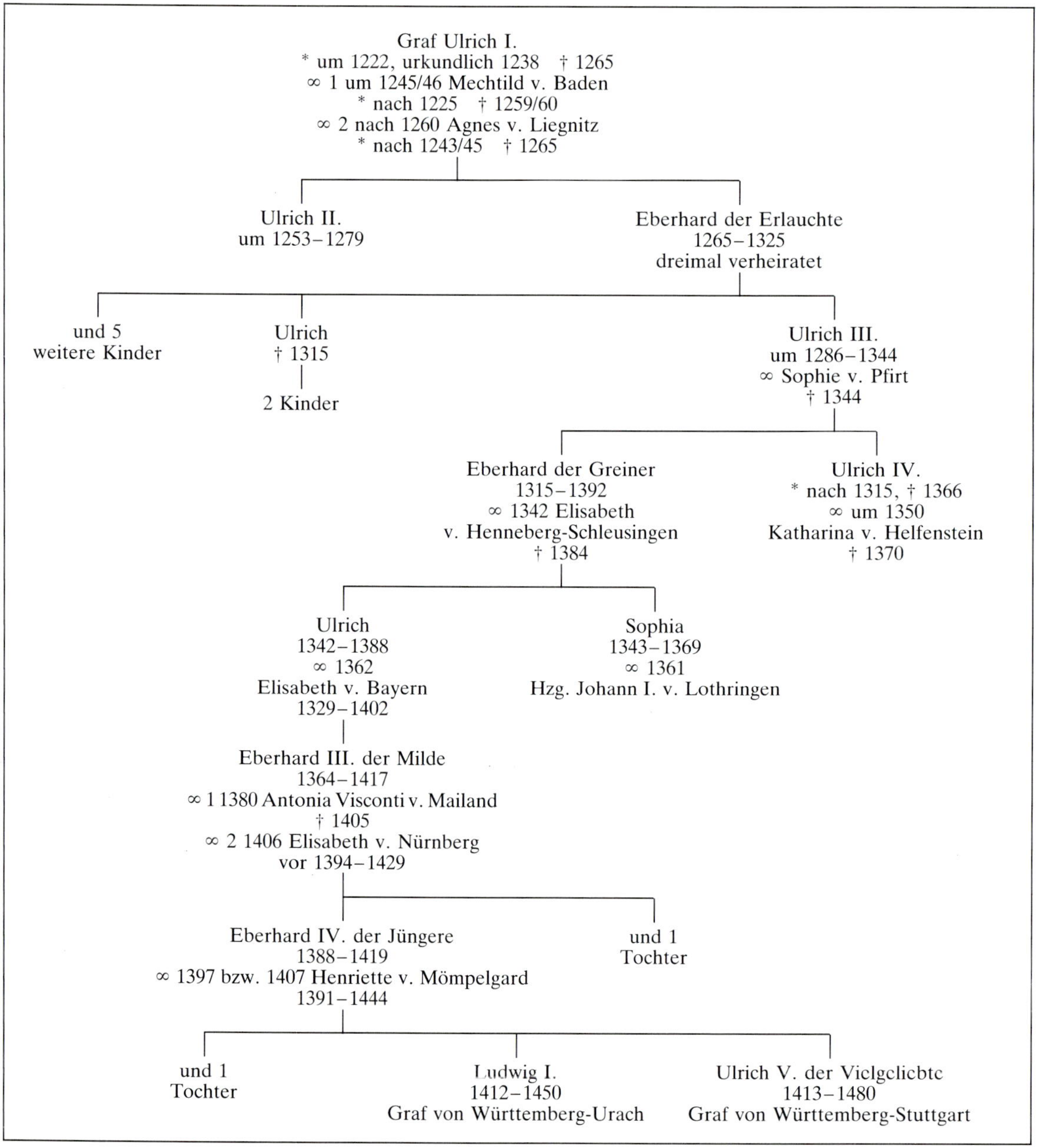
Graf Ulrich I.
* um 1222, urkundlich 1238 † 1265
∞ 1 um 1245/46 Mechtild v. Baden
* nach 1225 † 1259/60
∞ 2 nach 1260 Agnes v. Liegnitz
* nach 1243/45 † 1265
Ulrich II.
um 1253–1279
Eberhard der Erlauchte
1265–1325
dreimal verheiratet
und 5
weitere Kinder
Ulrich
† 1315
2 Kinder
Ulrich III.
um 1286–1344
∞ Sophie v. Pfirt
† 1344
Eberhard der Greiner
1315–1392
∞ 1342 Elisabeth
v. Henneberg-Schleusingen
† 1384
Ulrich IV.
* nach 1315, † 1366
∞ um 1350
Katharina v. Helfenstein
† 1370
Ulrich
1342–1388
∞ 1362
Elisabeth v. Bayern
1329–1402
Sophia
1343–1369
∞ 1361
Hzg. Johann I. v. Lothringen
Eberhard III. der Milde
1364–1417
∞ 1 1380 Antonia Visconti v. Mailand
† 1405
∞ 2 1406 Elisabeth v. Nürnberg
vor 1394–1429
Eberhard IV. der Jüngere
1388–1419
∞ 1397 bzw. 1407 Henriette v. Mömpelgard
1391–1444
und 1
Tochter
und 1
Tochter
Ludwig I.
1412–1450
Graf von Württemberg-Urach
Ulrich V. der Vielgeliebte
1413–1480
Graf von Württemberg-Stuttgart

Die Grafen von Württemberg

Die ältere Linie
Württemberg – Urach

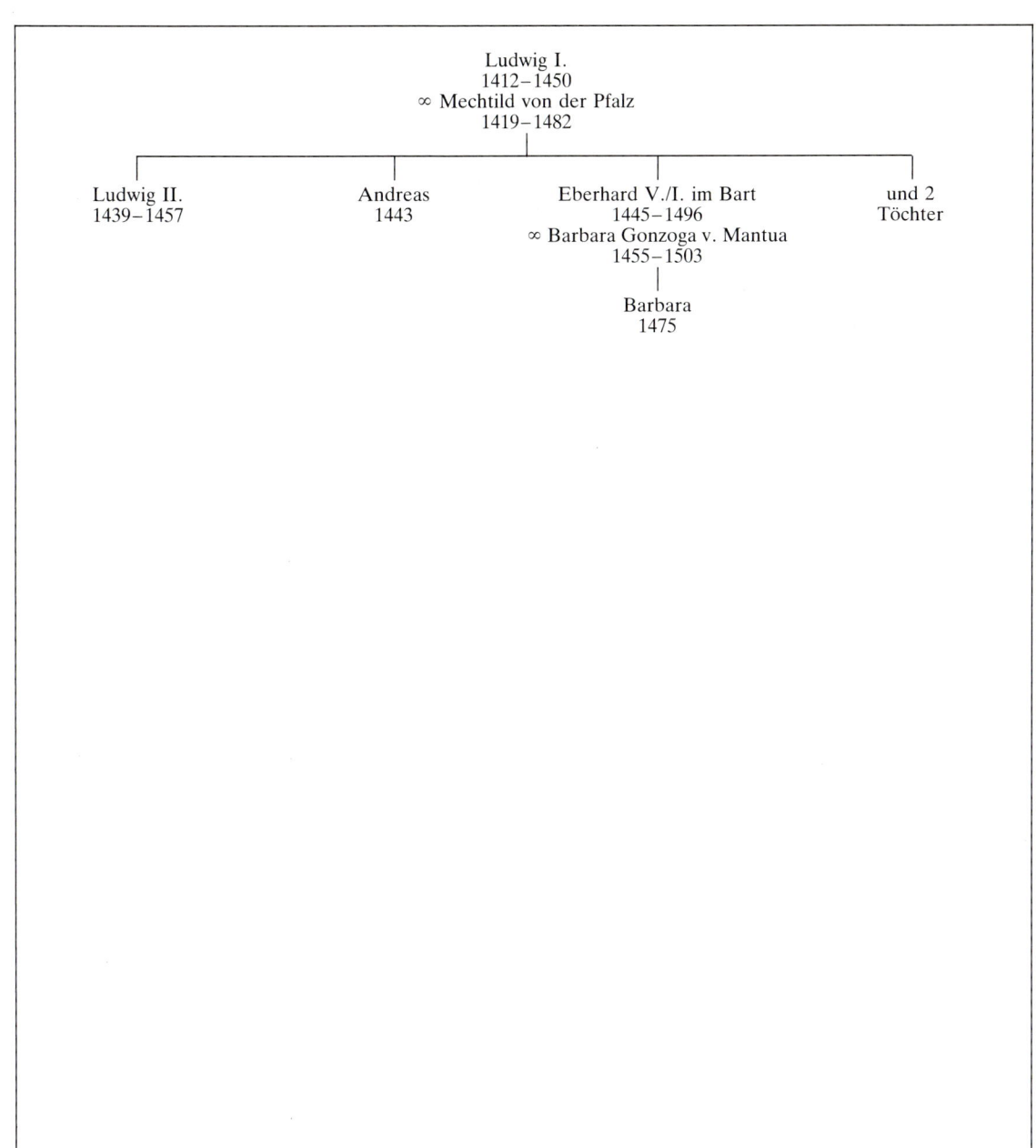

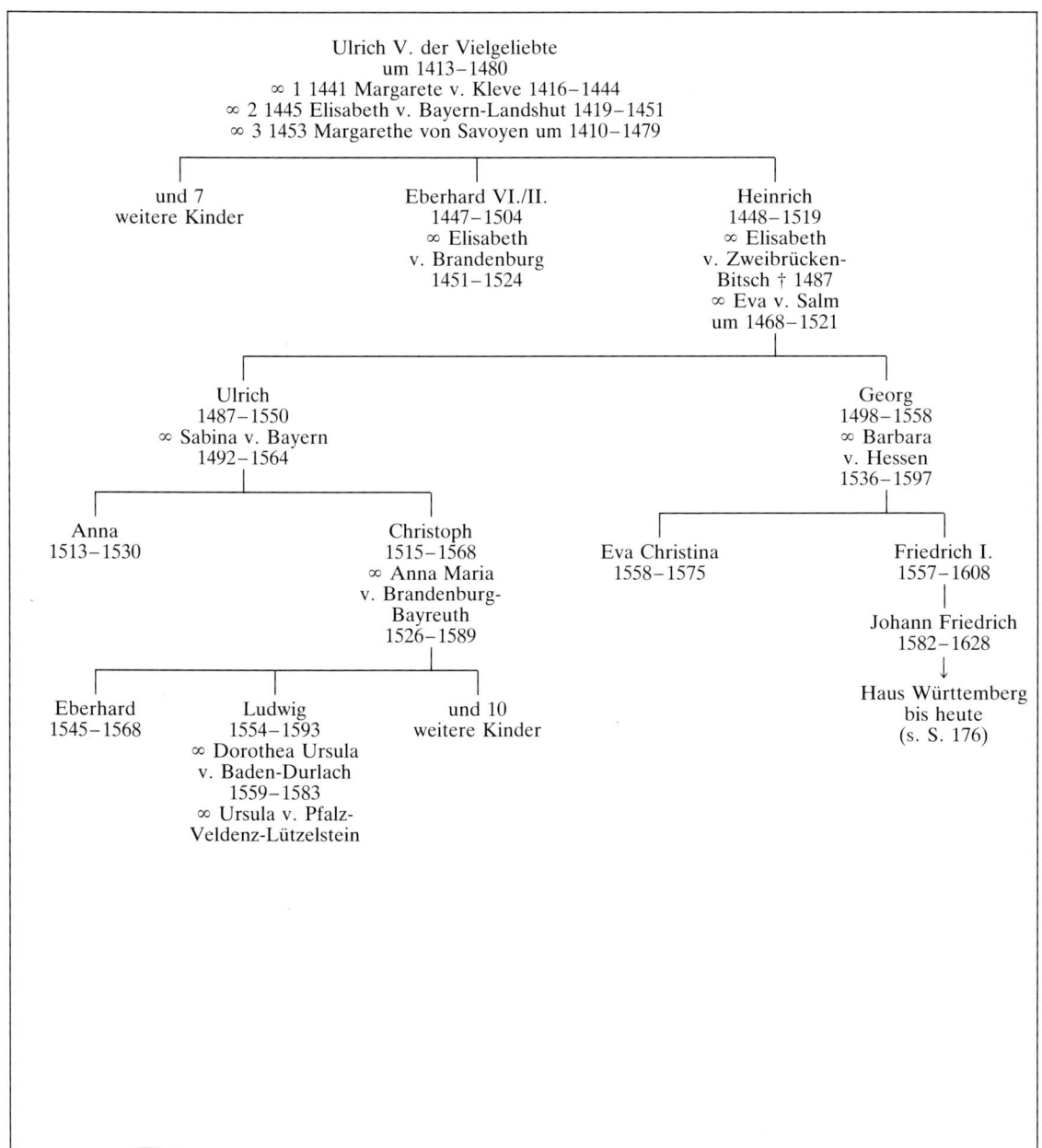

Ulrich V. der Vielgeliebte
um 1413–1480
∞ 1 1441 Margarete v. Kleve 1416–1444
∞ 2 1445 Elisabeth v. Bayern-Landshut 1419–1451
∞ 3 1453 Margarethe von Savoyen um 1410–1479

und 7
weitere Kinder

Eberhard VI./II.
1447–1504
∞ Elisabeth
v. Brandenburg
1451–1524

Heinrich
1448–1519
∞ Elisabeth
v. Zweibrücken-
Bitsch † 1487
∞ Eva v. Salm
um 1468–1521

Ulrich
1487–1550
∞ Sabina v. Bayern
1492–1564

Georg
1498–1558
∞ Barbara
v. Hessen
1536–1597

Anna
1513–1530

Christoph
1515–1568
∞ Anna Maria
v. Brandenburg-
Bayreuth
1526–1589

Eva Christina
1558–1575

Friedrich I.
1557–1608

Johann Friedrich
1582–1628

Haus Württemberg
bis heute
(s. S. 176)

Eberhard
1545–1568

Ludwig
1554–1593
∞ Dorothea Ursula
v. Baden-Durlach
1559–1583
∞ Ursula v. Pfalz-
Veldenz-Lützelstein

und 10
weitere Kinder

*Die Seitenlinien des
Hauses Württemberg
im 17. Jahrhundert*

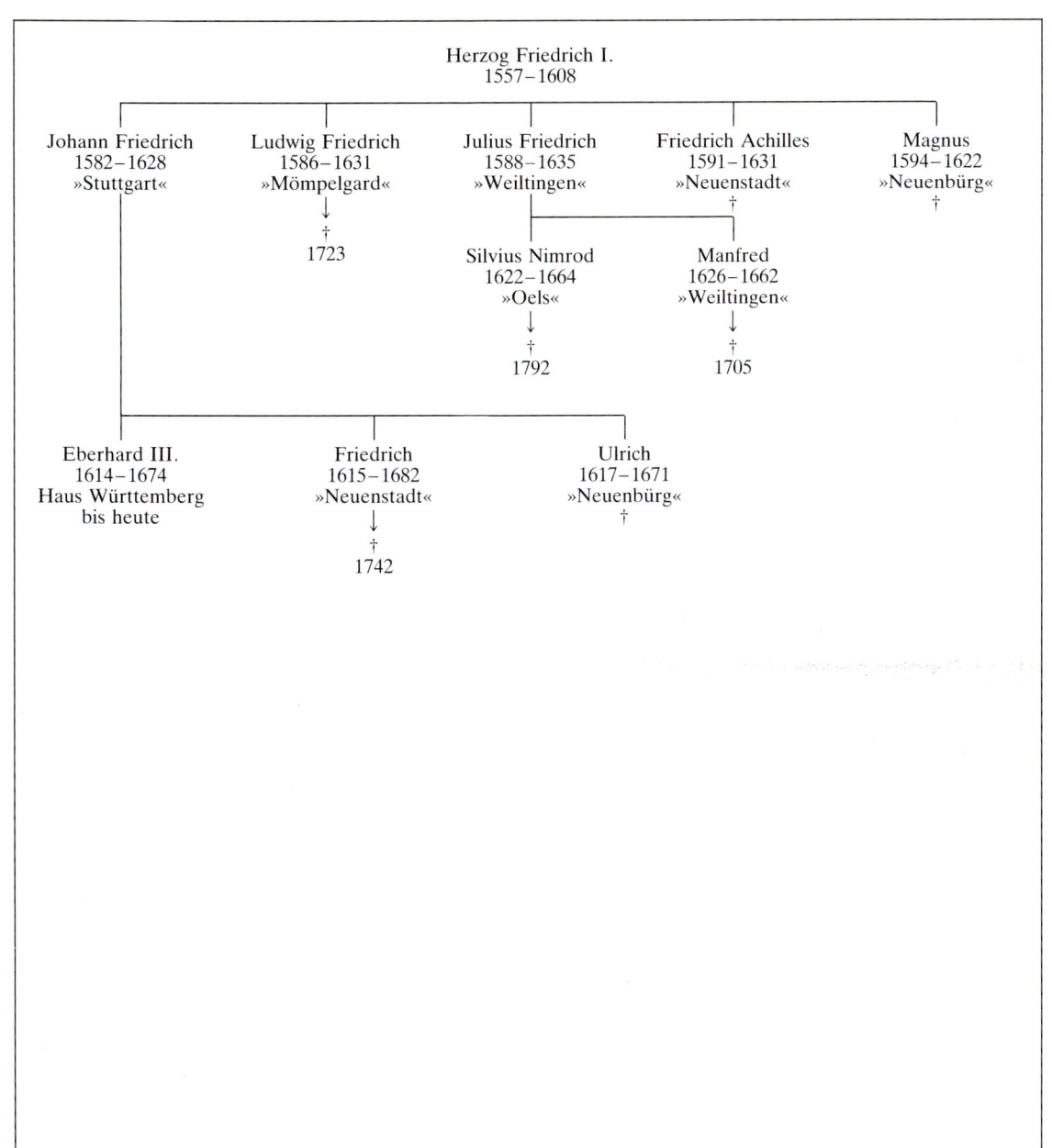

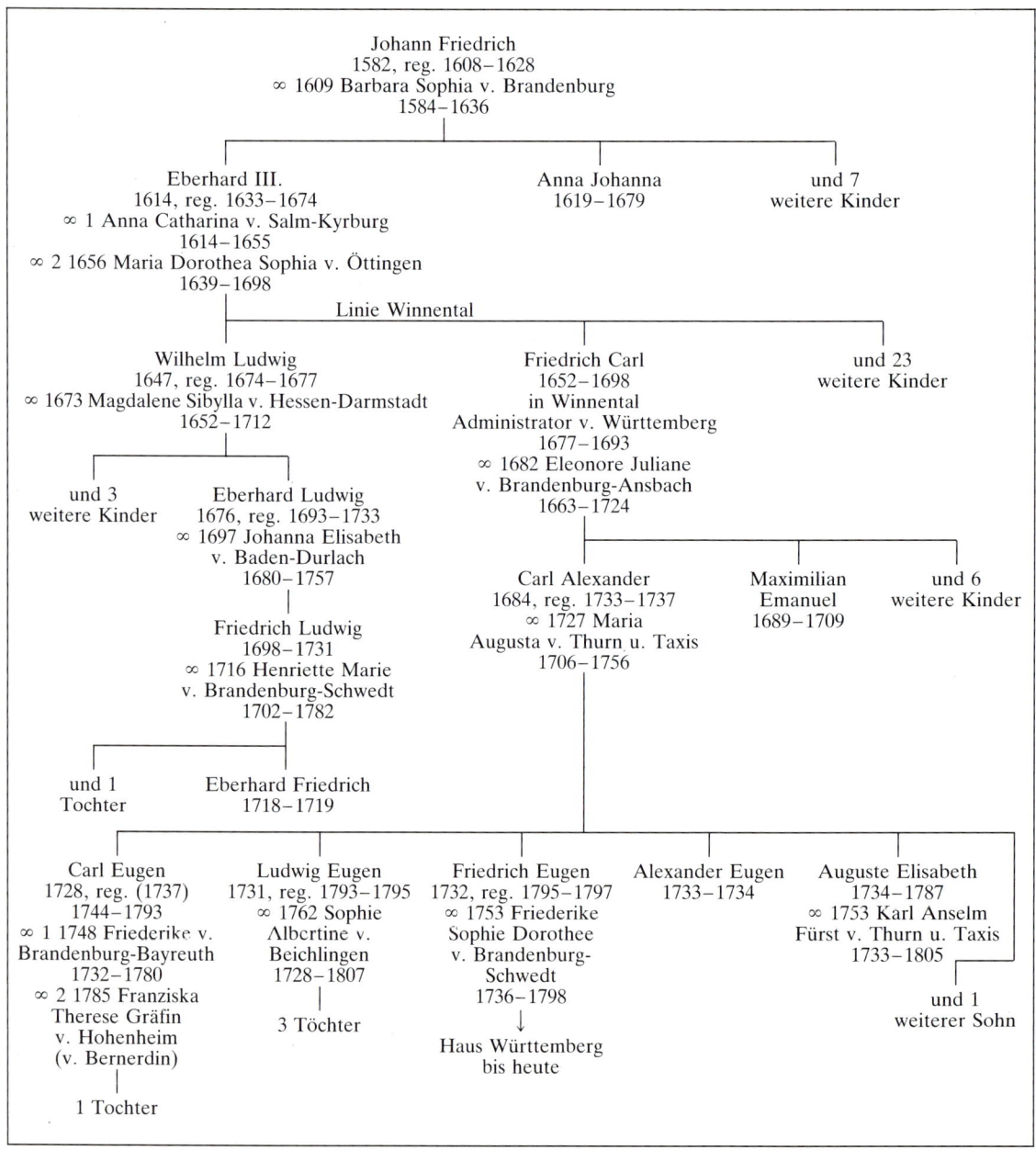

Johann Friedrich
1582, reg. 1608–1628
∞ 1609 Barbara Sophia v. Brandenburg
1584–1636

Eberhard III.
1614, reg. 1633–1674
∞ 1 Anna Catharina v. Salm-Kyrburg
1614–1655
∞ 2 1656 Maria Dorothea Sophia v. Öttingen
1639–1698

Anna Johanna
1619–1679

und 7
weitere Kinder

Linie Winnental

Wilhelm Ludwig
1647, reg. 1674–1677
∞ 1673 Magdalene Sibylla v. Hessen-Darmstadt
1652–1712

Friedrich Carl
1652–1698
in Winnental
Administrator v. Württemberg
1677–1693
∞ 1682 Eleonore Juliane
v. Brandenburg-Ansbach
1663–1724

und 23
weitere Kinder

und 3
weitere Kinder

Eberhard Ludwig
1676, reg. 1693–1733
∞ 1697 Johanna Elisabeth
v. Baden-Durlach
1680–1757

Carl Alexander
1684, reg. 1733–1737
∞ 1727 Maria
Augusta v. Thurn u. Taxis
1706–1756

Maximilian
Emanuel
1689–1709

und 6
weitere Kinder

Friedrich Ludwig
1698–1731
∞ 1716 Henriette Marie
v. Brandenburg-Schwedt
1702–1782

und 1
Tochter

Eberhard Friedrich
1718–1719

Carl Eugen
1728, reg. (1737)
1744–1793
∞ 1 1748 Friederike v.
Brandenburg-Bayreuth
1732–1780
∞ 2 1785 Franziska
Therese Gräfin
v. Hohenheim
(v. Bernerdin)

1 Tochter

Ludwig Eugen
1731, reg. 1793–1795
∞ 1762 Sophie
Albertine v.
Beichlingen
1728–1807

3 Töchter

Friedrich Eugen
1732, reg. 1795–1797
∞ 1753 Friederike
Sophie Dorothee
v. Brandenburg-
Schwedt
1736–1798
↓
Haus Württemberg
bis heute

Alexander Eugen
1733–1734

Auguste Elisabeth
1734–1787
∞ 1753 Karl Anselm
Fürst v. Thurn u. Taxis
1733–1805

und 1
weiterer Sohn

Die Hauptlinie der Herzöge von Württemberg zwischen 1600 und 1800

Linie Mömpelgard

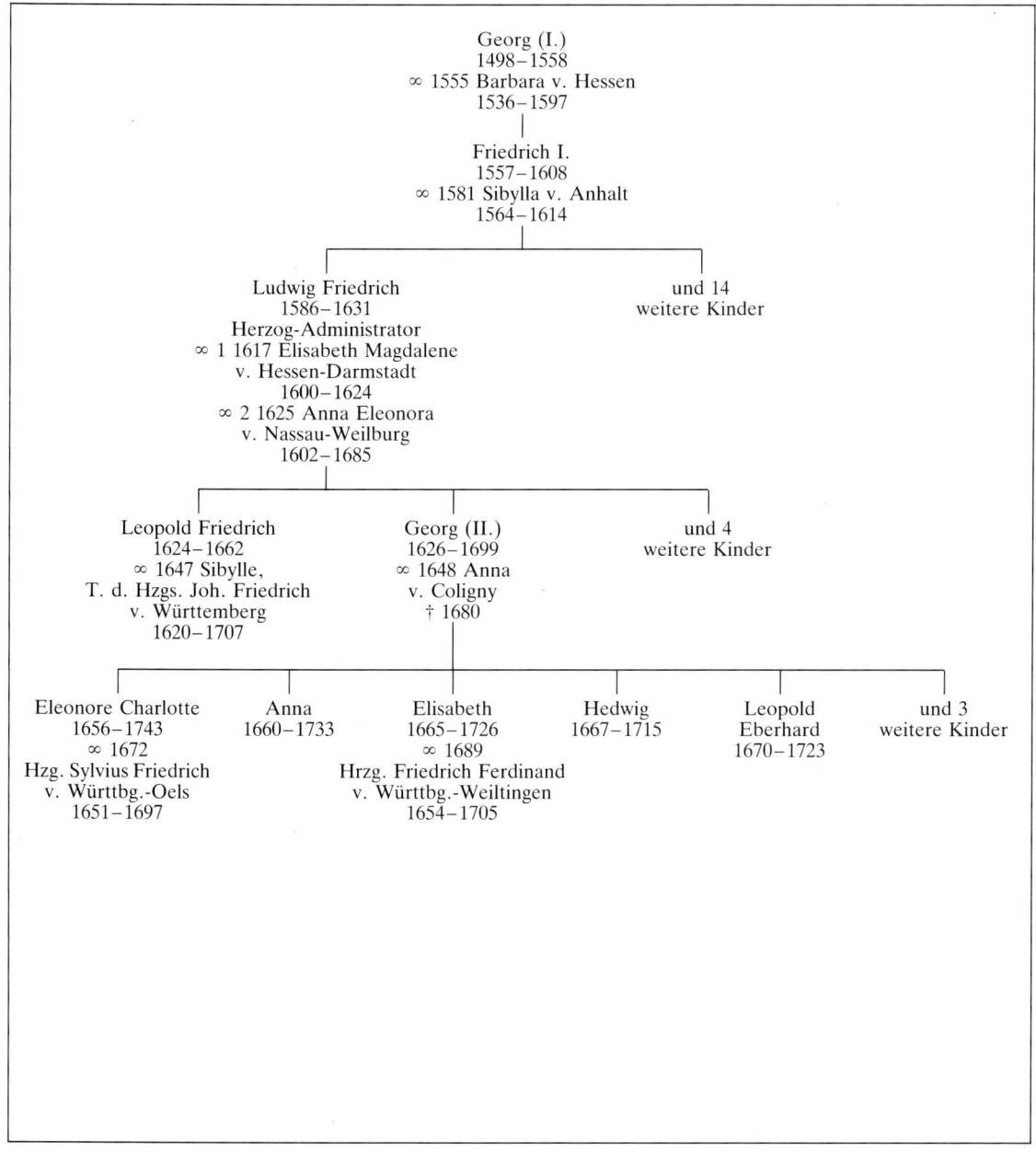

Georg (I.)
1498–1558
∞ 1555 Barbara v. Hessen
1536–1597

Friedrich I.
1557–1608
∞ 1581 Sibylla v. Anhalt
1564–1614

Ludwig Friedrich
1586–1631
Herzog-Administrator
∞ 1 1617 Elisabeth Magdalene
v. Hessen-Darmstadt
1600–1624
∞ 2 1625 Anna Eleonora
v. Nassau-Weilburg
1602–1685

und 14
weitere Kinder

Leopold Friedrich
1624–1662
∞ 1647 Sibylle,
T. d. Hzgs. Joh. Friedrich
v. Württemberg
1620–1707

Georg (II.)
1626–1699
∞ 1648 Anna
v. Coligny
† 1680

und 4
weitere Kinder

Eleonore Charlotte
1656–1743
∞ 1672
Hzg. Sylvius Friedrich
v. Württbg.-Oels
1651–1697

Anna
1660–1733

Elisabeth
1665–1726
∞ 1689
Hrzg. Friedrich Ferdinand
v. Württbg.-Weiltingen
1654–1705

Hedwig
1667–1715

Leopold
Eberhard
1670–1723

und 3
weitere Kinder

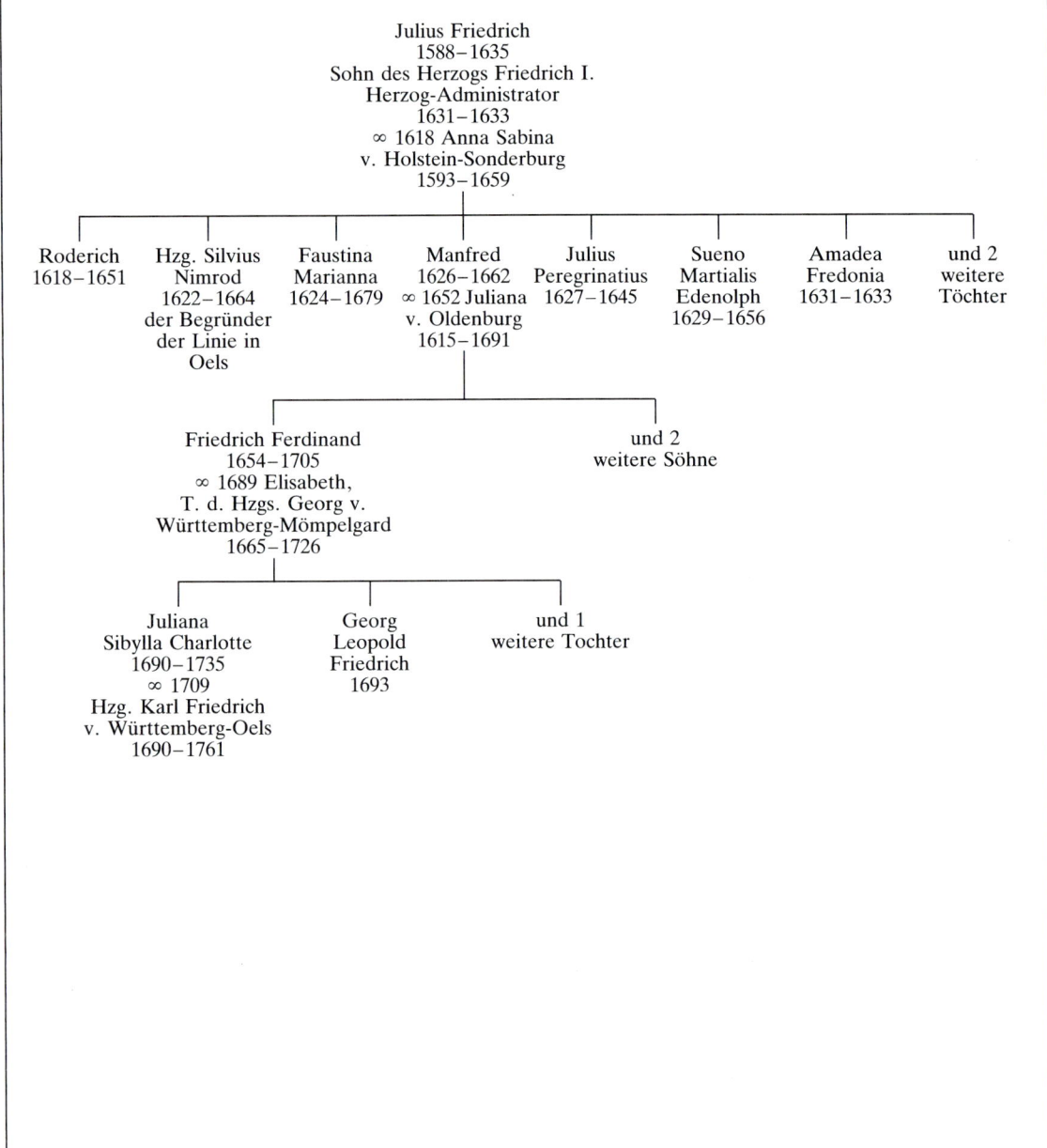

Julius Friedrich
1588–1635
Sohn des Herzogs Friedrich I.
Herzog-Administrator
1631–1633
∞ 1618 Anna Sabina
v. Holstein-Sonderburg
1593–1659

Roderich
1618–1651

Hzg. Silvius
Nimrod
1622–1664
der Begründer
der Linie in
Oels

Faustina
Marianna
1624–1679

Manfred
1626–1662
∞ 1652 Juliana
v. Oldenburg
1615–1691

Julius
Peregrinatius
1627–1645

Sueno
Martialis
Edenolph
1629–1656

Amadea
Fredonia
1631–1633

und 2
weitere
Töchter

Friedrich Ferdinand
1654–1705
∞ 1689 Elisabeth,
T. d. Hzgs. Georg v.
Württemberg-Mömpelgard
1665–1726

und 2
weitere Söhne

Juliana
Sibylla Charlotte
1690–1735
∞ 1709
Hzg. Karl Friedrich
v. Württemberg-Oels
1690–1761

Georg
Leopold
Friedrich
1693

und 1
weitere Tochter

*Linie Oels (Erste
Schlesische Linie)*

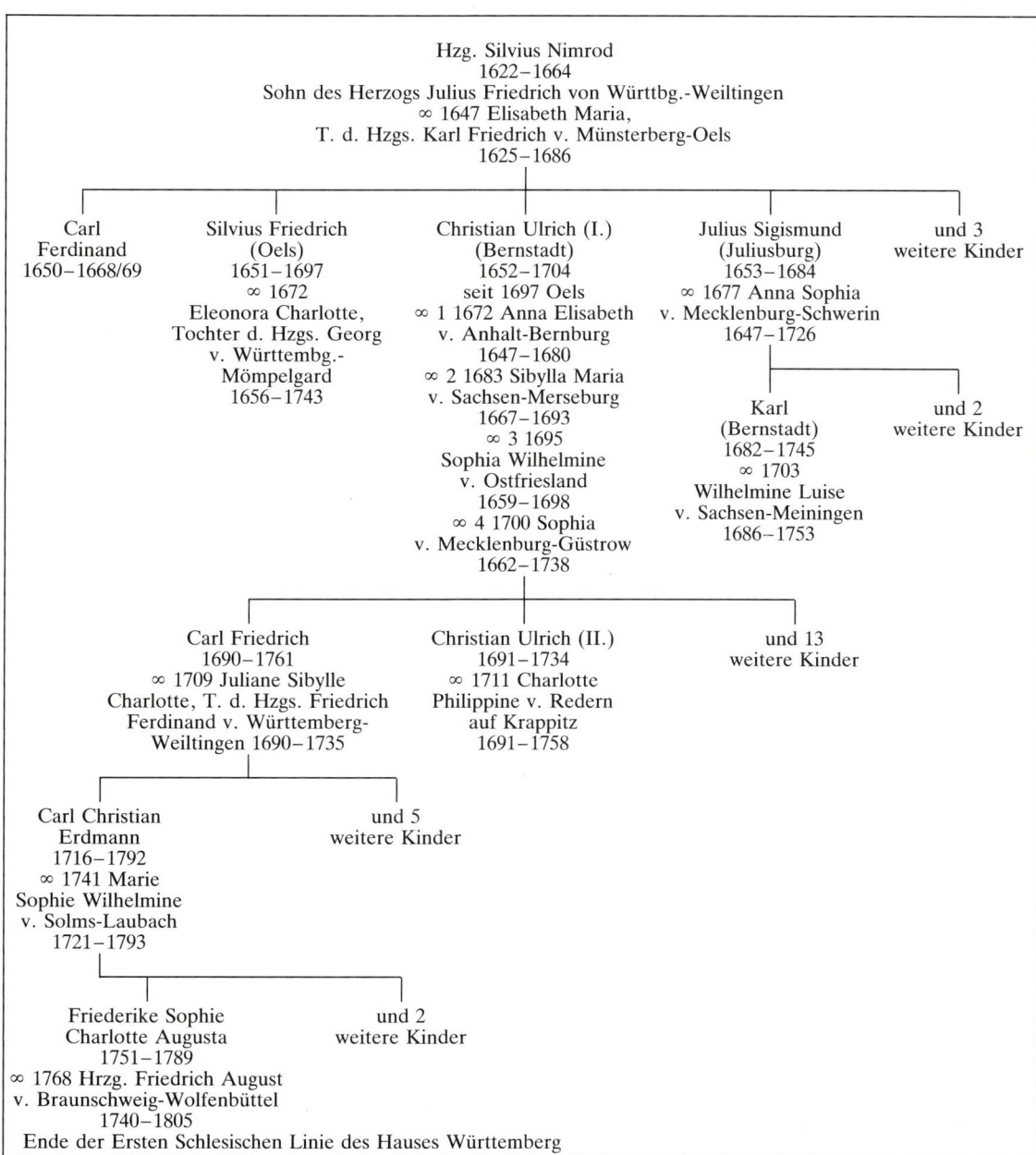

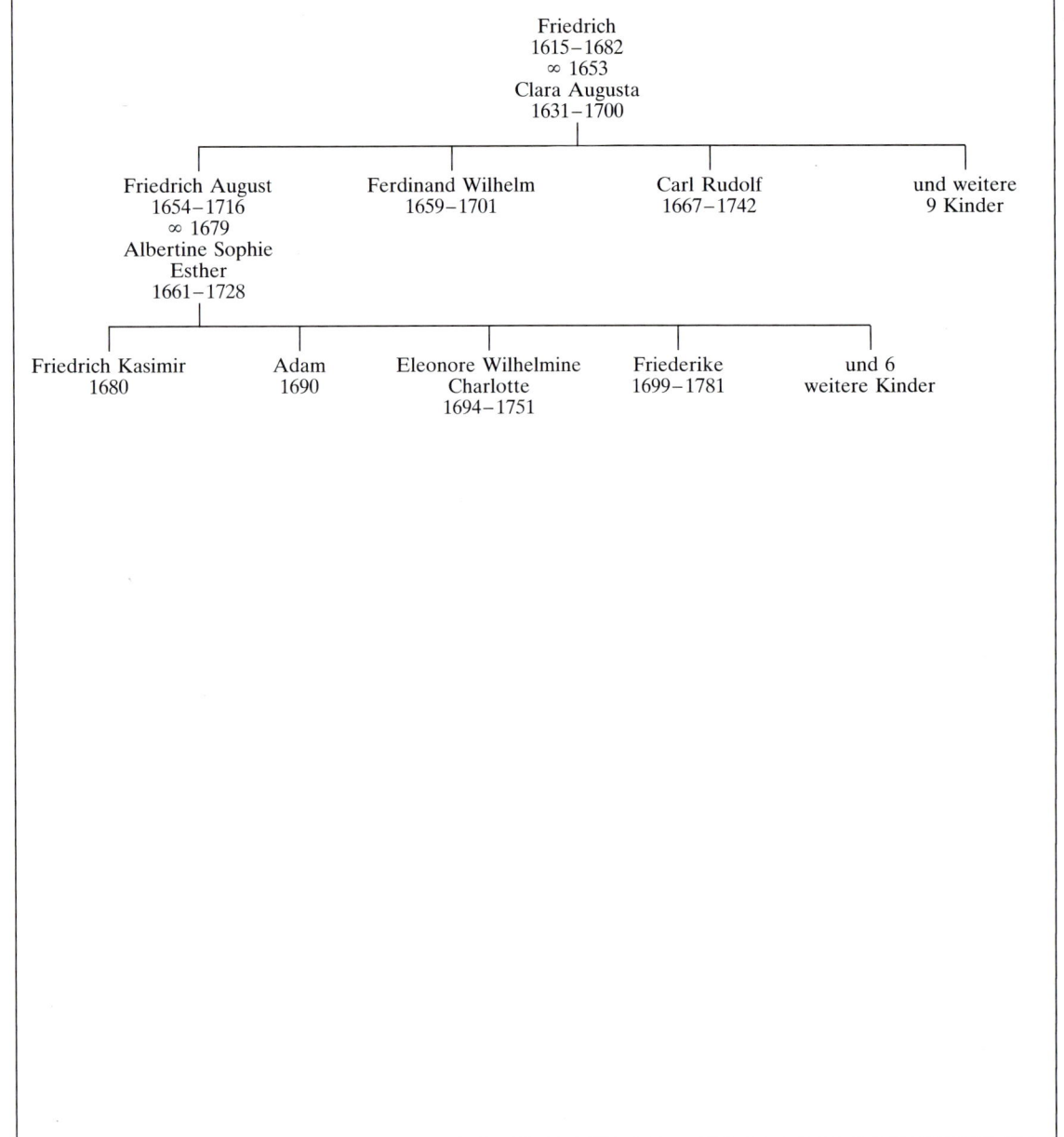

Friedrich
1615–1682
∞ 1653
Clara Augusta
1631–1700

Friedrich August
1654–1716
∞ 1679
Albertine Sophie
Esther
1661–1728

Ferdinand Wilhelm
1659–1701

Carl Rudolf
1667–1742

und weitere
9 Kinder

Friedrich Kasimir
1680

Adam
1690

Eleonore Wilhelmine
Charlotte
1694–1751

Friederike
1699–1781

und 6
weitere Kinder

Die Linien des Hauses
Württemberg im
19. Jahrhundert

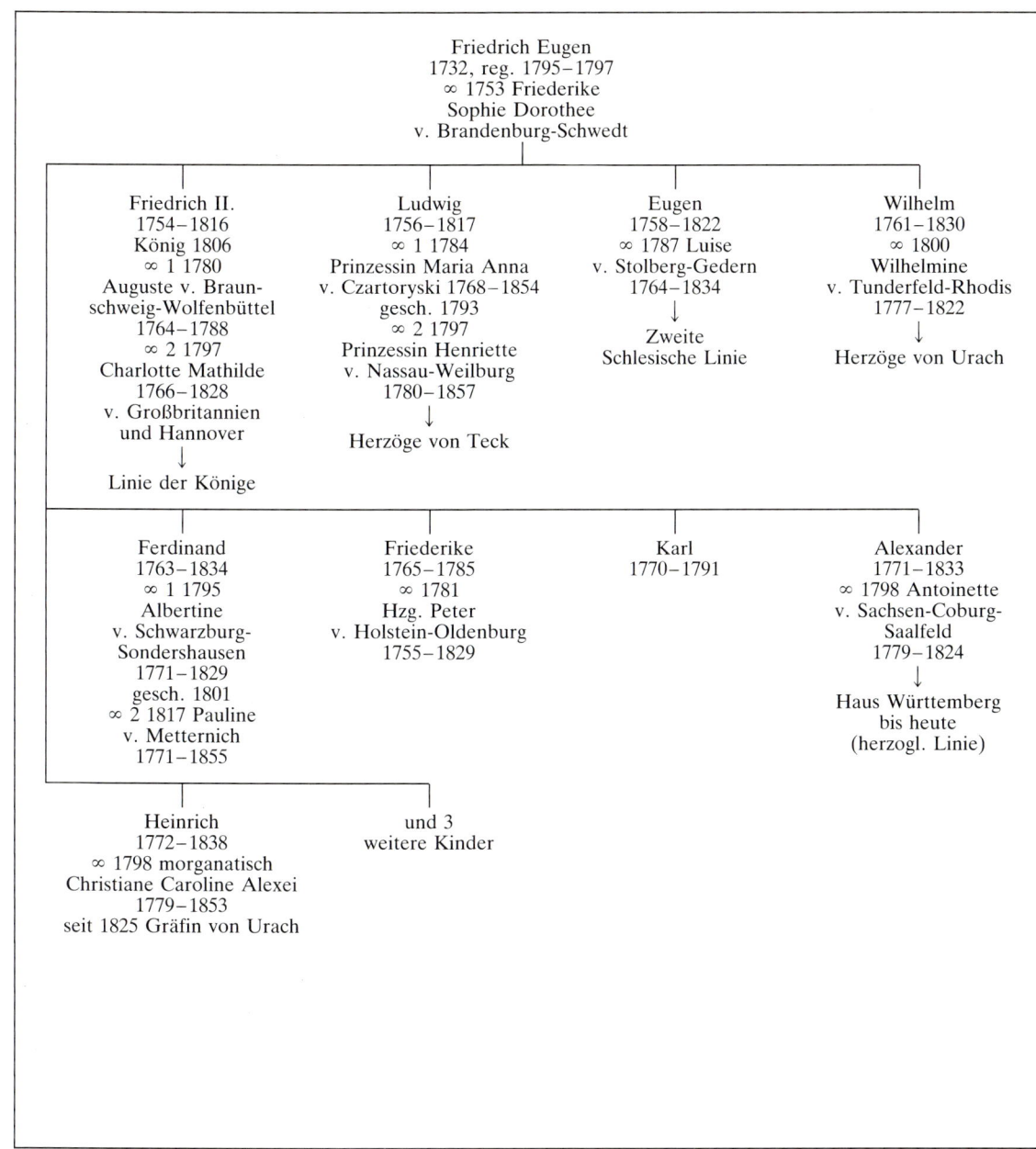

Friedrich Eugen
1732, reg. 1795–1797
∞ 1753 Friederike
Sophie Dorothee
v. Brandenburg-Schwedt

Friedrich II.
1754–1816
König 1806
∞ 1 1780
Auguste v. Braun-
schweig-Wolfenbüttel
1764–1788
∞ 2 1797
Charlotte Mathilde
1766–1828
v. Großbritannien
und Hannover
↓
Linie der Könige

Ludwig
1756–1817
∞ 1 1784
Prinzessin Maria Anna
v. Czartoryski 1768–1854
gesch. 1793
∞ 2 1797
Prinzessin Henriette
v. Nassau-Weilburg
1780–1857
↓
Herzöge von Teck

Eugen
1758–1822
∞ 1787 Luise
v. Stolberg-Gedern
1764–1834
↓
Zweite
Schlesische Linie

Wilhelm
1761–1830
∞ 1800
Wilhelmine
v. Tunderfeld-Rhodis
1777–1822
↓
Herzöge von Urach

Ferdinand
1763–1834
∞ 1 1795
Albertine
v. Schwarzburg-
Sondershausen
1771–1829
gesch. 1801
∞ 2 1817 Pauline
v. Metternich
1771–1855

Friederike
1765–1785
∞ 1781
Hzg. Peter
v. Holstein-Oldenburg
1755–1829

Karl
1770–1791

Alexander
1771–1833
∞ 1798 Antoinette
v. Sachsen-Coburg-
Saalfeld
1779–1824
↓
Haus Württemberg
bis heute
(herzogl. Linie)

Heinrich
1772–1838
∞ 1798 morganatisch
Christiane Caroline Alexei
1779–1853
seit 1825 Gräfin von Urach

und 3
weitere Kinder

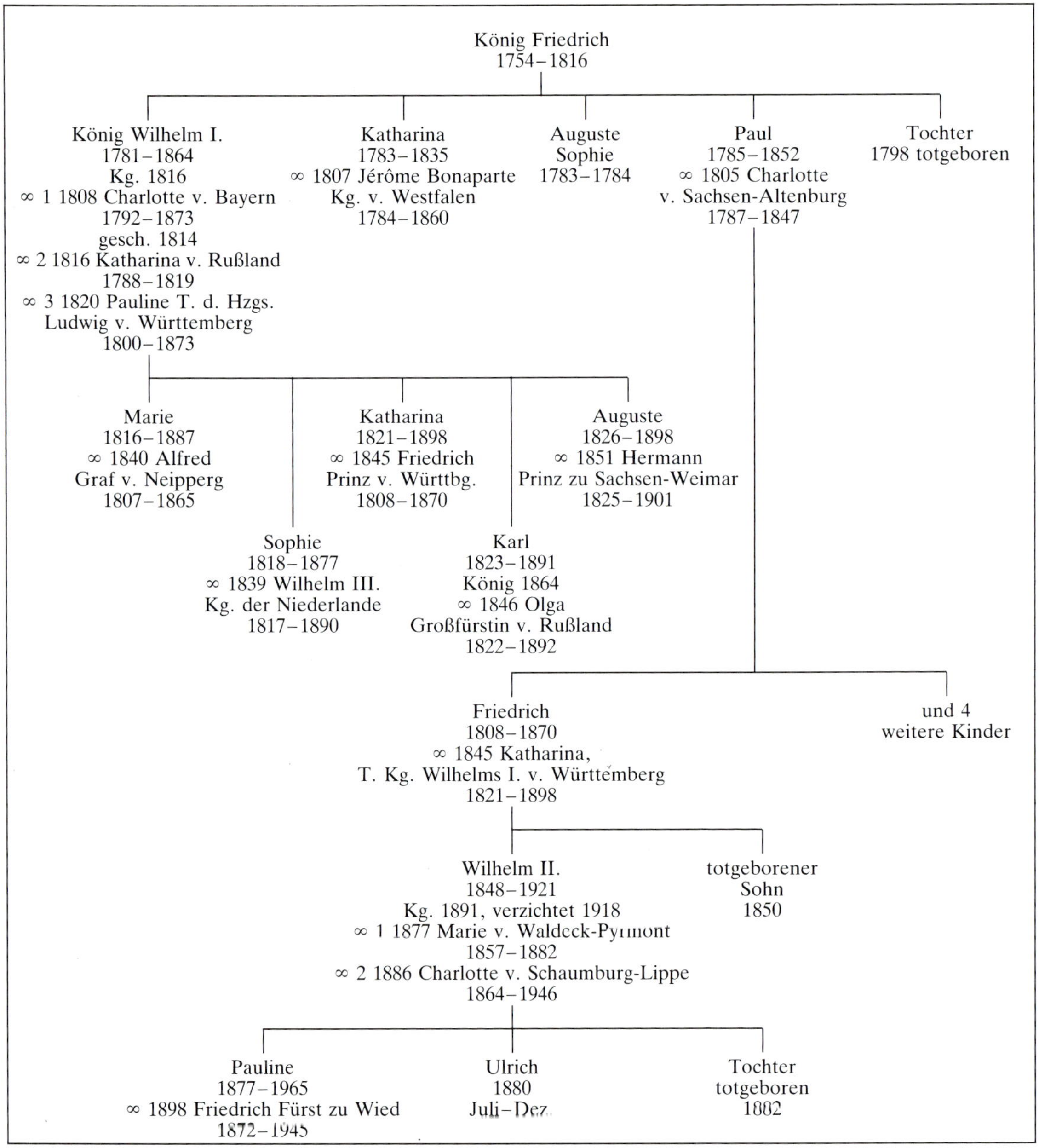

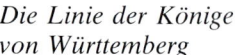

*Die Linie der Könige
von Württemberg*

König Friedrich
1754–1816

König Wilhelm I.
1781–1864
Kg. 1816
∞ 1 1808 Charlotte v. Bayern
1792–1873
gesch. 1814
∞ 2 1816 Katharina v. Rußland
1788–1819
∞ 3 1820 Pauline T. d. Hzgs.
Ludwig v. Württemberg
1800–1873

Katharina
1783–1835
∞ 1807 Jérôme Bonaparte
Kg. v. Westfalen
1784–1860

Auguste
Sophie
1783–1784

Paul
1785–1852
∞ 1805 Charlotte
v. Sachsen-Altenburg
1787–1847

Tochter
1798 totgeboren

Marie
1816–1887
∞ 1840 Alfred
Graf v. Neipperg
1807–1865

Katharina
1821–1898
∞ 1845 Friedrich
Prinz v. Württbg.
1808–1870

Auguste
1826–1898
∞ 1851 Hermann
Prinz zu Sachsen-Weimar
1825–1901

Sophie
1818–1877
∞ 1839 Wilhelm III.
Kg. der Niederlande
1817–1890

Karl
1823–1891
König 1864
∞ 1846 Olga
Großfürstin v. Rußland
1822–1892

Friedrich
1808–1870
∞ 1845 Katharina,
T. Kg. Wilhelms I. v. Württemberg
1821–1898

und 4
weitere Kinder

Wilhelm II.
1848–1921
Kg. 1891, verzichtet 1918
∞ 1 1877 Marie v. Waldeck-Pyrmont
1857–1882
∞ 2 1886 Charlotte v. Schaumburg-Lippe
1864–1946

totgeborener
Sohn
1850

Pauline
1877–1965
∞ 1898 Friedrich Fürst zu Wied
1872–1945

Ulrich
1880
Juli–Dez.

Tochter
totgeboren
1882

*Zweite Schlesische
Linie*

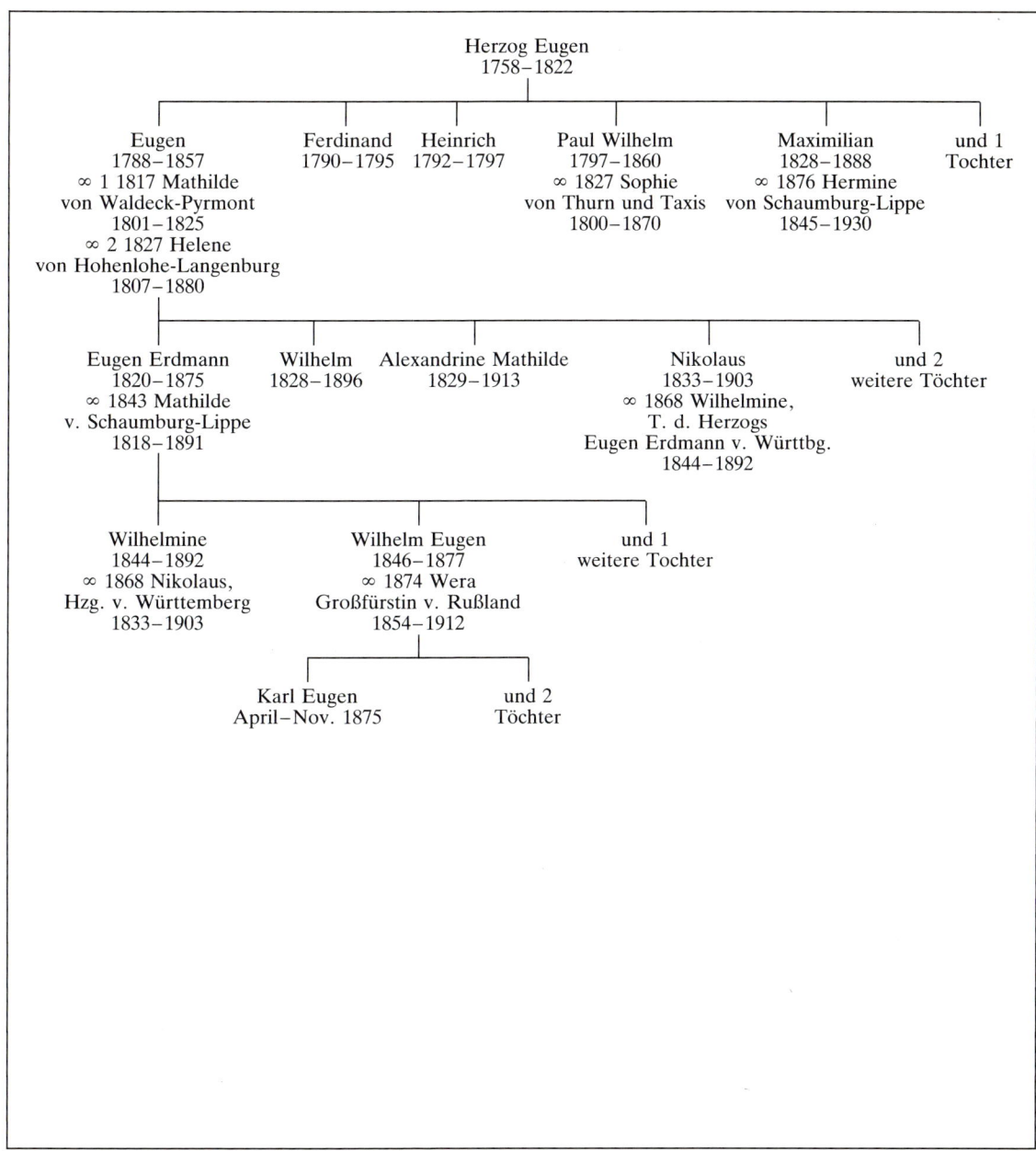

Herzog Eugen
1758–1822

Eugen
1788–1857
∞ 1 1817 Mathilde
von Waldeck-Pyrmont
1801–1825
∞ 2 1827 Helene
von Hohenlohe-Langenburg
1807–1880

Ferdinand
1790–1795

Heinrich
1792–1797

Paul Wilhelm
1797–1860
∞ 1827 Sophie
von Thurn und Taxis
1800–1870

Maximilian
1828–1888
∞ 1876 Hermine
von Schaumburg-Lippe
1845–1930

und 1
Tochter

Eugen Erdmann
1820–1875
∞ 1843 Mathilde
v. Schaumburg-Lippe
1818–1891

Wilhelm
1828–1896

Alexandrine Mathilde
1829–1913

Nikolaus
1833–1903
∞ 1868 Wilhelmine,
T. d. Herzogs
Eugen Erdmann v. Württbg.
1844–1892

und 2
weitere Töchter

Wilhelmine
1844–1892
∞ 1868 Nikolaus,
Hzg. v. Württemberg
1833–1903

Wilhelm Eugen
1846–1877
∞ 1874 Wera
Großfürstin v. Rußland
1854–1912

und 1
weitere Tochter

Karl Eugen
April–Nov. 1875

und 2
Töchter

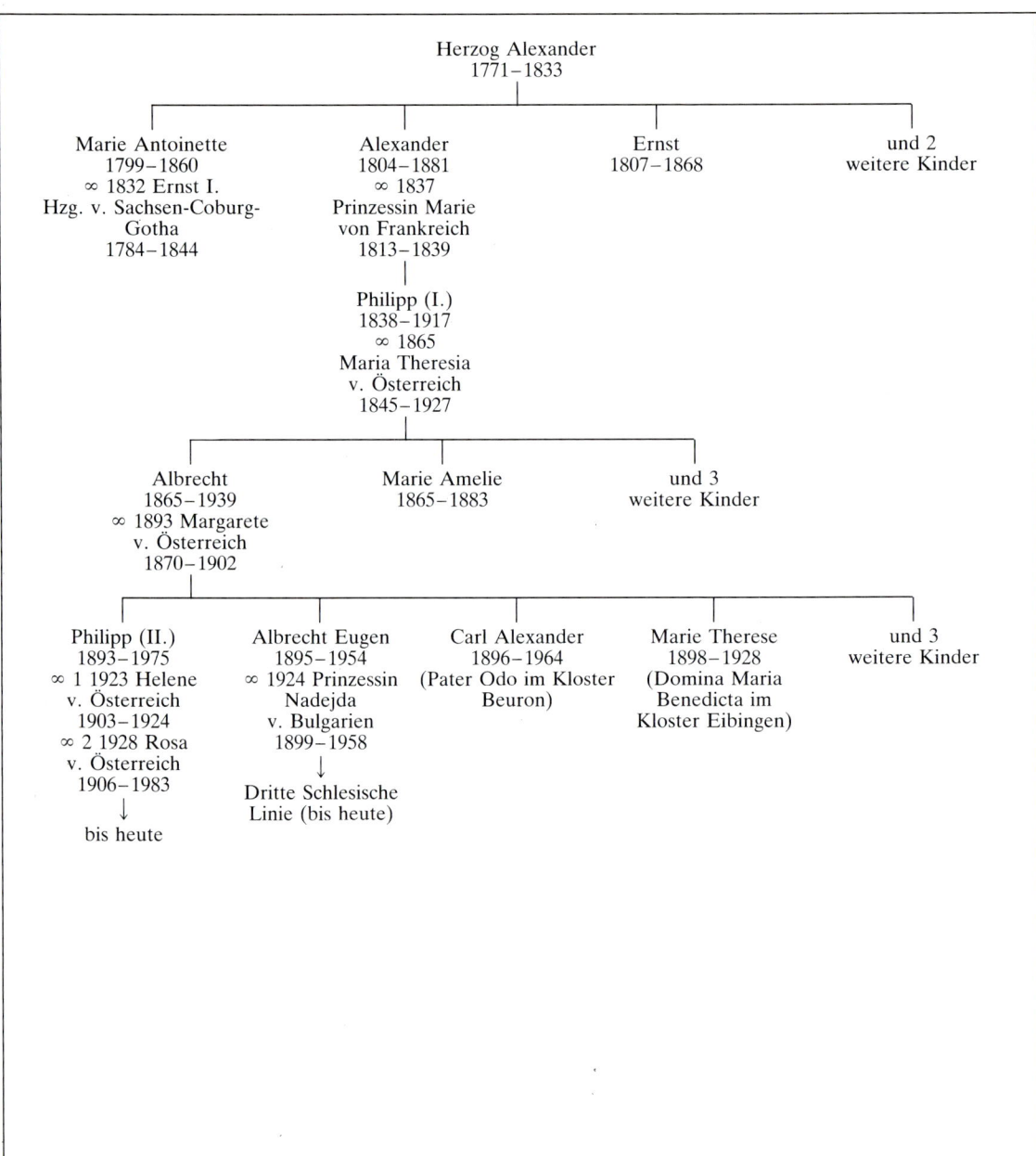

*Die herzogliche Linie
bis heute*

Literaturhinweise (Auswahl)

BACH, Max: Die fürstlich württembergischen Epitaphien und Denkmale in der Stiftskirche zu Stuttgart. In: Württ. Vierteljahreshefte für Landesgeschichte VII, 1884. Seiten 164–169.

BELSCHNER, C.: Reichsgraf Johann Carl von Zeppelin und sein Grabmal auf dem alten Friedhof in Ludwigsburg. In: Ludwigsburger Geschichtsblätter, 1. Jg. 1900. Seiten 68–87.

BRÄUTIGAM, Günther: Die Darstellung des Verstorbenen in der figürlichen Grabplastik Frankens und Schwabens vom Ende des 13. Jahrhunderts bis um 1430. Diss. Erlangen 1953.

BUTTMANN, Rudolf: Die Alexanderskirche in Zweibrücken die Grabstätte eines württembergischen Fürsten (Graf Georg). In: Westpfälzische Geschichtsblätter, VIII. Jg. 1904.

DAMES, Theo: Agnes von Liegnitz – Herzogin von Schlesien – Gräfin von Württemberg. Lebensgeschichte und Grabmal. Sonderbeilage zum »Liegnitzer Heimatbrief«, 4. Jg. Nr. 3 (März 1952). 8 Seiten.

DEBARD, Jean-Marc: Heurs et malheurs de l'Eglise Saint Maimboeuf de Montbéliard. In: Bulletin et Mémoire de la Société d'Emulation de Montbéliard Vol. 76, 1980. Seiten 149–176.

DEMMLER, Theodor: Die Grabdenkmäler des württembergischen Fürstenhauses und ihre Meister im XVI. Jahrhundert. Straßburg 1910.

FAERBER, Paul: Nikolaus Friedrich von Thouret – Ein Baumeister des Klassizismus. Stuttgart 1949.

FLEISCHHAUER, Werner: Barock im Herzogtum Württemberg. Stuttgart ²1981.

ders.: Renaissance im Herzogtum Württemberg. Stuttgart 1971.

FUCHS, Ulrike: Der Bildhauer Adolf Donndorf – Leben und Werk. Stuttgart 1986.

GEISSLER, Heinrich: Zeichner am württembergischen Hof um 1600. In: Jahrbuch der Staatlichen Kunstsammlungen in Baden-Württemberg 6. Band 1969. München, Berlin. Seiten 79–126.

GOGUEL, Georges: Le Château de Montbéliard, ses anciennes églises et leurs caveaux. Toulouse 1866.

HUBERTY, Michel, Alain Giraud, F. und B. Magdelaine: L'Allemagne dynastique Tome II (Anhalt-Lippe-Wurtemberg). Le Perreux 1979 (Nachträge und Berichtigungen in den Bänden III, 1981 und IV, 1985).

HÜNEFELD, Hans: Das Grabmal Ulrichs I. »mit dem Daumen« von Württemberg und der Agnes von Liegnitz in der Stiftskirche zu Stuttgart. In: Schlesien 19 (1974). Seiten 79–87.

HUGO, Victor: In der Stiftskirche. In: Stuttgart, hrsg. von Johann Jakob Hässlin. München 1958. Seiten 18–20.

KAPPNER, Hermann: Die Erbgruft der Herzogsfamilie Württemberg-Oels. Oels 1910.

KATALOG ZABYTKOW SZTUKI W POLSCE (Kunstdenkmälerkatalog Polen) Tom. IV, Teil 1 Oleśnica, Bierutów i okolice (Oels, Bernstadt und Umgebung). Warszawa 1983.

KLAIBER, Hans Andreas: Das »Castrum doloris« Herzog Carl Eugens. In: Schwäbische Heimat 10. Jg. (1959), Seiten 8–11 [auch veröffentlicht in »Hie gut Württemberg« (Ludwigsburg) vom 4. Juli 1959].

KRÖNER, Ernst: Das Grab der Reichsgräfin Franziska von Hohenheim, nachmaligen Herzogin von Württemberg. In: Besondere Beilage des Staats-Anzeigers für Württemberg Nr. 11/12 vom 27. Juni 1902. Seiten 191–192.

KÜBLER, Friedrich: Die Erbauung der Schloßkapelle in Ludwigsburg und ihre Benützung. In: Ludwigsburger Geschichtsblätter, 3. Jg. 1903. Seiten 53–80.

ders.: Die Familiengruft des Württembergischen Fürstenhauses in Ludwigsburg. Ludwigsburg 1900.

LAU, Otto: Am Sarge der Herzogin Franziska von Hohenheim in der Martinskirche in Kirchheim-Teck. In: Blätter des Schwäbischen Albvereins 15. (69.) Jg. 1963. Seiten 41–42.

MERCKEL, Johann Friedrich (unter Mitarbeit von Johann Heinrich Tiedemann): Beschreibung der Fürstlichen Denkmale und Grabschriften in der Stiftskirche und der darinn befindlichen Gruft zu Stuttgardt, wie auch derer zu Tübingen und Ludwigsburg. Stuttgart 1798.

RAFF, Gerhard: Hie gut Wirtemberg allewege. Das Haus Württemberg von Graf Ulrich dem Stifter bis Herzog Ludwig. Stuttgart 1988.

RAU, Reinhold: Die Verlegung des Beutelsbacher Stifts nach Stuttgart. In: Zeitschrift f. württ. Landesgeschichte 20, 1961. Seiten 191–198.

ders.: Über eine Sammlung von Inschriften des 16. Jahrhunderts. In: Zeitschrift f. württ. Landesgeschichte 23, 1964. Seiten 418–438.

REGEHLY, Johann Christian Benjamin (d. Jüngere): Geschichte und Beschreibung von Carlsruhe in Oberschlesien. Nürnberg 1799.

SCHMIDT, Richard: Burg und Grabkapelle auf dem Württemberg im 19. Jahrhundert. Ein Beitrag zur württembergischen Kunstgeschichte. In: Württemberg – Monatsschrift im Dienste von Volk und Heimat, Jg. 1929. Seiten 11–16 und 84–89.

SCHMITT, Otto: Die Grabfigur der Gräfin Mechtild von Württemberg in Tübingen. In: Zeitschrift des Deutschen Vereins für Kunstwissenschaft Bd. 8 Jg. 1941. Seiten 179–194.

SCHÖN, Theodor: Stammbaum des Gesamthauses Württemberg. In: Gaisberg-Schöckingen, Friedrich Frhr. von: Das Königshaus und der Adel von Württemberg. Pforzheim 1908. Seiten 45–62.

SCHÜRER VON WALDHEIM, Max: Prinz Maximilian Emanuel von Württemberg. Greifswald o. J.

SCHUKRAFT, Harald: Die Grabstätten des Hauses Württemberg. In: 900 Jahre Haus Württemberg (Hrsg. Robert Uhland). Stuttgart, Berlin, Köln, Mainz 1984. Seiten 703–715.

ders.: Die Martinskirche zu Gochsheim als Grablege des Hauses Württemberg. In: Kraichgau. Beiträge zur Landschafts- und Heimatforschung, Folge 10 (1989).

ders.: Die Vornehmsten unter den Schwaben. Professor Hansmartin Decker-Hauff veröffentlichte seine neuesten Forschungen zur Frühgeschichte des Hauses Württemberg. In: Amtsblatt der Stadt Stuttgart Nr. 8, 24. Februar 1983. Seiten 4–5.

ders.: »Wo sie gekönd, guts gethan« – Grabmal der Pfalzgräfin Johanna Elisabeth in der Stiftskirche neu aufgestellt. In: Gemeindebrief der Stiftsgemeinde Stuttgart, Dez. 1984/Jan. 1985.

ders.: Kindersterblichkeit und deren Ursachen. In: Am Brunnen vor dem Tore – Geschichtliche und heimatkundliche Beilage zum Amtsblatt der Stadt Neuenstadt und ihrer Teilorte, Nr. 37, 14. Mai 1981. Seiten 1–2.

SPEIDEL, Wilhelm: Giovanni Salucci – der erste Hofbaumeister König Wilhelms I. von Württemberg (Darstellungen aus der Württ. Geschichte 26. Bd.). Stuttgart, 1936.

TOLL, Harald Baron: Prinzessin Auguste von Württemberg – gestorben auf Schloß Lohde in Estland 1788. In: Beiträge zur Kunde Ehst-, Liv- und Kurlands. Bd. VI., Heft 1. (Separatdruck Reval 1901).

TUFFERD, P. E.: Notice historique sur Montbéliard et ses monuments. Montbéliard 1870.

WAIS, Gustav: Die Stuttgarter Stiftskirche. Stuttgart 1952.

WESTERMAYER, Albert, Emil Wagner und Theodor Demmler: Die Grabdenkmäler der Stiftskirche zu St. Georg in Tübingen. Tübingen 1912.

WINTTERLIN, A.: Die Grabdenkmale Herzog Christophs, seines Sohnes Eberhard und seiner Gemahlin Anna Maria in der Stiftskirche zu Tübingen. In: Festschrift zur vierten Säcular-Feier der Eberhard-Karls-Universität zu Tübingen, dargebracht von der kgl.-öffentlichen Bibliothek zu Stuttgart. Stuttgart 1877. Seiten 17–52.

DER WÜRTTEMBERG UND SEINE VERGANGENHEIT. Ein Führer durch die Grabkapelle, gedruckt bei Fiedler, München. o.J.

Personenregister

Nur Mitglieder des Hauses Württemberg.
Durch Abkürzungen in Klammern werden Angehörige von Nebenlinien angezeigt: B. = Bernstadt, C. = Carlsruhe (Zweite Schlesische Linie), G. = Grüningen, J. = Juliusburg, M. = Mömpelgard, N. = Neuenstadt, O. = Oels, T. = Teck, U. = Urach, W. = Weiltingen.
Regierende Grafen, Herzöge und Könige sowie deren Gemahlinnen sind mit den entsprechenden Titeln bezeichnet, bei allen übrigen Personen wird nur der Name aufgeführt.

Bildnachweis

Geschichte – Zeitgeschichte

Die Grabdenkmale im Kloster Bebenhausen
Von Hans Gerhard Brand, Hubert Krins und Siegwalt Schiek. 136 Seiten mit 88 Abbildungen. Fester Einband. Im ehemaligen Zisterzienserkloster Bebenhausen bei Tübingen haben sich 76 Grabdenkmale aus der Zeit vom Anfang des 13. Jahrhunderts bis 1749 erhalten. Sie spiegeln die Entwicklung der Grabkunst während sechs Jahrhunderten wider und werden hier erstmals geschlossen in Beschreibung und Abbildung vorgelegt.

Erinnerungen und Zeugnisse jüdischer Geschichte in Baden-Württemberg
Von Joachim Hahn. Hrsg. von der Kommission für geschichtliche Landeskunde und dem Innenministerium Baden-Württemberg. Mit einem Geleitwort von Dietmar Schlee und einem Vorwort von Meinrad Schaab. 608 Seiten mit 568 Abbildungen, Karten, Zeichnungen und 8 Farbtafeln. Kunstleinen. Das große Handbuch und Nachschlagewerk zur Geschichte der Juden in Baden-Württemberg vom Mittelalter bis zum 20. Jahrhundert. Erstmals werden, reich illustriert, die Spuren und Zeugnisse jüdischen Lebens und Leidens in südwestdeutschen Dörfern und Städten detailliert dokumentiert.

Das Dritte Reich in Baden und Württemberg
Hrsg. von Otto Borst. Mit einem Vorwort von Manfred Rommel. Band 1 der Schriftenreihe des Stuttgarter Symposions. 320 Seiten. Kartoniert. Das Buch unternimmt zum erstenmal den Versuch, des Dritten Reiches im deutschen Südwesten habhaft zu werden. Elf Zeithistoriker untersuchen die Auswirkungen der braunen Ideologie vor Ort. Auf diese Weise ist ein Kapitel südwestdeutscher Heimatkunde entstanden, das betroffen macht.

Synagogen in Baden-Württemberg
Von Joachim Hahn. 134 Seiten mit 110 Abbildungen und 7 Farbtafeln. Kartoniert. Mit einem Geleitwort von Dietmar Schlee. Die Geschichte der Synagogen in Baden-Württemberg vom Mittelalter bis zur Gegenwart in Text und Bild.

Die Geschichte Baden-Württembergs
Hrsg. von Reiner Rinker und Wilfried Setzler. 458 Seiten mit 203 Abbildungen auf 104 Tafeln und zahlreichen Abbildungen im Text. Kunstleinen. 26 Beiträge namhafter Fachleute fügen sich zu einem gut verständlichen und reich illustrierten Buch zusammen: Vor- und Frühgeschichte, die wichtigsten Stationen und Besonderheiten der badischen, württembergischen, pfälzischen und hohenzollerischen Geschichte, Herrschergeschlechter, industrielle Entwicklung, neuere Geschichte bis zur Gegenwart.

Württembergische Geschichte im südwestdeutschen Raum
Von Karl und Arnold Weller. 464 Seiten mit 64 Tafeln und 18 Karten. Kunstleinen. Beginnend mit der Vor- und Frühgeschichte bis hin zur regionalen Neuordnung des Bundeslandes Baden-Württemberg spannt sich der Bogen dieser umfassenden Darstellung der Geschichte Südwestdeutschlands.

Wirtschaftsgeschichte Baden-Württembergs von den Römern bis heute
805 Seiten mit 169 Abbildungen auf 80 Tafeln. Kunstleinen. Die erste umfassende Wirtschaftsgeschichte Südwestdeutschlands vom Gutshof der römischen Kaiserzeit bis zum Daimler-Benz-Konzern.

Konrad Theiss Verlag

Landeskunde

Baden-Württemberg heute

Zwei Wurzeln – ein Baum. Hrsg. von Kurt Gerhardt. Mit einem Geleitwort von Lothar Späth. 203 Seiten mit 135 farbigen Abbildungen und zahlreichen Schaubildern und Tabellen im Nachschlagteil. Kunstleinen. Der erste umfassende Bild-Textband über Baden-Württemberg, wie es sich heute darstellt. Das Buch vermittelt neue Einblicke und umfassende Information. Der umfangreiche Nachschlagteil enthält eine Fülle von Daten und Fakten zu Land und Leuten, Landespolitik, Wirtschaft, Verkehr, Umwelt, Fortbildung, Sozialem, Gesundheit und Erholung.

Unser Land Baden-Württemberg

Hrsg. von Ernst Waldemar Bauer, Rainer Jooß und Hans Schleuning. 336 Seiten mit 604 großenteils farbigen Abbildungen. Fester Einband. Die neue Gesamtinformation über Baden-Württemberg. Das Wesentlichste und Wissenswerteste aus Landesgeschichte, Natur und Geographie, Wirtschaft, Technik, Politik und Zeitgeschichte wird reich illustriert dargestellt. Ein modernes Heimatbuch und Nachschlagwerk.

Literatur im deutschen Südwesten

Hrsg. von Bernhard Zeller und Walter Scheffler. 460 Seiten mit 72 Tafeln. Kunstleinen. Ein Überblick über die literarische Entwicklung in Baden und Württemberg vom Humanismus bis heute in 26 Beiträgen. Dieser erste Versuch, einen weiten Bogen über 500 Jahre Literatur im deutschen Südwesten zu spannen, zeigt Baden-Württemberg nicht als literarische Provinz, sondern als ein Land, das zu jeder Zeit auffallend viele Schriftsteller hervorgebracht hat, ob sie nun wie Schiller ihr Land verließen oder wie Uhland und Scheffel bewußt in der Heimat blieben.

Das Evangelische Stift in Tübingen

Geschichte und Gegenwart – Zwischen Weltgeist und Frömmigkeit. Von Joachim Hahn und Hans Mayer. 406 Seiten mit 205 Abbildungen. Kunstleinen. In Text und Bild zeichnet das Buch die Geschichte dieser einzigartigen Bildungsinstitution. Das Stift, jahrhundertelang eine Kaderschmiede für Pfarrer und Lehrer, hat das schwäbische Geistesleben und die Mentalität des evangelischen Württemberg in ganz besonderer Weise geprägt.

Barock in Baden-Württemberg

Von Volker Himmelein, Klaus Merten, Wilfried Setzler und Peter Anstett. 256 Seiten mit 168 Tafeln, davon 78 in Farbe, Leinen. Ein prächtiger Text-Bildband, der sowohl dem Laien als auch dem Kunstliebhaber, dem Heimatkundler und dem Historiker einen reichen Einblick in die barocken Baudenkmäler des Landes bietet.

Romanik in Baden-Württemberg

Von Heinfried Wischermann. 337 Seiten mit 195 Tafeln, davon 22 in Farbe, und 56 Abbildungen im Text. Kunstleinen. Die erste zusammenfassende Darstellung der romanischen Baudenkmäler in Baden-Württemberg. Den Einführungskapiteln folgt ein ortsalphabetisch gegliederter Teil, in dem 70 Kirchen und eine Reihe von Profanbauten ausführlich dargestellt werden.

Badener und Württemberger

Zwei ungleiche Brüder. Von Klaus Koziol. 202 Seiten. Kunstleinen. Der Autor analysiert und erläutert die Gründe und Ursachen für die Unterschiede zwischen Badenern und Württembergern.

Konrad Theiss Verlag